रघुवीर सहाय का कविकर्म

वाणी प्रकाशन

नयी दिल्ली-110002

फोन : 3273167, 3275710 • फैक्स : 3275710

e-mail : vani_prakashan@yahoo.com
vani_prakashan@mantraonline.com

रघुवीर सहाय का कविकर्म

सुरेश शर्मा

ISBN : 978-93-5072-054-7

वाणी प्रकाशन
21-ए, दरियागंज, नयी दिल्ली-110002
द्वारा प्रकाशित

संस्करण : 2002

शुभम ऑफ़सेट, दिल्ली-110032
द्वारा मुद्रित

मूल्य : 225.00 रुपये

RAGHUVIR SAHAY KA KAVIKARMA
by Suresh Sharma

गुरुवर नामवर सिंह के लिए

आरंभ से पहले

साहित्य के इस नए जनवादी दौर में आलोचना में एक प्रकार का गतिरोध दिखाई पड़ रहा है। इसका क्या कारण है, यह जानना कठिन नहीं है। बात यह है कि गतिशील यथार्थ के अनुरूप रचना ने अपने को आज जितना विकसित कर लिया है, आलोचक अगर उसका सार्थक विश्लेषण करना चाहता है तो तटस्थता से अलग हटकर उसे भी उस संसार में प्रवेश करना होगा जिस भयावह संसार की ये रचनाएं हैं।

हिंदी में रचना और आलोचना का संबंध आज विचित्र स्थिति में है। एक ही समय में रचनाकार और आलोचक की अलग-अलग दो दुनिया है। रचनाकार जिन जीवन संघर्षों के बीच से अपनी रचना-सामग्री लाता है, संघर्षों की उस दुनिया में अधिकांश आलोचक शामिल नहीं हैं। स्वभावत: उनकी आलोचना, समकालीन रचना की सतह का महज स्पर्श भर कर पाती है, उसकी गहराई में नहीं जाती। इस यथास्थितिवादी प्रवृत्ति के शिकार सिर्फ गैर मार्क्सवादी आलोचक ही नहीं हैं, बल्कि कुछ मार्क्सवादी आलोचक भी हैं। ये आलोचक अब भी बुनियादी रूप से आलोचना कर्म को महज एक द्रष्टा की हैसियत से निबटाना चाहते हैं। वे इसी हैसियत से अब तक रचना की व्याख्या-विश्लेषण करने के साथ मूल्य निर्णय देते रहे हैं। जबकि आज, आलोचक को सिर्फ रचना की परिधि तक ही सीमित नहीं रहना होगा, बल्कि रचना की आलोचना उस समाज की आलोचना के साथ करनी पड़ेगी जिस समाज के यथार्थ के बीच इस रचना का सर्जन हुआ है। इसलिए आलोचना नए दौर में एक सामाजिक कर्म है और रचना के उद्देश्य के साथ इसकी समानांतरता है।

यह लेखक मानता है कि एक रचनाकार की तरह आलोचक की भी सामाजिक संघर्षों में हिस्सेदारी होनी चाहिए। यह इसलिए कि तभी वह संघर्षों के बीच अस्तित्व में आई रचना के अंतर्तत्वों को संपूर्णता में समझ पाएगा तथा उस रचना के विश्लेषण-मूल्यांकन का हकदार भी होगा। आलोचना की इस नई मांग को नजरअंदाज करते हुए कुछ मार्क्सवादी आलोचक मुक्तिबोध के शब्दों में 'काव्य को अपने सिद्धांतों के उदाहरण के रूप में देखना चाहते है।'

इन सिद्धांतों को उन्होंने सामाजिक संघर्षों के बीच अपने रक्तगुण में नहीं

बदला है, बल्कि वे सिर्फ किताबी और कर्म निरपेक्ष हैं। इन सिद्धातों की 'रीति' में जब आज की जनसंबद्ध रचनाएं फिट नहीं बैठतीं तो ये आलोचक खीझते हैं और इन रचनाओं की सार्थकता पर प्रश्न उठाते हैं; जबकि ठीक इसके उलट ये रचनाएं ही उनकी आलोचना पद्धति पर प्रश्न लगा रही होती हैं। अतः प्रचलित मार्क्सवादी आलोचना पद्धति को भी आज की नई जनसंबद्ध रचनाशीलता की सापेक्षता में अपनी प्रणाली को और अधिक विकसित करने की आवश्यकता है ताकि उसका तात्कालिक गतिरोध तोड़ा जा सके। तात्पर्य यह कि एक आलोचक के लिए रचना में आया हुआ जीवन यथार्थ आलोचना कर्म का प्रस्थान बिंदु होना चाहिए।

कहने की आवश्यकता नहीं कि किसी भी सार्थक रचना में तत्कालीन जीवन-यथार्थ ही पुनःसृजित होता है। एक सही आलोचना कर्म के तहत रचना में सबसे पहले यह देखने की आवश्यकता है कि जीवन यथार्थं का जो संसार रचना में पुनः सृजित हुआ है, वह प्रतिसंसार वास्तविक जीवन यथार्थ के संसार को और अधिक समझने तथा बदलने में कितनी भूमिका निभा रहा है। कृति में यथार्थ का यह रचनात्मक पुनःसृजन संपूर्णता में तभी संभव है जब कृतिकार एक वैज्ञानिक विचारधारा से संबद्ध हो। इसलिए यथार्थ को स्वायत्त ढंग से नहीं बल्कि उसे ऐतिहासिक विकास की प्रक्रिया में एक क्रांतिकारी भविष्य दृष्टि के साथ देखने की जरूरत है।

यथार्थ के प्रति यह वैज्ञानिक दृष्टि रचना में उसकी विषयवस्तु के साथ ही शिल्प को भी रचनात्मकता प्रदान करती है। यथार्थ जीवन के दृश्यों और अनुभव खंडों को कृति में सर्जनात्मक बनाने के लिए रचनाकार जब उसे पुर्नानियोजत करता है, तो शिल्प से सीधे संबद्ध यह पुर्नानियोजन की प्रक्रिया एक सार्थक रचना में रचनाकार की विचारधारा से ही निर्धारित होती है। अगर रचनाकार की दृष्टि वैज्ञानिक होगी तो स्वभावतः वह उस यथार्थं को, जिसे वह रचना में पुनः सृजित कर रहा है, एक क्रांतिकारी भविष्य दृष्टि के साथ ही ऐतिहासिक विकास की प्रक्रिया में देखेगा। निश्चय ही कृति में यह 'रचनात्मक' पुनः सृजन तब तक सफल नहीं कहा जा सकता, जब तक वह संवेदना के स्तर पर घटित होने की क्षमता न रखता हो।

आज की जनसंबद्ध रचनाकारिता के माहौल में ज्यादातर रचनाओं में इस संवेदनात्मक क्षमता का ह्रास दिखलाई पड़ता है। इस 'ह्रास' के विरुद्ध रघुवीर सहाय अपनी जनसंबद्ध कविताओं में निरंतर एक संवेदनात्मक प्रति संसार का निर्माण करते हैं, जो उन्हें आज की सही रचनाशीलता के बीच लगातार प्रासंगिक बनाता है।

रघुवीर सहाय ने यह प्रासंगिकता अचानक हासिल नहीं की है बल्कि इसके

पीछे उनके कवि को लम्बे आत्मसंघर्ष से गुजरना पड़ा है। बेशक आज कुछ आलोचक 'नई कविता' को रघुवीर सहाय की कविताओं के माध्यम से परिभाषित कर रहे हों, लेकिन रघुवीर सहाय 'नई कविता' के कवि नहीं हैं। 'नई कविता' के आरंभिक दिन उनके काव्यलेखन के भी आरंभिक दिन हैं। इन दिनों उनकी मान्यता थी कि 'कलात्मक सृजन का मूल स्रोत सामाजिक वास्तविकता' है तथा 'अनुभूति' को 'वस्तुओं की वास्तविकता के सही अनुभव से' जोड़ते हुए उसे 'सुधारने' की जरूरत है। कहने की आवश्यकता नहीं कि रघुवीर सहाय 'नई कविता' के अधिकांश मूल्यों की प्रतिगामिता से सिर्फ असहमत ही नहीं थे बल्कि अपनी कविता में अनुभूति की 'यथार्थ-सापेक्षता' तथा उसे सुधारते रहने की प्रक्रिया के कारण उसी दौर में 'नई कविता' से भिन्न और सार्थक रच रहे थे। शीतयुद्ध के प्रभाव में 'नई कविता' ने 'लघु मानव', 'क्षण', 'प्रयोग' आदि जिन मूल्यों को स्थापित करने की कोशिश की, रघुवीर सहाय ने बराबर उसे इतिहास की सापेक्षता में देखने का प्रयास किया है। यही कारण है कि रघुवीर सहाय की आधुनिकता, 'नई कविता' के अधिकांश कवियों की तरह 'वाद' की शक्ल ग्रहण नहीं करती, क्योंकि उसके लिए 'आधुनिकता' एक 'खंडित घटना' नहीं है। 'सीढ़ियों पर धूप में' संग्रह की कविताओं में इसे आसानी से देखा जा सकता है।

जटिल होते हुए युग यथार्थ के बीच साठ के आसपास अप्रासंगिक हो गई 'नई कविता' के बाद हिंदी कविता के साठोत्तरी दौर के पूर्वार्द्ध में बड़े पैमाने पर अराजकता दिखलाई पड़ती है। 'अकविता' जैसे काव्यांदोलनों द्वारा आई यह अराजकता बदलते हुए जटिल युग यथार्थ को ऐतिहासिक परिप्रेक्ष्य में न समझ पाने के कारण है। रघुवीर सहाय सातवें दशक के पूर्वार्द्ध की इस 'अराजकता' की आत्महंता परिणतियों के बीच, कविता में यथार्थ के प्रति एक स्वस्थ दृष्टिकोण अपनाते हुए अपने को 'आत्महत्या के विरुद्ध' घोषित करते हैं। 'आत्महत्या के विरुद्ध' संग्रह की कविताओं में पहले तो रघुवीर सहाय का कवि जनता से अपने यथार्थ रिश्ते की स्थिति परिभाषित करता है, फिर इस रिश्ते को सर्जनात्मक बनाने के लिए पहल करता है। इस संग्रह की अधिकांश कविताओं में बुर्जुआ लोकतंत्र की सीमाएं रेखांकित की गई हैं, तथा उसकी विसंगतियों का पर्दाफाश किया गया है। इसी दौर के दूसरे कविता-संग्रह 'हंसो हसो जल्दी हंसो' की कविताओं में हिन्दुस्तान की अर्द्धसामंती अर्द्धपूंजीवादी शोषक व्यवस्था के दमन का आतंक तथा दहशत की भयद स्थितियां प्रमुखता से व्यंजित हुई हैं। स्त्रियों और बच्चों के माध्यम से व्यक्त दमन और शोषण का यह मार्मिक प्रसंग संवेदना के स्तर पर हमारे भीतर सक्रिय होता है, क्योंकि वह हमारे अनुभव का सबसे निकट का अनुषंग है।

'हंसो हंसो जल्दी हंसो' संग्रह के प्रकाशन के बाद के वर्षों में लिखी गई रघुवीर

सहाय की कविताएं आज के भयायह यथार्थ की जटिलता को और भी सूक्ष्मता से व्यंजित करने के साथ ही कविता की दुनिया को यथार्थ और संवेदना के नए क्षेत्रों में विस्तृत करने की कोशिश करती है। यह विस्तार प्रत्येक युग का महत्वपूर्ण कवि अपनी तरह संभव करता है और एक बार फिर से विधा को परिभाषित करने की स्थिति उत्पन्न कर देता है। रघुवीर सहाय ने किस हद तक यह स्थिति उत्पन्न की है, इसे पुस्तक के अगले पृष्ठ बताएंगे।

पुस्तक के अंत में परिशिष्ट के अंतर्गत रघुवीर सहाय से की गई एक भेंटवार्ता दी गई है। कविताओं पर विचार करते हुए कुछ महत्वपूर्ण सवाल मेरे मन में उठे थे। उन सवालों को लेकर कवि से की गई बातचीत उन पर और भी विस्तार से विचार करने वालों के लिए शायद उपयोगी साबित होगी। परिशिष्ट के अंतर्गत ही कवि की एकदम प्रारंभिक दौर की कुछ कविताएं दी गई हैं जो उसके लेखन प्रारंभ की मानसिकता का परिचय देती हैं। कवि रघुवीर सहाय की पहली छंदयुक्त तथा छंदमुक्त कविता को पढ़ना एक दिलचस्प अनुभव है।

परिशिष्ट के ही आगे दिया गया कवि का संक्षिप्त 'क्रमशः जीवन' वह परिधि रेखांकित करता है, जिसमें उसने जीवन के पिछले 52 वर्ष गुजारे हैं।

इस पुस्तक के लेखन, में बहस और बातचीत से जिन लेखकों-विद्वानों और मित्रों ने सहयोग दिया है, उनके लिए सिर्फ आभार के दो शब्द लिखकर इस महत्वपूर्ण योगदान के प्रति मैं औपचारिक नहीं होना चाहता।

यह लेखन पूरा नहीं हुआ होता अगर गुरुवर डा. नामवर सिंह का सहयोग और सान्निध्य नहीं मिलता। रघुवीर सहाय जी ने हमेशा बड़े भाई का स्नेह दिया और अपने व्यस्त पत्रकार जीवन से बराबर मेरे लिए समय निकाला तथा बहुत-सी दुर्लभ सामग्रियां उपलब्ध कराईं। श्रीमती विमलेश्वरी सहाय इस कार्य के दौरान लगातार ही कृपालु रहीं, जैसाकि उनका स्वभाव है। अभिन्न मित्रवर डा. श्याम बिहारी राय के प्रयासों से ही यह पुस्तक इतने अच्छे रूप में तथा इतनी जल्द प्रकाशित हो पाई। पुस्तक की संरचना के संदर्भ में डा. राय के बहुमूल्य सुझावों से मैंने निरंतर लाभ उठाया है। वैसे जानता हूं कि अब भी उन्हें संतोष नहीं होगा।

समय-समय पर सामग्री संकलन से लेकर विचार विमर्श तक जिन लोगों का सहयोग मुझे मिला है उनमें अज्ञेय, नेमिचन्द्र जैन, केदारनाथ सिंह, मैनेजर पाण्डेय, पंकज सिंह, राधिका, बिंदु अग्रवाल, तथा विजय चौधरी बार-बार याद आ रहे हैं। आशा करता हूं, इनका सहयोग बराबर मिलता रहेगा।

17 अक्टूबर 1981 — **सुरेश शर्मा**

नई दिल्ली

अनुक्रम

1

नई कविता और रघुवीर सहाय

रघुवीर सहाय ने 1946 में लिखना शुरू किया। पहली बार उनकी कविता 'आदिम संगीत' शीर्षक से 'आजकल' के अगस्त 1947 अंक में प्रकाशित हुई। वैसे उनकी पहली कविता 'कामना' शीर्षक से लिखी गई थी जो संभवतः कहीं छपी नहीं। कवि की उस समय की पुरानी डायरी पर इस कविता की रचनातिथि लिखी है : '7 अक्टूबर 1946'। इन्हीं दिनों आगे के वर्षों में कवि ने काफी कविताएं लिखीं, जो बच्चन के रंग में हैं।

इसे उसने स्वीकार भी किया है : 'मैंने 1947 में एक बार बच्चन की कविताएं पढ़ीं और उनकी वेदना से मेरा कंठ फूटा।' (दूसरा सप्तक, पृ. 138) बच्चन से कवि की संबद्धता की यह स्थिति अकेली नहीं थी। 'नई कविता' 2 में एक ओर यदि देवराज की राय थी कि 'नए कवि बच्चन के काव्य से जो जनभाषा के निकट है सही प्रेरणा ले सकते हैं। स्पष्ट ही इसका अर्थ बच्चन के छंदों, मुहावरों एवं संवेदना का अनुसरण नहीं है', (नई कविता 2, पृ. 9) तो दूसरी ओर उसके दो दशक बाद 'अभिनव सोपान' की 'दिनमान' में समीक्षा करते हुए सर्वेश्वर दयाल सक्सेना ने लिखा कि 'नई कविता' को भाषा बच्चन से मिली है (और बोध अज्ञेय से)। साधारण बोलचाल की भाषा और मुहावरे को 'नई कविता' ने बच्चन की कविता के माध्यम से ही अपने साधन के रूप में पहचाना है और उसे आगे बढ़ाया है।' (दिनमान, 24-21 मार्च 1965, पृ. 45-46)

इन मंतव्यों पर बहस की जा सकती है कि क्या भाषा कहीं और से तथा संवेदना और बोध दूसरी जगह से लिए जा सकते हैं ? स्पष्ट ही ऐसा उस सार्थक रचना में नहीं होगा जिसका रूप अंततः वस्तु से निर्धारित होता है। फिर भी, उपर्युक्त कथनों से यह निष्कर्ष तो हम निकाल ही सकते हैं कि नए कवि बच्चन की वैयक्तिक भावधारा की कविताओं की सीधे संप्रेषण (डायरेक्टनेस) और

सहजता से अवश्य प्रभावित थे। संभवतः इन्हीं अर्थों में विजयदेव नारायण साही ने बच्चन को छायावाद और 'नई कविता' के बीच की मंजिल कहा है। (नई कविता 5-6, पृ. 81) यह बात और है कि विजयदेव नारायण साही छायावाद के दूसरे दौर (बच्चन जिसके प्रमुख कवि थे) को 'नई कविता' के आरंभ के संदर्भ में तब अतिरेक की हद तक महत्व प्रदान करने लगते हैं, जब वह कहते हैं कि 'जिसे आलोचकों ने छायावाद का दूसरा दौर कहा है इसे हम छायावाद का शेषांश भी कह सकते हैं या नई कविता का आरंभ भी।' (वही, पृ. 82) इस बात से असहमत नहीं हुआ जा सकता कि छायावाद क 'शेषांश' के कवियों (बच्चन, भगवतीचरण वर्मा आदि) ने तत्कालीन काव्यपरिदृश्य में साधारणता का माहौल पैदा किया। रघुवीर सहाय की आरंभिक कविताओं की 'डायरेक्टनेस' और सहजता को लक्ष्य करके ही सच्चिदानंद वात्स्यायन ने उनकी काव्यभाषा को 'शिखर के बदले शहर के चौक की ओर उन्मुख' बच्चन की काव्यभाषा के समानांतर रखकर देखा है। (सीढ़ियों पर धूप में, पृ. 10)

आगे के दिनों में माथुर के कुछ सफल और असफल रंगों ने कवि को 'अपनी थोड़ी बहुत सामर्थ्य का बोध कराया' और उसने 'अपनी कला के प्रति सजग होकर लिखने की कोशिश की।' (दूसरा सप्तक, पृ. 138) यह सजगता कई स्तरों पर घटित हुई। कवि प्रगतिशील लेखक संघ के संपर्क में आया। धीरे धीरे जीवन के यथार्थ से कुछ ज्यादा निकट का परिचय होने लगा। अतः एक ओर यदि उसकी कविता का स्वर यह था कि :

> तुम सपनों में क्यों आती हो
> मन की ज्वाला बुझा चुकी हो
> अंत राह का सुझा चुकी हो
> फिर क्यों मेरा हाथ पकड़कर उस दुर्गम पथ पर लौटाती हो
> तुम सपनों में क्यों आती हो।
> (अप्रकाशित, प्रारंभिक डायरी से, रचनातिथि, 9-10-1946)

तो दूसरी ओर उसका यह आत्मस्वीकार भी था कि :

> परिणय की पीड़ा के अतिरिक्त धरा पर दुःख हैं बहुतेरे
> दृग वातयान खोलो, आंसू के परदे सरका कर देखो
> कितने दुःखग्रस्त अभागों से अब तक हम थे आंखें फेरे
> उनके हित यह आंसू सिरजो
> उनके सुख के सपने देखो
> मेरे स्वर में अपना स्वर दे

उन स्वर हीनों की जय बोलो
(रचनातिथि, 2-10-1947)

'जमाने के और भी दु:ख' की प्राथमिकता की ओर कवि का यह नया रुझान उसकी मानसिकता के एक बड़े फर्क को सूचित करता है।

रघुवीर सहाय ने 1948 के आरंभ में मुक्त छंद में पहली कविता लिखी : 'नया वर्ष'। इस कविता में जनजीवन के प्रति कवि की चिंता को आसानी से लक्ष्य किया जा सकता है :

आज धरा ने एक बार सूरज का फेरा लगा लिया है
आज शेष हो गया वर्ष भर समय कि जिसमें
धरा और सुंदर बन सकती थी पल पल में

इतना ही नहीं, एक दूसरी कविता में कवि यह विश्वास व्यक्त करता है :

कुछ समय लगेगा सुख के दिन आते आते
आओ हम मिहनत निबटा लें गाते गाते
इस जीवन का
जिसमें आशाएं हैं, सपने हैं रो रो कर
हम नहीं करेंगे तिरस्कार
(प्रदीप, दिसंबर 1948)

यहां तक आते आते लगता है रघुवीर सहाय भावुक वैयक्तिकता के दायरे से बाहर निकल रहे हैं। वैयक्तिक विषाद की जगह वे जीवन की ज्यादा बड़ी चिंताओं से जुड़ गए हैं, इन बड़ी चिंताओं में तनाव के साथ ही आशा एवं जीवन का स्वागत भी है। इन कविताओं में संक्रांति के उन रंगों को आसानी से पहचाना जा सकता है जो रघुवीर सहाय के कवि व्यक्तित्व को तेजी से रंग रहे थे। उन्होंने 'वसंत' (रचनातिथि 11-7-1948), 'पहला पानी' (11-7-1948) तथा 'प्रभाती' (5-3-1948) आदि कविताएं भी इन्हीं दिनों लिखीं, जो 'दूसरा सप्तक' में संकलित हुई।

इन कविताओं में प्रकृति के सहज और जीवंत चित्र बिलकुल नवीनता से तो प्रस्तुत किए ही गए हैं, प्रेम के प्रति सहज मानवीय दृष्टि भी अपनाई गई है। इसके साथ ही सबसे महत्वपूर्ण बात यह है कि इन कविताओं में सामान्य जीवन की सामान्य स्थितियां हैं, जिनके आधार पर कविताओं का सृजन किया गया है। इन दिनों यह बदलाव सिर्फ रघुवीर सहाय की कविता में ही नहीं आया था बल्कि उस समय के अधिकांश नए कवियों की कविताओं में आया था, जो कविताएं 1950 के बाद 'नई कविता' के रूप में विकसित होनी शुरू हुईं।

उन्नीस वर्षीय कवि रघुवीर सहाय ने 1948 में अपनी इन कविताओं को जिस डायरी में इकट्ठा किया है उस संग्रह का शीर्षक दिया है : 'सपने और सबेरा'। यह शीर्षक करीब करीब कवि की उस पूरी मन:स्थिति को व्यक्त कर दे रहा है जो स्वतंत्रता के बाद के वर्षों में बनी थी। संभवत: आजादी मिलने के पूर्व, आजादी को पाने के जो सपने थे, और आजादी मिलने के बाद उससे जुड़ा हुआ आजादी हासिल कर लेने का जो 'सबेरा' था, यह शीर्षक उसे ध्वनित कर रहा है। यहां सपने में जो एक तरह का रोमान है, उसका असर सबेरा शब्द के इस्तेमाल में भी है। डायरी में जहां 'सपने और सबेरा' शीर्षक लिखा है, वहां पहले सुबह लिख कर काटा गया है, फिर 'सबेरा' लिखा गया है। इस तरह यह सबेरा तत्काल किसी सुखद स्वप्नभंग के बाद का नहीं है, बल्कि अच्छे स्वप्न के बाद का सहज सबेरा है जिससे कुछ करने का दायित्व, उत्साह तथा प्रयाण जुड़ा हुआ है। 'दिल्ली मेरा परदेस' की 'भूमिका' में रघुवीर सहाय ने स्वयं स्वीकारा भी है :

> मेरे जैसे कई लेखकों के लिए, जो आजादी के वर्ष 1947 में लिखना शुरू कर चुके थे, उसके बाद के करीब दस वर्ष एक तरह के उत्साह के वर्ष थे। उत्साह सब में था, पर हम कुछ अलग ही थे। हम लोग राष्ट्र के नाम पर स्थापित किए जाने वाले हर किस्म के दकियानूसीपन की आलोचना बिना भय के कर सकते थे। हमें अस्पष्ट सही, विश्वास था कि राष्ट्र को हम ही बना रहे हैं, हमसे पिछली पीढ़ी के लोग तो केवल कालक्रम के संयोग से अधिकारी स्थानों पर हैं, उनकी सृजनशक्ति क्षय हो रही है और वे एक नए राष्ट्र की रचना का संकल्प सिर्फ दोहरा रहे हैं। हम इसके विपरीत प्रयोग कर रहे हैं, दुनिया को और अपने देश को समझ रहे हैं और कुछ नई प्रतीतियां और संवेदनाएं विकसित कर रहे हैं जो आगे रचनात्मक शक्तियों के काम आएंगी। (दिल्ली मेरा परदेस, पृ. 2)

स्वतंत्रता मिलने के बाद की यह नई मन:स्थिति अपने अन्य समकालीनों के साथ रघुवीर सहाय की तत्कालीन रचनाओं में बार बार व्यक्त हुई है। 'विश्ववाणी' के जून 1948 अंक में रघुवीर सहाय की कविता छपी है : 'निशा के अतिथि'। आजादी ने कवि की मन:स्थिति में जो परिवर्तन किया है, उसे यह कविता प्रातिनिधिक तौर पर अभिव्यक्त करती है। कविता के आरंभ में कवि पहले इस अहसास को व्यक्त करता है कि सुबह हो गई है ('उष्ण रश्मियों से सूरज अब जगा रहा है') और (नींद के) सपनों की वेला भी खत्म हुई; लेकिन अंतत: कवि महसूस करता है कि रात्रिस्वप्न के बीत जाने के बावजूद इस नई सुबह में सपनों से मुक्त होना संभव नहीं है :

मुझे न सपने छोड़ सकेंगे,
यह प्रभात का कर्मक्षेत्र में नेह निमंत्रण
ठुकराऊंगा नहीं करूंगा नहीं पलायन
किंतु स्निग्ध छायाओं में क्षण भर सुस्ताकर
चलने में कुछ बात और है, है संजीवन
पहले आया करते थे बीती रातों के सपने
अब आते हैं आने वाले नए दिनों के
(विश्ववाणी, जून 1948, रचनातिथि 24-4-1948)

उपर्युक्त पंक्तियों में प्रभात के कर्मक्षेत्र से पलायन न करने का संकल्प तो दुहराया गया है लेकिन एक ही सांस में स्निग्ध छायाओं में क्षण भर सुस्ताने की भी इच्छा व्यक्त की गई है, क्योंकि इस तरह की तफरीह के बाद 'चलने में कुछ बात और है, है संजीवन'।

स्वतंत्रता मिलने के बाद इसी 'कुछ और बात' से निर्धारित होती हुई हिंदी की नई कविता एक अर्से तक एक नए रोमान का शिकार रही है, जिसका प्रभाव 'दूसरा सप्तक' की अधिकांश कविताओं में देखा जा सकता है। अपनी बिलकुल आरंभिक कविताओं के संग्रह के लिए रघुवीर सहाय द्वारा प्रस्तावित शीर्षक 'सपने और सबेरा' से इन कविताओं की प्रवृति को समझना चाहें तो इस शीर्षक में 'सपने' की आवृत्ति एक बार और करनी पड़ेगी, 'सपने और सबेरा तथा पुनः सपने।'

दरअसल इस समय अधिकांश ऐसे कवियों में (जो मार्क्सवादी विचारधारा से सीधे संबद्ध नहीं थे) 1947 में मिली 'स्वतंत्रता' नई आशा और नया विश्वास पैदा कर रही थी। अप्रैल-मई 1951 के 'प्रतीक' में सुरेन्द्रनाथ त्रिपाठी ने इस स्वातंत्र्योत्तर बदलाव के संदर्भ में गैरमार्क्सवादी कवियों के दृष्टिकोण की व्याख्या की है। त्रिपाठी लिखते हैं :

> भारतीय साहित्य की परिस्थितियां अब बदल चुकी हैं। भारत के स्वातंत्र्योदय के साथ आज साहित्य की भी आशाएं बंध रही हैं। यद्यपि यह अवश्य है कि उसे निष्कंटक विकास के योग्य वातावरण तत्काल नहीं मिल जाएगा, किंतु ऐसी आशा की जाती है कि हमारे साहित्य तथा उसको जीवित रूप देने वाली हमारी भाषा को जिस राष्ट्र संरक्षण की अपेक्षा है, वह उन्हें प्राप्त होगा और हमारे देश में एक नूतन साहित्य परंपरा का आरंभ होगा। हमारे साहित्यकारों तथा कलाकारों के प्राथमिक उद्योगों, विस्तारों एवं उड़ानों में अवरोध उपस्थित करने वाली दासतामूलक परिस्थितियों का अब कोई भय शेष नहीं रह गया है, जिससे स्वस्थ विकास और सृजन के लिए मार्ग

> बिलकुल स्वच्छ है। आज की परिस्थितियों के प्रभाव में निर्मित साहित्य में दुःखवाद एवं पीड़ा उस रूप में नहीं मिलेगी जो कि कल के साहित्य की विशेषता थी। (प्रतीक, अप्रैल-मई 1951, पृ. 37)

यहां सुरेन्द्रनाथ त्रिपाठी तत्कालीन साहित्यलेखन की संपूर्ण स्थिति को समग्रता में उपस्थित तो नहीं करते लेकिन रचनाकारों के एक समुदाय की खास और प्रमुख प्रवृत्ति को अवश्य रेखांकित करने की कोशिश करते हैं।

देश को प्रत्यक्षतः साम्राज्यवाद से मुक्ति मिली थी। दूसरे महायुद्ध के दौरान सोवियत रूस की बहादुर जनता ने फासिज्म को इतनी चोट दी थी कि एशिया, अफ्रीका तथा लातीनी अमरीका के अंतर्गत साम्राज्यवादी शक्तियों की अपने उपनिवेशों में ही स्थिति लड़खड़ाने लगी थी। इस परिस्थिति के फलस्वरूप उपनिवेश राष्ट्रों के स्वाधीनता संग्राम में तेजी आई। भारत इन राष्ट्रों में सबसे पहले मुक्त होने वाला उपनिवेश था। अतः रघुवीर सहाय और उनकी समकालीन युवा पीढ़ी के लिए एक नए युग में प्रवेश का उत्साह स्वाभाविक ही था। लेकिन अज्ञेय के शब्दों में, "युद्ध समाप्त होकर भी नहीं हुआ। जो लोग पहले इसलिए लड़े थे कि संघर्ष बंद हो, उन्हें बाद में इसलिए लड़ना पड़ा कि और कई संघर्ष चालू रखे जाएं।" (प्रतीक 3, 1948, पृ. 119) क्योंकि आजादी मिलने के साथ ही देश के शर्मनाक विभाजन के बाद सांप्रदायिकता की आंधी में सामूहिक कत्ल और बलात्कार की जो घटनाएं हुईं, वे आदमी के भीतर दहशत, अविश्वास तथा अनास्था पैदा कर गईं। यह आजादी के बाद के स्वप्न के साथ ही तत्काल उभर आने वाला कड़वा यथार्थ था। नामवर सिंह की राय है :

> पंद्रह अगस्त 1947 की स्वाधीनता प्राप्ति के साथ स्वतंत्रता संघर्ष का जो नया दौर शुरू हुआ उसने साहित्य में (इस) यथार्थ और (उस) स्वप्न के अंतर्विरोध को एक नया संदर्भ और नया आयाम दे दिया। (आलोचना 28, पृ. 66)

स्वाधीनता प्राप्ति के पश्चात साम्राज्यवादी स्वार्थ और अर्धसामंती अर्धपूंजीवादी सत्ता की राजनीति ने देश की जनता को अपनी जमीन और परिवेश से काट कर अपने ही घर में शरणार्थी बनने को मजबूर कर दिया। गांधी जी की हत्या ने भारतीय जनता के भविष्योन्मुख विश्वास पर भयानक चोट की। इस घटना चक्रों के दबाव में पुराने मूल्यों का टूटना तथा नई मनःस्थिति का बनना स्वाभाविक ही था।

रचनाकारों का एक ऐसा भी समुदाय था, जो इस औपनिवेशिक स्वाधीनता को अपना अंतिम लक्ष्य नहीं मान रहा था क्योंकि उनके लिए पुरानी साम्राज्य-

वादी शासन व्यवस्था से इस नई शासन व्यवस्था में कोई बड़ा फर्क नहीं था। "राजनीतिक स्वतंत्रता मिल जाने का मतलब यह नहीं था कि भारत के अर्थतंत्र का औपनिवेशिक स्वरूप खत्म हो गया है। ब्रिटिश पूंजी अब भी अड्डा जमाए थी। इसी प्रकार सामंती अवशेष भी कायम थे। युद्ध ने अर्थतंत्र में असंतुलन उत्पन्न किया था। देश के विभाजन के फलस्वरूप जिस तरह उत्पादक शक्तियों का विस्थापन और विश्रृंखलन हुआ, उसने परिस्थिति को और भी बदतर बना दिया। मुद्रास्फीति, रोजमर्रा की जरूरत की चीजों का अभाव, बेरोजगारी तथा अकाल के खतरे ने जनता में असंतोष पैदा कर दिया।" (के. दामोदरन, भारतीय चिंतन परंपरा, पृ. 502) इन परिस्थितियों के उत्पन्न होने का स्पष्ट कारण यह था कि "साम्राज्यवाद के पुराने शासनयंत्र को ज्यों का त्यों अपना लिया गया था। वही नौकरशाही थी, वही अदालतें थीं, वही पुलिस थी और दमन के तरीके भी वही थे।" (रजनी पामदत्त, भारत : वर्तमान और भावी, पृ. 287) "यही कारण था कि जनता की सही लोकतांत्रिक सत्ता की स्थापना के लिए शुरू किए गए तैलंगाना के ऐतिहासिक संघर्ष को दबाने के लिए नई सरकार की फौज और पुलिस ने भारत की शोषित किंतु क्रांतिकारी जनता पर नए शासन के आरंभिक तीन वर्षों में बर्बरता के साथ 1,982 बार गोली चलाई, 3,784 आदमियों को जान से मारा, लगभग 10,000 को जख्मी किया, 50,000 को जेल में बंद किया और जेलों के अंदर 82 राजबंदियों को गोली से उड़ा दिया।" (वही, पृ. 288)

कुल मिलाकर तत्कालीन युगयथार्थ इतना जटिल था कि उसे वैज्ञानिक दृष्टि के अभाव में समझा नहीं जा सकता था। एक ओर अगर संसद पर तिरंगे का लहराना उत्साहवर्धक दृश्य था तो दूसरी ओर वास्तविक जीवन स्थितियों के और भी बदतर होते चले जाने का अहसास गैर मार्क्सवादी दृष्टि के कवियों की कविताओं में प्रवृत्तिगत विरोधाभास को जन्म दे रहा था। अतः इन कवियों में आस्था और अनास्था का द्वंद्व आश्चर्यजनक नहीं था।

उन्नीस सौ सैंतालीस से पचास के बीच तैलंगाना संग्राम के दौरान प्रगतिवादी कविता अपने दूसरे दौर में तीव्र जन संघर्षों को वाणी देने का सीधा प्रयास कर रही थी लेकिन अधिकांश 'तथाकथित सामाजिक चेतना के साहित्य' में 'जीवन के विकास और मानव समाज की शोषण तथा त्रास से मुक्ति की घोषणा' एवं 'मुक्ति में विश्वास' के बावजूद मार्क्सवादी नेमिचन्द्र जैन की दृष्टि में "वह प्रायः सारा का सारा अस्वीकार का साहित्य है, बचकाना और जैसे किसी सांचे में ढला हुआ। उसमें प्रचलित नारों और घिसेपिटे विचारों की भरमार है। उसमें समाज की बिखरी हुई चेतना को संगठित, परिष्कृत और उदात्त बनाने की सामर्थ्य प्रायः नहीं है, क्योंकि उसके पीछे अनुभूति कम है, बौद्धिक विलास अथवा क्रांति अथवा ऐसे ही आवेगमूलक विचारों का उच्छ्वासपूर्ण चिंतन अधिक है।"

(प्रतीक 2, 1948) रामविलास शर्मा ने इसे नेमिचन्द्र जैन द्वारा प्रगतिवादी साहित्य पर आक्रमण माना है। (नई कविता और अस्तित्ववाद, पृ. 28) लेकिन स्वयं उस समय इस तरह की कविताओं के बारे में रामविलास शर्मा की राय थी :

> यह प्रगतिशील शैली उन कवियों की देन है, जो अचानक प्रलय, तांडव और हुंकार से देश विदेश ही नहीं समूचे ब्रह्मांड को भस्म कर देना चाहते हैं··· यह बात आजमाकर देखी जा सकती है कि जो कवि किसानों और मजदूरों से जितना ही दूर होता है, उतना ही वह उन्हें जगाने के लिए हुंकार और धुआंधार की ध्वनि ज्यादा करता है।

निश्चय ही दिनकर, अंचल जैसे कवियों में यह सतहीपन अधिक था। लेकिन रामविलास जी के अनुसार ऐसी कविताओं का सृजन उन लोगों द्वारा भी हो रहा था, जिन्हें अपनी प्रगतिशीलता के कारण 'हिंदुस्तान में लाल झंडे के अलावा कुछ दिखाई ही न देता था।' (नई कविता और अस्तित्ववाद, पृ. 30) "जागो ओ किसानो आज, जागो ओ मजदूरो आज/बागी के तड़पते गीत/भूखी अग्नि धुंआधार" (वही, पृ. 27) जैसी कविताओं के बारे में रामविलास जी का निर्णय था कि "इस तरह की पंक्तियों को हम प्रगतिशील कविता की अच्छी खासी पैरोडी मान सकते हैं।" (हंस, मई 49) रचना के इस 'संकीर्णतावादी' रुझान की आलोचना करते हुए वे ऊपर उसका सबब किसानों-मजदूरों से रचनाकारों की 'दूरी' बतलाते हैं, यानी यह रचनाकारों के अनुभव के यथार्थ का हिस्सा नहीं है। क्या यह 'दूरी' की शिकायत कहीं न कहीं नेमि जी की 'अनुभूति' की वकालत से नहीं जुड़ रही है ? बाद में मुक्तिबोध ने भी इन रचनाओं द्वारा "काव्य संघर्ष की वास्तविक अनुभवात्मक ऊंचाइयों की छाया भी न छू सक पाने" की शिकायत की थी। (नई कविता का आत्मसंघर्ष तथा अन्य निबंध, पृ. 52)

चौथे दशक के उत्तरार्ध में जब छायावाद युग यथार्थ को अभिव्यक्त करने में सर्वथा अक्षम साबित हुआ था तो तत्कालीन यथार्थ को अपनी अभिव्यक्ति का लक्ष्य मानते हुए दो तरह की काव्य प्रवृत्तियां कुछ वर्षों के अंतर के साथ प्रकट हुई थीं। पहली प्रवृत्ति ने मोटे तौर पर वस्तुगत यथार्थ पर बल दिया था और प्रगतिवाद के नाम से जानी गई थी। दूसरी प्रवृत्ति आत्मगत यथार्थ पर अधिक बल देती थी जो कालांतर में प्रयोगवाद के नाम से जानी गई। अंतर्राष्ट्रीय स्तर पर द्वितीय महायुद्ध तथा राष्ट्रीय स्तर पर स्वाधीनता प्राप्ति तथा उससे जुड़े हुए संदर्भों में इन दोनों ही प्रवृत्तियों में उभरने वाले नए तत्वों का संकेत किया जा चुका है। अगर एक ओर प्रयोगवादी कविता के कवियों को स्वाधीनता ने नई आशाओं और नए स्वप्नों से जोड़ा था तो दूसरी ओर महायुद्ध तथा स्वाधीनता

पश्चात के भयद संदर्भों ने उनमें कुंठा और अनास्था को भी जन्म दिया था। प्रगतिवाद अपने दूसरे दौर में नारेबाजी के जिस स्तर पर उतर आया था, उससे असहमत मार्क्सवादी रचनाकारों ने 'अनुभावात्मकता' की बात उठाई थी। लेकिन ये असहमत तथा प्रयोगवादी प्रवृत्ति के स्वतंत्र्योत्तर बदलाव को व्यक्त करने वाले कवि, एक मुद्दे पर सहमत थे कि रचना में यथार्थ को सामाजिक और वैयक्तिक खानों में बांट कर नहीं बल्कि उसे संपूर्णता में देखना चाहिए।

हालांकि ज्यादातर मुद्दों पर, जैसा कि स्वाभाविक था, इनके विचार एक दूसरे के विरोध में खड़े थे। 'नई कविता' के आरंभ के सिलसिले में प्रयोगवादी कविता की स्वातंत्र्योत्तर नई प्रवृत्तियों तथा नारेबाजी से असहमत प्रगतिशील चेतना संपन्न नए काव्य को साथ रखकर देखने की आवश्यकता है। मुक्तिबोध की भी यह धारणा थी कि नई कविता के भीतर "अनेक शक्तियां, अनेक भावधाराएं तथा अनेक वैयक्तिक दृष्टियां काम कर रही हैं।" (नये साहित्य का सौंदर्यशास्त्र, पृ. 39) रसिक लाल पाठक (रघुवीर सहाय ने अक्सर इसी छद्म नाम से 'प्रतीक' में 'गत मास का साहित्य' तथा 'कल्पना' के सहित्यधारा कालम में टिप्पणियां लिखी हैं) इससे सहमत हैं, "नई कविता में इस समय अनेक अंतर्धाराएं हैं और नए कवि अपनी अपनी धाराओं में परिपक्वता प्राप्त करने का प्रयत्न कर रहे हैं।" (कल्पना, मार्च 1958, पृ. 2) रामविलास शर्मा ने भी यह कहते हुए कि नई कविता में अनेक प्रकार के कवि और अनेक प्रकार की प्रवृत्तियां शामिल हैं, इस धारणा की पुष्टि की है। (नई कविता और अस्तित्ववाद, पृ. 5)

प्रयोगवादी कविता की स्वतंत्र्योत्तर प्रवृत्तियों से विकसित होने वाली 'नई कविता' के माहौल में मुक्तिबोध ने एक आत्मसंघर्ष की स्थिति महसूस की थी। मुक्तिबोध की नई कविता के इस संघर्ष का ऐतिहासिक महत्व है। क्योंकि मुक्ति-बोध की मृत्यु के पश्चात ही सही उनकी जीवित जुझारू कविताओं मे यह संघर्ष जीत लिया। सातवें दशक के उत्तरार्ध से आज तक की कविता का लेखा जोखा इसे आसानी से प्रमाणित कर देगा।

नई कविता के इन दोनों खेमों के संदर्भ में रघुवीर सहाय की एक तीसरी ही स्थिति है। उन्होंने वैयक्तिक रोमान की कविताओं से अवश्य लिखना शुरू किया था लेकिन स्वातंत्र्योत्तर प्रयोगशील कविता की प्रवृत्तियां जिन कवियों में प्रथमतः आकार ले रही थी उनमें भी वह थे। प्रगतिशील लेखक संघ तथा जीवन यथार्थ से निकट संपर्क होने पर इनकी कविताओं में सीधा सामाजिक यथार्थ भी आया। लेकिन प्रगतिशील लेखक संघ की गोष्ठियों में स्थापित किए जाने वाले आलोचना के तात्कालिक मान ('इस कविता में जन विद्रोह का चित्रण स्पष्ट नहीं है, इसलिए यह पोच है') से रघुवीर सहाय असहमत थे। यही कारण था कि वह प्रगतिशील लेखक संघ से अलग होकर अपने साथी कृष्ण नारायण कक्कड़ तथा नरेश

मेहता के साथ लखनऊ लेखक संघ की स्थापना में शामिल हुए "जो प्रगतिशील विचारों से जुड़ा अवश्य था लेकिन यांत्रिक नहीं था।" (कल्पना, अगस्त 1965, पृ. 76) इन साथियों के साथ मिलकर रघुवीर सहाय ने 'लखनऊ लेखक संघ' का जो परिपत्र तैयार किया था उसके पहले ही पृष्ठ पर उनका कहना था कि :

> सामाजिक विकास में समाज के अन्य सचेत अंगों की भांति लेखक का भी दायित्व होता है...आज हमारे समाज में त्रास और कुंठा का वातावरण है और सांस्कृतिक क्षेत्रों में महत्वपूर्ण परिवर्तन हो रहे हैं। ऐसी परिस्थिति में लेखकों का कर्तव्य है कि वे पूर्ण उत्तरदायित्व के साथ जन चेतना के स्वस्थ विकास का प्रयत्न करें। हम मानते हैं कि कलात्मक सृजन का मूल स्रोत सामाजिक वास्तविकता है और परिवर्तनशील सामाजिक वास्तविकता के प्रति जागरूक रहना कलाकार का कर्तव्य है।...युद्ध, शोषण, भय और आंतक समाज के स्वस्थ विकास में अवरोध उत्पन्न करते हैं। लेखकों का है कर्तव्य कि इन्हें उत्पन्न करने वाली शक्तियों का विरोध करते हुए शांति, समृद्धि और विचार स्वतंत्र्य का पथ प्रशस्त करें। (4 फरवरी 1950 को स्वीकृत 'लखनऊ लेखक संघ' के परिपत्र का पहला पृष्ठ)

उपर्युक्त कथन के अंत में विचार 'स्वातंत्र्य' की वकालत शायद उस 'यांत्रिकता' के दबाव के फलस्वरूप की गई है, जिसके अधिकांशतः सतही और अनुदार होने के कारण उन्हें अपने जीवन के यथार्थ और उसके सृजन की जटिल समस्याओं को सुलझाने में मदद नहीं मिल रही थी।

वैसे प्रगतिशील लेखक संघ से अलगाव तथा साम्यवादी दल से दलीय प्रतिबद्धता नहीं होने के बावजूद उन्हीं दिनों रघुवीर सहाय का वक्तव्य है, "कोशिश तो यही रही है कि सामाजिक यथार्थ के प्रति अधिक से अधिक जागरूक रहा जाए और वैज्ञानिक तरीके से समाज को समझा जाए। शमशेर बहादुर का यह कहना मुझे बराबर याद रहेगा कि जिंदगी में तीन चीजों की बड़ी जरूरत है : "आक्सीजन, मार्क्सवाद और वह शक्ल जो हम जनता में देखते हैं।" (दूसरा सप्तक, पृ. 138) मार्क्सवाद को जीवन संदर्भों में इस हद तक अपरिहार्य मानने के बावजूद रचना में उसकी स्थिति के बारे में उनकी राय है, "मगर मार्क्सवाद को कविता पर गिलाफ की तरह चढ़ाया नहीं जा सकता।" (वही, पृ. 138) 'निरंतर जनवादी स्वर' शीर्षक से 'दूसरा सप्तक' की समीक्षा लिखते हुए प्रकाशचन्द्र गुप्त ने रघुवीर सहाय के इस वक्तव्य से सहमति व्यक्त की थी, "यह सच है कि मार्क्सवाद को कविता पर गिलाफ की तरह चढ़ाया नहीं जा सकता, उसे आत्मसात करके ही श्रेष्ट कविता कवि के स्वर में फूटेगी।" (प्रतीक, जनवरी 1952, पृ. 20) कविता के उद्देश्य के बारे मे जब यह कहा जा रहा था कि "कविता अब

भी व्यक्ति सत्य का साधारणीकरण करके आनंद की सृष्टि करना चाहती है।" (अज्ञेय, प्रतीक, जून 1951, पृ. 20) या काफी बाद तक लिखने का कारण, यह देकर उलझाया जा रहा था कि "मैं इसलिए लिखता हूं कि स्वयं जानना चाहता हूं कि क्यों लिखता हूं।" (अज्ञेय, आत्मनेपद, पृ. 336) उस समय आरंभ में ही रघुवीर सहाय की स्पष्ट राय थी कि "मैं जानता हूं कि मुझे अपनी कविताओं और नाटकों में क्या कहना है। गुलामी और गरीबी, युद्ध और बेकारी के साथ कैसा व्यवहार करना चाहिए···गरीबी और गुलामी, युद्ध और बेकारी लेखक के दुश्मन हैं, उनसे ऐसा ही व्यवहार कीजिए जैसा दुश्मन दुश्मन के साथ करता है।"(प्रतीक, अगस्त 1951 या सीढ़ियों पर धूप में, पृ. 220)युग यथार्थ के साथ लेखक की यह प्रतिबद्धता तथा सार्थक दृष्टि ही है जिसके फलस्वरूप उसका मंतव्य है कि "विचार वस्तु का कविता में खून की तरह दौड़ते रहना कविता को जीवन और शक्ति देता है, और यह तभी संभव है जब हमारी कविता की जड़ें यथार्थ में हों।" (दूसरा सप्तक, पृ. 139)

जिस 'दूसरा सप्तक' में रघुवीर सहाय का यह वक्तव्य है, उसकी समीक्षा करते हुए प्रकाशचन्द गुप्त ने उसका शीर्षक 'निरंतर जनवादी स्वर' भले ही दिया हो तथा इस सप्तक में 'प्रयोगवाद की अपेक्षा प्रगतिशीलता के तत्वों को अधिक मुखर' देखा हो, लेकिन प्रभाकर माचवे और गजानन माधव मुक्तिबोध की राय इसके विपरीत है। 'दूसरा सप्तक' की प्रभाकर माचवे द्वारा की गई समीक्षा का शीर्षक ही है···'अत्यंत आत्मनिष्ठ'। इसके साथ ही संग्रह की कविताओं पर वे 'रूमानियत और छायावाद का गाढ़ा रंग भी देखते हैं।' (प्रतीक, जनवरी 1952 या विवेक के रंग, पृ. 22) मुक्तिबोध की दृष्टि में 'तार सप्तक' के कवियों के नकारवादी नैराश्यमूलक निवेदन, राजनैतिक विरोध, सामाजिक व्यंग्य तथा व्यक्ति के भीतर के वास्तविक अंतर्विरोध के विपरीत दूसरे सप्तक में "मनोहर प्राकृतिक दृश्यांकन, निसर्ग सौंदर्य का अनेक रूपकों में चित्रण, वातावरण के सुघर रेखाचित्र और बाह्य शिल्प की रमणीयता के दर्शन होते हैं।"(नये साहित्य का सौंदर्यशास्त्र, पृ. 34) मुक्तिबोध की राय थी :

> दूसरा सप्तक वाले अपनी नवीन रोमांटिक भावनाएं लेकर प्रयोगवाद में आए। 'तारसप्तक' और 'दूसरा सप्तक' में यह एक मौलिक भेद है। व्यक्ति के विकास की दृष्टि से 'तारसप्तक' अधिक मजबूत है, 'दूसरा सप्तक' रोमांटिक परिधान की दृष्टि से अधिक मनोरम। (मुक्तिबोध रचनावली, पृ. 291)

दूसरे सप्तक की इस बदली हुई काव्य प्रवृत्ति के कारण के संदर्भ में मुक्तिबोध स्वयं ही लिखते हैं कि " 'दूसरा सप्तक' निकलने तक परिस्थितियां बदल चुकी

थीं…जिन व्यक्तिगत और सामाजिक—राजनैतिक स्थिति—परिस्थितियों से पहले 'तारसप्तक' वालों को जूझना पड़ा, वे परिस्थितियां दूसरे सप्तक वालों के पास न थीं।" (नए साहित्य का सौंदर्यशास्त्र, पृ. 34) निश्चय ही परिस्थितियों के इस बदलाव तथा उसके कारण रचनाकारिता में आए फर्क के विश्लेषण से 'नई कविता' के आरंभ को विश्लेषित किया जा सकता है।

अंतर्राष्ट्रीय स्तर पर द्वितीय विश्व युद्ध की समाप्ति तथा राष्ट्रीय स्तर पर साम्राज्यवाद के अंत का भ्रम प्रयोगशील कवियों की मानसिकता में आशा और उत्साह से भरा परिवर्तन लाने में सहायक हुआ। वैसे उपनिवेशवाद से मुक्ति तथा गणतंत्र की घोषणा के बीच की अवधि में देश यंत्रणा के भयानक अनुभवों से गुजरा था। लेकिन गणतंत्र की घोषणा, नए संविधान के अमल में आने तथा पंचवर्षीय योजना जैसे विकास कार्यक्रमों की शुरुआत ने जनमानस में विश्वास की नई लहर पैदा की जिससे वामपंथियों के रुख में भी नरमी आई। वैसे वामपंथियों के रुख में नरमी का बड़ा कारण कम्युनिस्ट पार्टी की नीति में आया परिवर्तन भी था। कलकत्ता में पार्टी की दूसरी कांग्रेस में केंद्रीय समिति ने बी. टी. रणदिवे के नेतृत्व में तत्कालीन स्थिति को परिभाषित करते हुए यह थीसिस दी थी कि "माउंटबेटन योजना में जनता को जो कुछ भी दिया गया है वह वास्तविक नहीं है बल्कि एक झूठी आजादी है।" (डाक्युमेंट्स आफ द हिस्टरी आफ द कम्युनिस्ट पार्टी आफ इंडिया, वाल्यूम 7, पृ. 8)

लेकिन 1950 के आसपास कम्युनिस्ट पार्टी के भीतर ही इस नीति से असहमति प्रकट की जाने लगी। श्री अजय घोष और श्रीपाद अमृत डांगे आदि ने पार्टी की इस नीति को संकीर्णतावाद से जोड़ा। इनके द्वारा शांति के लिए संघर्ष के नाम पर भारत सरकार की विदेश नीति का समर्थन किया जाने लगा। उनके लिए भारत की आजादी झूठी नहीं थी। उन्होंने आजादी के बाद के भारत को सर्वप्रभुसत्ता संपन्न एक गणतंत्र के रूप में स्वीकार किया। मदुरै से लेकर पालघाट कांग्रेस तक इस तथाकथित 'आजादी' के प्रति स्वीकार के समर्थक पूरी तरह नेतृत्व में आ गए। राज्य सत्ता के संदर्भ में इस नई थीसिस का प्रभाव क्रांतिकारी साहित्य पर पड़ना स्वाभाविक ही था। फलस्वरूप अधिकांश प्रगतिवादी कवियों की कविताओं में तीव्र क्रांतिकारी संघर्ष का संदर्भ अप्रासंगिक हो गया।

पार्टी की इस बदली हुई नीति के माहौल में वामपंथियों को भारत सरकार की विदेश नीति साम्राज्यवाद विरोधी लगी थी। जेलों में बंद ज्यादातर कम्युनिस्ट इन्हीं दिनों छोड़े गए थे तथा बंगाल और मद्रास के वामपंथी संगठनों पर से प्रतिबंध भी हटा लिए गए थे। नए संविधान के द्वारा लोकतांत्रिक अधिकारों की गारंटी तथा बालिग मताधिकार के आधार पर आयोजित पहले आम चुनाव ने प्रतीक रूप में जनमानस को लोकतांत्रिक व्यवस्था का अहसास भी करा दिया।

इससे इतिहास में भाग लेने वाली 'शक्तियों' को अपना 'स्थान' भी निर्धारित होता दिखा, जिसके लिए वे आजादी के बाद के 'तीन चार कशमकश और ऊहापोह' (नामवर सिंह, कविता के नए प्रतिमान, द्वू. सं., पृ. 96) के वर्षों में प्रयत्नशील थीं।

संक्रमण के इस नए मोड़ पर 1951 में प्रकाशित दूसरा सप्तक की कविताओं पर इस परिस्थिति का प्रभाव स्वाभाविक ही था। लेकिन माचवे और मुक्तिबोध ने 'दूसरा सप्तक' के संदर्भ में जिस 'छायावादी रूमानियत' और 'प्राकृतिक दृश्यांकन' की चर्चा की है वह नामवार सिंह की राय में "छायावादी रूमानियत से इस बात में भिन्न है कि इसका प्रकृति सौंदर्य वायवी और सामान्य नहीं बल्कि यथार्थ और विशेष है।…इसका इंद्रियबोध अनुभूत और सुनिश्चित होने का विश्वास दिलाता है। ये कविताएं रागात्मक होते हुए भी भावोच्छ्वसित नहीं हैं, बल्कि आत्मसजगता से नियंत्रित और संयमित हैं।" (आलोचना 28, पृ. 67) उन्हीं दिनों संभवतः इन परिवर्तनों को लक्ष्य करके ही 'नए पत्ते' के एक संपादकीय में रामस्वरूप चतुर्वेदी ने लिखा कि "कविता के रूपविधान तथा कहीं कहीं उसके वस्तुचयन में एक बहुत बड़ा अंतर आ गया है।" (नए पत्ते, 1953, पृ. 15)

यह 'बहुत बड़ा अंतर', 'नए पत्ते' के कुछ अंकों के बाद 'नई कविता' नामक पत्रिका में अपने संपूर्ण स्वरूप में सामने आया। 'नई कविता' का प्रकाशन, 'नए पत्ते' के प्रकाशन के साल भर बाद शुरू हुआ था। 'नई कविता' के आरंभ के सिलसिले में लक्ष्मीकांत वर्मा की राय है कि "ऐतिहासिक दृष्टि से 'नई कविता', दूसरा सप्तक (1951) के बाद की कविता को कहा जा सकता है, किंतु इस ऐतिहासिक क्रम के अतिरिक्त भी 'नई कविता' का वास्तविक रूप उस समय प्रतिष्ठित हुआ, जब 'दूसरा सप्तक' के बाद के कवियों ने सारी कविता को 'दूसरा सप्तक' के निकटवर्ती पाते हुए, किन्हीं अर्थों में कुछ भिन्नता का अनुभव भी किया। नई कविता मूलतः 53 ई. में 'नए पत्ते' के प्रकाशन के साथ विकसित हुई और जगदीश गुप्त तथा रामस्वरूप चतुर्वेदी के संपादन में प्रकाशित होने वाले संकलन 'नई कविता' में सर्वप्रथम अपने समस्त संभावित प्रतिमानों के साथ प्रकाश में आई।" (हिंदी साहित्य कोश, पृ. 401) दुष्यंत कुमार 'सन 53 की हिंदी कविता' शीर्षक अपने लेख में इस 'नई कविता' की आरंभिक मुख्य प्रवृत्ति को पकड़ने की कोशिश करते हुए लिखते हैं कि "जब हम 53 की कविताओं की गतिविधि को आंकते हैं तो हम पाते हैं कि अनेक नए मोड़ों से गुजरती हुई यह कविता एक नए विश्वास और सत्य की खोज में ही चली आ रही है।" (कल्पना, अप्रैल 1954, पृ. 39) साथ ही इसके कवि "अपनी जिम्मेदारियों के प्रति सजग हैं और महसूस करते हैं कि व्यक्तित्व के कठघरे में बंद होकर सत्साहित्य का निर्माण नहीं किया जा सकता।" (वही, पृ. 38)

यही कारण है कि इन पत्रिकाओं में छपी अधिकांश आरंभिक कविताओं में

'मानव विशिष्टता' के आग्रह के साथ 'एक नए व्यापक तथा उदार मानववादी दृष्टिकोण विकसित करने' तथा 'सामान्य जीवन के प्रति एक अनिवार्य 'कंसर्न' की भावना' (रामस्वरूप चतुर्वेदी, हिंदी नवलेखन, पृ. 43) को प्राथमिकता देने का प्रयास मिलता है।

इस 'नई कविता' के स्वरूप, उसकी संवेदना तथा प्रवृत्तियों और समस्याओं के बारे में बाद के दिनों में स्वयं नए कवियों तथा अध्येताओं ने काफी विचार विमर्श ही नहीं किया है बल्कि इसका शास्त्र भी रचने की कोशिश की है। लेकिन विडंबना यह है कि नई कविता के बारे में उनकी अलग अलग धारणाओं के बीच असहमति के असंख्य पहाड़ खड़े हैं तथा असंगतियों की नदियां बह रही हैं। एक अगर इस नई काव्यप्रवृति के केंद्र में विघटन, अनास्था तथा संकटबोध देखता है तो दूसरा नई कविता का केंद्रीय तत्व आस्था और विश्वास मानता है। अत: परवर्ती मान्यताओं से ज्यादा जरूरी यह है कि पांचवें दशक के पूर्वार्ध में जिन विश्लेषणों के आधार पर 'नई कविता' की पहचान कायम की जा रही थी, उन आधारों को लेकर ही नई कविता के स्वरूप पर बातचीत शुरू हो। बदले हुए यथार्थ के नए परिप्रेक्ष्य में विकसित हुई इस नई काव्यप्रवृति का अध्ययन किसी एक विचारधारा से सीधा संबद्ध करके नहीं किया जा सकता क्योंकि जिस यथार्थ को इस नई प्रवृत्ति द्वारा अभिव्यक्ति मिली है उसे अलग अलग अध्येताओं ने अलग अलग पक्षों की प्रमुखता में परिभाषित करने की कोशिश की है। अत: विभिन्न अध्येताओं के मंतव्यों के विश्लेषण से नई कविता के समग्र स्वरूप को रेखांकित किया जा सकता है।

पहल के रूप में पहली बार नई कविता को 'नई कविता' के रूप में विश्लेषित करते हुए वात्स्यायन जी की एक ध्वनिवार्ता आकाशवाणी पटना से प्रसारित हुई थी जो बाद में जनवरी-फरवरी 1953 के 'नए पत्ते' में छपी। वात्स्यायन जी की यह वार्ता संवाद शैली में है, जिसके अधिकांश में 'नई कविता' की वस्तु और शिल्प को लेकर बहस की गई है। इस वार्ता में वात्स्यायन जी ने 'अध्येता' के रूप में 'नई कविता' को परिभाषित करते हुए सूत्र रूप में कहा था, "नई कविता सबसे पहले एक नई मन:स्थिति का प्रतिबिंब है—एक नए मूड का—एक नए राग संबंध का।" (नई कविता, प्रकाशन विभाग, दिल्ली, 1967, पृ. 1) इसी सिलसिले में एक रेडियो परिसंवाद भी महत्वपूर्ण है जो आल इंडिया रेडियो इलाहबाद से प्रसारित हुआ था तथा 'प्रयोगशील कविता' शीर्षक से 'प्रतीक' के जून 1951 अंक में छपा था। इस परिसंवाद में भूमिकास्वरूप पंत जी के वक्तव्य के बाद सुमन, अज्ञेय, भारती, अश्क तथा भगवतीचरण वर्मा आदि लेखकों ने चर्चा की थी। बातचीत के दौरान धर्मवीर भारती की राय यह थी कि "ऐतिहासिक महत्व की दृष्टि से मैं प्रयोगशील काव्य के दो महत्व मानता हूं—जहां तक इस काव्य

ने नई परिस्थितियों से प्रभावित, नई अनुभूतियों की अभिव्यक्ति के लिए, नए काव्यरूप, नई कल्पनाएं, नई (?) गठन खोजी है, वहां तक यह काव्य निश्चय विकास और प्रगति में न केवल सहायक हुआ है, वरन यह एक बहुत महत्वपूर्ण और अत्यंत आवश्यक चरण रहा है। किंतु जहां तक उसका तीव्र व्यक्तिवाद और उसके परिणामस्वरूप उसकी अर्थदुरूहता का प्रश्न है उसका धीरे धीरे परिहार होगा। जो नए तत्व आए हैं उनका स्वस्थ समन्वय होगा और इस तरह यह प्रयोगशील काव्य एक भूमिका रहेगा जिस पर पग धर कर 'नई कविता' आएगी। (प्रतीक, जून 1951, पृ. 27-28)

वैसे आरंभिक लेखों में तथ्य और विश्लेषण की दृष्टि से ज्यादा वस्तुगत और संगत लेख भारतभूषण अग्रवाल का है, जिसका शीर्षक है, "नई कविता में रूप-विधान और वस्तुतत्व'। यह निबंध प्रथमतः परिमल की गोष्ठी में पढ़े जाने के बाद 'नए पत्ते' में छपा था। भारत जी की राय में 'नई कविता का वस्तुतत्व बहुत ही महत्वपूर्ण है' (प्रसंगवश, पृ. 41) और इस "वस्तुतत्व की दृष्टि से नई कविता में सबसे महत्वपूर्ण बात अनास्था है।" (वही, पृ. 42) इसलिए "अनास्था शब्द ही नई कविता के अधिकांश को समझने की कुंजी है।" (वही, पृ. 43) वस्तुतत्व को भारतभूषण अग्रवाल ने दो हिस्सों में बांटा है: जीवनदर्शन और अनुभूति। 'अनास्था के संदर्भ में' 'नई कविता' के 'जीवनदर्शन' का विश्लेषण करते हुए सबसे पहले यह बताने की आवश्यकता है कि अनास्था को जिस रूप में लक्ष्मीकांत वर्मा समझने समझाने की कोशिश करते हैं, वह बिल्कुल असंगत और एकपक्षीय है। उन्हीं के शब्दों में "वर्ग उन्मूलन की भावना को अस्वस्थ ढंग से स्वीकार करके आज का एक साहित्यिक वर्ग कला की मान्यताओं को ही सृजनशक्ति मान बैठा है। ये प्रवृतियां अनास्थावादी साहित्य को प्रोत्साहन दे रही हैं। यह अनास्था किसी व्यवस्था विशेष के प्रति न होकर स्वयं अंतर्मुखी होकर अनियंत्रित चीख-पुकार के सिवाय कुछ भी नहीं रह जाती।" (आलोचना 7, अप्रैल 1953, पृ. 66)

भारतभूषण अग्रवाल की राय में नई कविता में अनास्था के इस तत्व के गंभीर सामाजिक कारण हैं और कवि को कोरे उपदेश देकर आस्थावान बनाने का प्रयत्न कुछ हलकों से जो किया जा रहा है वह प्रभावहीन है। (प्रसंगवश, पृ. 43) बहरहाल, भारत जी ने जिन अर्थों में 'अनास्था' शब्द का प्रयोग किया है उसकी स्थिति उद्देश्य से नहीं प्रक्रिया से अधिक संबद्ध है। बदले हुए युगयथार्थ के संदर्भ में अप्रासंगिक मूल्यों और परंपराओं के प्रति अनास्था एक सार्थक कदम है, जो निरपेक्ष और अंतिम नहीं है बल्कि वह जीवन विकास के संदर्भ में दूसरे छोर पर आस्था से जुड़ी हुई है। "इसलिए नई कविता का अधिकांश अनास्था का काव्य होते हुए भी आस्था का काव्य है।" (वही, पृ. 43) सामाजिक परिवर्तन के सिलसिले में अनास्था और आस्था का सही विचार दृष्टि के तहत रचना में जो स्वरूप होना

चाहिए वह नई कविता में भिन्न भिन्न भीतरी बाहरी कारणों से ज्यादातर संभव नहीं हुआ या नहीं होने दिया गया।

यही कारण था कि कालांतर में नकारात्मक अनास्था, अनास्थावाद के रूप में तथा आधारहीन आस्था, आस्थावाद के रूप में रूढ़ होने लगी। फल यह हुआ कि 'नई कविता' अपनी संपूर्ण संभावनाओं के साथ विकसित नहीं हो सकी, बल्कि वह भी अंततः एक वाद बन गई—नई कवितावाद। लेकिन देर से ही इस 'नई कविता-वाद' ने अस्तित्व में आकर 'हम वादी नहीं रहे, नहीं हैं' (अज्ञेय, दूसरा सप्तक, पृ. 6) जैसे विख्यात नारे के खोखलेपन को उदाहरण सहित सिद्ध कर दिया।

स. ही. वात्स्यायन ने नई कविता को नई मनःस्थिति तथा नए राग संबंध का प्रतिबिंब माना है। (प्रतीक, जून 1951, पृ. 27) लेकिन दुर्भाग्य से उन्होंने रागात्मक संबंध को ही ज्यादा समझा समझाया है, (प्रतीक, जून 1951, पृ. 33-34) जबकि ज्यादा जरूरी यह था कि नई मनःस्थिति के विभिन्न आयामों को वे ज्यादा विश्लेषित करते ताकि नए रागात्मक संबंधों के आधारों पर अधिक प्रकाश पड़ता तथा इस नई काव्य प्रवृति को बुनियादी तौर पर समझा जा सकता।

लक्ष्मीकांत वर्मा ने इस 'मनःस्थिति' को परिभाषित करने की कोशिश की है : "इस मनःस्थिति के एक छोर पर व्यापक जीवन के तिक्त अनुभवों के प्रतिमान हैं और दूसरे छोर पर बौद्धिक जागरूकता है, जो जीवन के खुरदरेपन, नीरस, बेतरतीब, अस्तव्यस्त प्रतिमानों को भी एक सौंदर्यानुभूति प्रदान करना चाहती है। परिणामस्वरूप आज की नई कविता में, उसकी कल्पना और बिंब भावना में अधूरे चित्र, अस्तव्यस्त रंग, टूटे विशृंखल भाव, उस सौंदर्यबोध को बौद्धिक और आत्मानुभूति के स्तर पर अर्थ देना चाहते हैं।" (नई कविता 2, पृ. 20) लक्ष्मीकांत वर्मा ने 'व्यापक जीवन के तिक्त अनुभवों के' जिस 'प्रतिमान' की बात 'नई कविता' के संदर्भ में की है, वह वर्तमान की असहनीय जीवन स्थितियों के साथ अतीत की भयावह और यातनाप्रद घटनाओं के कारण ही अस्तित्व में आया है।

नई कविता के सिद्धांत स्थापक आचार्यों का कहना है कि "इतिहास की लंबी यात्रा में सामान्य मनुष्य उपेक्षित रहा है। 'चाहे नेपोलियन के युद्ध हों, चाहे वह सिकंदर की विजय पताका...चाहे नागासाकी पर गिराए गए बम हों, चाहे वह स्वेज नहर का युद्ध हो'—इन सभी घटनाओं के मध्य मानव स्वाभिमान की हत्या हुई है, वह उपेक्षित और अपमानित हुआ है। अपनी लघुता और विशिष्टता को तिलांजलि देकर उसकी नियति महज 'मर्सिया' पढ़ने अथवा प्रशस्तिगायन की रह गई है। उसके साथ सबसे बड़ी ज्यादती यह हुई है कि हमेशा उसे उसकी मूल प्रवृत्ति, स्वतंत्रता तथा उसके वास्तविक संदर्भ से काट कर देखने की कोशिश की गई है, जिससे मानव विशिष्टता को बहुत बड़ा धक्का पहुंचा है। प्रत्येक दौर में महज उपकरण बनकर रह जाने की नियति उसकी सबसे बड़ी विडंबना है।"

नई कविता के आचार्यों की दृष्टि में इस विडंबना का सबसे अधिक और सीधा शिकार है 'लघुमानव'। अत: इस विडंबनायुक्त नियति के कारण मनुष्य के खोए हुए आत्मविश्वास को, नई कविता 'लघुमानव के लघु परिवेश की प्रतिष्ठा—स्थापना' द्वारा हासिल करना चाहती है। यही कारण है कि उसके लिए वही यथार्थ प्रासंगिक है जो 'लघु मानव के लघु परिवेश से उपजता है।' आरंभ से ही लघुमानव के इस लघु परिवेश के यथार्थ को नई कविता के केंद्र में रखकर अन्य मूल्यों की स्थापना के प्रयत्न किए गए हैं। अत: यह आवश्यक है कि लघुमानव संबंधी इस केंद्रीय धारणा का विश्लेषण सबसे पहले किया जाए।

कौन है यह लघुमानव? उसके लघु परिवेश का यथार्थ क्या है? लक्ष्मीकांत वर्मा ने इस लघुमानव को स्थापित करने का लंबा प्रयास किया है। लघुमानव से तात्पर्य उस सामान्य मानव से है जो इतिहास के घटनाचक्रों के बीच निरंतर उपकरण के रूप में इस्तेमाल होता रहा है; उसके संदर्भ के सारे निर्णय उसकी स्वीकृति के बगैर होते रहे हैं। उपेक्षा की स्थिति में उसके स्वाभिमान पर चोट पहुंची है। इस आहत 'स्वाभिमान' (ह्यूमन डिगनिटी) को नई कविता फिर से सहज रूप में प्रतिष्ठित करना चाहती है। यही कारण है कि नई कविता में अहम् की प्रवृति भी मुखर होकर सामने आई है। लक्ष्मीकांत वर्मा के अनुसार "अहम् का वास्तविक अर्थ है अपनी स्थिति और अपने अस्तित्व की स्वीकृति के साथ साथ सामाजिक संदर्भ में अपनी नियति और अपनी सत्ता के प्रति जागरूक रहना।" इसलिए "व्यक्तिनिष्ठा और आत्मसंवेदना का सार्थक अंश कलाकार की अहम् स्थापना के द्वारा ही स्थापित हो सकता है।" (नई कविता के प्रतिमान, पृ. 224-225)

लेकिन इस लघुमानव की अस्तित्व स्वीकृति का संदर्भ उसका लघु परिवेश है, जिसमें लक्ष्मीकांत वर्मा के अनुसार "खुरदरापन, नीरसता, बेतरतीबी और अस्तव्यस्तता है।" (नई कविता 2, पृ. 20) इसी लघु परिवेश से लघुमानव का आत्मसाक्षात्कार नई कविता की रचनाप्रक्रिया के केंद्र में है। लेकिन एक सार्थक रचना में महज इतना महत्वपूर्ण नहीं है कि लघुमानव द्वारा अपने लघु परिवेश में आत्मसाक्षात्कार करते हुए उसकी स्वीकृति का निरंतर जाप किया जाए बल्कि महत्वपूर्ण तो यह है कि इस लघुपरिवेश की असंगतियों से मुक्ति कैसे मिले? उसे बदला कैसे जाए? जाहिर है, सिर्फ लघुपरिवेश के वैयक्तिक यथार्थ की स्वीकृति भर उसे नहीं बदलेगी। मुख्य बात यह है कि रचना में जिस सामाजिक यथार्थ को पुन: सृजित किया गया है, वह रचना के रूप में स्वरूप ग्रहण करने के पश्चात उस सामाजिक यथार्थ को अग्रगामी शक्तियों के पक्ष में बदलने में क्या योग दे रहा है? रचना की सार्थकता की परख इस आधार पर होनी चाहिए।

विजयदेव नारायण साही अपने 'सहज मानव' की धारणा को ही लघुमानव

की धारणा बतलाते हैं तथा पारिभाषिक शब्दावली से दूर हटकर यह बतलाने की कोशिश करते हैं कि लघुमानव की धारणा वाली कविता को वे "छोटे परिवेश में छोटे आदमी की कविता (या) साधारण परिवेश में साधारण आदमी की कविता कहना।" (नई कविता 5-6, पृ. 82) ज्यादा पसंद करेंगे। लेकिन इसी के साथ साही इस बात के लिए सावधान करते हैं कि ये कल्पना चित्र मूलतः आलोचना और विश्लेषण के औजार हैं, कृतिकारों के आदर्श और उद्देश्य नहीं। "उनकी कसौटी यही है कि वे जीवन और साहित्य के विराट और प्रमथित कर देने वाले उतार चढ़ाव में कोई पैटर्न, कोई डिजाइन, कोई तारतम्य या संगति देखने में मदद कर सकते हैं या नहीं?" (वही, पृ. 82)

साही की चेतावनी के विपरीत यह लघुमानव अधिकांश नए कवियों का आदर्श और उद्देश्य बन गया था, जिससे इस प्रतिमान के द्वारा जीवन और साहित्य के परिवर्तन के भीतर की 'तारतम्यता और संगति' देखने की बात धरी रह गई। इसीलिए नई कविता के एक अन्य आचार्य कवि जगदीश गुप्त, लघुमानव संबंधी धारणा से ही असहमत हैं। उनके विचार से "नई कविता के प्रतिमानों की खोज में उत्साहवश लघुता पर अत्यधिक बल देना अनावश्यक है। जहां तक वह उपेक्षित मानवता के प्रति हमारी एकता और सद्भावना की द्योतक हो, वहीं तक ग्राह्य है, उससे अधिक नहीं, अन्यथा वह भ्रम हो जाने की संभावना है कि हम मानव व्यक्तित्व को मूलतः और अनिवार्यतः लघु मानते हैं।" (नई कविता 4, पृ. 15-16) गतिशील यथार्थ के संदर्भ में 'नई कविता' के कुछ आचार्यों और कवियों द्वारा स्थापित लघुमानव की अवधारणा कितनी यथार्थ विरोधी है, इसे रामविलास शर्मा ने स्पष्ट किया है। रामविलास जी की स्पष्ट राय है कि "नई कविता, वालों का तथाकथित लघुमानव त्रिशंकु की तरह आसमान में लटका है और ये नीचे से उसकी आरती उतारा करते हैं। इनका क्षुद्र अहंवाद राष्ट्रविरोधी और समाजविरोधी है। दुःख और घुटन की बातें बहुत करते हैं लेकिन उसमें गरीबों का दुःख शामिल नहीं है।" (आस्था और सौंदर्य, पृ. 222)

मुक्तिबोध भी इस लघुमानव की स्थापना के पीछे छिपे हुए उस प्रतिगामी उद्देश्य को रेखांकित करते हैं, जिसे नए कवियों का संस्कार बनाने की कोशिश की जा रही थी। उनके विचार से लघुमानव साधारण जनतान हीं है। साधारण जनता में दुनिया को बदलने की अपरिमित क्षमता होती है। मुक्तिबोध के अनुसार नई कविता के कुछ 'नीति नियामकों' के लिए :

> साधारण जनता भीड़ की अंधी ताकत है···इसलिए हम जनसाधारण नहीं केवल लघुमानव हैं, क्योंकि हम जनसाधारण हो जाएं तो वामपंथी मनोवृत्ति के शिकार होकर, भीड़ की अंधी ताकत बनते हुए अपनी व्यक्तिगत इयत्ता

खो देंगे। इसलिए हमें जनसाधारण से लघुमानव बन जाना चाहिए। (नए साहित्य का सौंदर्यशास्त्र, पृ. 59)

इस तरह मुक्तिबोध ने 'लघुमानव' के प्रतिमान की स्थापना के भीतर छिपी हुई जिस राजनीति की गंध महसूस की है, उस संदर्भ में नई कविता के 'लघुमानव' से जुड़े हुए प्रतिमानों को परखे जाने की आवश्यकता है।

नई कविता के बहाने 'लघुमानव' पर इस बहस में रघुवीर सहाय की राय एक हद तक दोनों पक्षों से भिन्न है। 'युग चेतना' के संभवतः जनवरी 1958 अंक में नामवर सिंह व्यावहारिक समीक्षा की आवश्यकता बतलाते हुए प्रचलित सैद्धांतिक मान्यताओं पर संदेह प्रकट करते हैं। लेकिन इस संदर्भ में रघुवीर सहाय को "शंका वहां होती है (कि क्या यह ठीक है ?) जब वह (नामवर सिंह) छोटे आदमी को छोटे परिवेश से समीकृत कर देते हैं।" (कल्पना, फरवरी 1958, पृ. 2) नामवर सिंह के इस लेख के प्रकाशन के कुछ दिनों बाद प्रकाशित अपने प्रसिद्ध लेख 'लघुमानव के बहाने हिंदी कविता पर बहस' में स्वयं विजयदेव नारायण साही 'नई कविता' को छोटे परिवेश में छोटे आदमी की कविता बतलाते हैं।" (नई कविता 5-6, पृ. 82)

रघुवीर सहाय इस धारणा से असहमत हैं। वे लिखते हैं, "प्रत्येक गंभीर और अकृत्रिम आधुनिक कलाकार उस विराट दायित्व के प्रति जागरूक है जो जीवन की परंपरा ने उस पर डाला है। यह इसी विराट परिवेश का बोध है, जिससे वह प्रत्येक साधारण मानवीय घटना या मानवीय इकाई में जीवन को पूर्णतः प्रतिबिंबित देख पाता है। छोटा आदमी बराबर छोटा परिवेश नहीं है। छोटा आदमी आसान भी नहीं है। उसको कलात्मक सामग्री के रूप में उपयोग करना बहुत बड़ा काम है और प्रसंगवश बहुत बड़े विराट को समझना है।" (कल्पना, 1958, पृ. 2) रघुवीर सहाय जिस लघुमानव के कलात्मक सामग्री के रूप में उपयोग को बहुत बड़े विराट को समझना बतलाते हैं; वही जब साही लघुमानव के सही उपयोग की कसौटी निर्धारित कर रहे होते हैं तो उनकी राय में यह देखने की आवश्यकता है कि वह 'जीवन और साहित्य' के 'विराट' परिवर्तन में कोई 'तारतम्य या संगति' देखने में मदद कर रहा है या नहीं। (नई कविता 5-6, पृ. 82) कह सकते हैं कि लघुमानव के संदर्भ में रघुवीर सहाय के मंतव्य की जो खासियत है वह यह कि उन्हें लघुमानव के यथार्थ की अभिव्यक्ति में तो विश्वास है, लेकिन साही की तरह वे भी 'लघुमानववाद' के विरोधी हैं।

लघुमानव संबंधी नई कविता की स्थापना के इस विश्लेषण के पश्चात संक्षेप में उन कुछ और स्थापनाओं की चर्चा आवश्यक है, जो नई कविता के वस्तुतत्व के संदर्भ में प्रासंगिक है।

क्योंकि यह लघुमानव आडंबरयुक्त (?) विश्वबंधुत्व से कहीं अधिक सम-सामयिक दायित्व को महत्वपूर्ण समझता है, (लक्ष्मीकांत वर्मा, नई कविता के प्रतिमान, पृ. 163) अतः समसामयिकता का आग्रह नई कविता में जगह जगह परिलक्षित होता है। यह समसामयिकता ही नए कवि को क्षण के प्रति आग्रही बनाती है क्योंकि नया कवि लघु परिवेश के संदर्भ में लघुमानव को परिभाषित करना चाहता है, उसकी संवेदना को आत्यंतिक रूप से पकड़ना चाहता है अतः उस परिवेश के अंतर्गत आत्मसाक्षात्कार का एक एक क्षण महत्वपूर्ण है। रघुवीर सहाय एक कविता के आरंभ में कहते हैं…"माथे मुकुट व्यथा का बांधे/इस क्षण की महिमा से मंडित/"…और अंत में उनका कहना है…"हे प्रिय, हे जीवित पल/क्षण में जी लें तब आगामी क्षण तक पहुंचा दें।" (सीढ़ियों पर धूप में, पृ. 130) क्षण की इस महत्ता से इंकार नहीं किया जा सकता क्योंकि किसी भी चीज को महसूस करने की शुरुआत ही होती है क्षण की साक्षेपता में। लेकिन 'नई कविता' में यह 'क्षण', क्षणवाद का रूप ग्रहण कर गया है और कहना चाहिए कि अतीत और भविष्य की असंबद्धता में वह पलायन से जुड़ गया है। रघुवीर सहाय के यहां यह 'क्षण' अतीत और भविष्य से असंबद्ध नहीं है बल्कि इसके बारे में उनकी स्पष्ट स्वीकृति है कि "इन क्षणों को एक परंपरा में रखना होता है और इस स्तर पर जो परंपरा आगे बढ़ सकती है, वह कला की ही अपनी सौंदर्यबोध की परंपरा है।" (वही, पृ. 241-242)

निश्चय ही क्षण की सत्ता अतीत और भविष्य के बीच के काल की निरंतरता से असंबद्ध नहीं है। उस क्षण की महत्ता का उचित आकलन अतीत और भविष्य के परिप्रेक्ष्य में ही किया जा सकता है और तभी उसमें सार्थकता भी उत्पन्न हो सकती है। लेकिन जैसे ही एक स्वायत्त क्षण की मांग हम करते हैं तो अनिवार्यतः हम इतिहास से 'इस्केप' करने की कोशिश कर रहे होते हैं। नई कविता के अधिकांश कवि इसीलिए 'क्षण' की शरण लेना चाहते हैं क्योंकि "आज का मनुष्य अपने युद्धों और महायुद्धों वाले अतीत तथा वैज्ञानिक प्रगति की दिशा को विचारता है तो उसे सांत्वना नहीं मिलती।" (कुंवर नारायण, कल्पना, मार्च 1960, पृ. 49) लेकिन काल के इन दोनों आयामों को अनुपस्थित करके 'क्षण' के अस्तित्व को क्या महसूस किया जा सकता है? क्योंकि कोई भी 'क्षण' किसी पिछले 'क्षण' की निरंतरता में है तथा तत्काल अगले 'क्षण' से जुड़ जाने वाला है।

क्योंकि नई कविता स्वायत्त ढंग से एक एक क्षण के आत्मसाक्षात्कार को वाणी देना चाहती है अतः मनःस्थिति के सार्थक निरर्थक सोच भी अनावश्यक रूप से कविता में महत्व पा जाते हैं। एक हद तक सामयिक कुंठा तथा ह्रासकारी मनोवृत्तियों का कविता में प्रतिफलन इन कारणों से भी होता है। यही कारण है कि नई कविता के अंदर जब 'क्षण' ने 'क्षणिकता' या क्षणवाद का रूप ग्रहण किया

तो धीरे धीरे वह रूढ़ि बन गया और नए कवियों ने उसे फार्मूले या नुस्खे के रूप में इस्तेमाल करना शुरू कर दिया। रघुवीर सहाय ने लक्ष्य किया कि "कुछ प्रतीक और शब्द नवोदित कवियों तथा आलोचकों को भयंकर रूप से प्रिय हो चले हैं और यह देखकर कि उनमें मौलिक अर्थात वह जो कि अभिप्राय से संपृक्त है, अर्थ नहीं रह गया और वे रूढ़ और स्वीकृत फार्मूलों की तरह प्रयुक्त होने लगे हैं।··· 'क्षण' और 'दर्द' ऐसे ही शब्द हैं। जीवित क्षण का अनुभव जिस अभिव्यक्ति को जन्म देता है, उसका परिचय पाए बिना क्षण का दर्द और 'क्षण का जीना' आदि टुकड़े नए कवि प्रसन्न होकर प्रयोग कर रहे हैं।" (कल्पना, फरवरी 1958, पृ. 2) नई कविता को 'नई कवितावाद' की शक्ल देने में इस क्षणिकता के आग्रह का भी काफी योग रहा है।

वर्तमान की इकाई तात्कालिक क्षण के प्रति नई कविता के आचार्यों, कवियों की इस दृष्टि में, उनके इतिहास विरोधी चिंतन को आसानी से रेखांकित किया जा सकता है।

बदले हुए युग यथार्थ के परिप्रेक्ष्य में कविता के वस्तुतत्व और शिल्प में आए परिवर्तन का बुनियादी कारण यह है कि "नए कवि का मन नया है, उसका अनुभव नया है, उसके साथ सामाजिक सत्य भी नया है।" (भारतभूषण अग्रवाल, प्रसंगवश, पृ. 41) बदले हुए संदर्भ में नए वस्तुतत्व को कविता में लाने तथा अप्रासंगिक हो चुके उपकरणों से भिन्न नए उपकरणों द्वारा नई कविता संभव करने के प्रयत्न 'प्रयोग' के रूप में घटित होते हैं। निश्चय ही कविता के विकास में प्रयोग की स्थिति अपरिहार्य है। लेकिन मुश्किल वहां खड़ी होती है जब प्रयोग को अतिरिक्त महत्व प्रदान किया जाता है तथा मनमाने ढंग से उसकी व्याख्या की जाती है।

रघुवीर सहाय प्रयोग की ऐसी व्याख्याओं से असहमत हैं जो उसे महज अंतर्जगत के यथार्थ के अन्वेषण से जोड़ती हैं। उनके लिए यथार्थ अमूर्त और खोया हुआ नहीं है बल्कि वह इतना मूर्त और आमने सामने है कि वह उनके लिए अन्वेषण से नहीं बल्कि 'समझने' से जुड़ा है। (लिखने का कारण, पृ. 33) रघुवीर सहाय प्रयोग के मूल में यह चिंता देखते हैं कि "जिस मानवीय जीवन के सुख दुःख को, समस्याओं को, यातनाओं और विवशताओं या सफलताओं और महानताओं को हम जानते हैं, उसे व्यापक मानव के संबंध में, बिना किसी विशेषण के मानव के संदर्भ में कैसे जानें और ऐसे जानें कि वह जानना कलाकृति हो जाए।" (सीढ़ियों पर धूप में, पृ. 239)

रचना के संदर्भ में सामाजिक यथार्थ के इस परिप्रेक्ष्य के कारण ही रघुवीर सहाय 'कलात्मक अनुभव के क्षण' को 'स्वायत्त' नहीं बल्कि 'अपनी कलात्मक अनुभव की परंपरा' में देखना चाहते हैं। यही कारण है कि जब वह प्रयोग को

"परिवर्तित यथार्थ के संपुजनों के भीतर छिपी परिवर्तित मानव चेतना की अगली श्रृंखला खोजने की इच्छा" (लिखने का कारण, पृ. 33) से जोड़ते हैं तो उनके इस कथन का आशय उस प्रवृत्ति से जुड़ता है जो आगे नई कविता के अंतर्गत आधुनिकता के रूप में जानी गई। इस आधुनिकता के संदर्भ में नई कविता को समझने की पहल बाद में हुई है, मूलतः तो 'नई कविता' के केंद्र में 'मानव विशिष्टता' और 'व्यक्ति स्वातंत्र्य' ही रहा है।

उनकी यह आधुनिकता 'वाद' की शक्ल ग्रहण करती हुई वह आधुनिकता नहीं है जिसके लिए 'ऐतिहासिक दृष्टिकोण बहुत ही अपूर्ण और स्थूल है' (विपिन कुमार अग्रवाल, नई कविता 7, पृ. 29) तथा 'आधुनिकता' जिनके लिए एक खंडित घटना है। (वही, पृ. 33) रघुवीर सहाय की आधुनिकता इतिहास सापेक्ष आधुनिकता है जो "इतिहास के आगामी चरण को रूपायित करने की और इस चरण को द्रुततर बनाने की प्रक्रिया है।" (रामस्वरूप चतुर्वेदी, नई कविता-7, पृ. 46) मुक्तिबोध की राय थी कि 'नई कविता की आत्मा है आधुनिक भावबोध।' (नए साहित्य का सौंदर्यशास्त्र, पृ. 40) इस आधुनिक भावबोध की व्याख्या मुक्तिबोध की निजी है, जिसमें उनकी अपनी अपेक्षाएं भी शामिल हैं। मुक्तिबोध ऐसी आधुनिकता से इन्कार करते हैं जिसमें "परंपरा तथा वर्तमान जीवन की प्रगतिशील विरासत का निषेध एवं किसी भी पूर्ववर्ती इतिहास तथा भविष्य की संभावनाओं से रहित केवल वर्तमान युग की असंगतियों के बीच अकेलेपन की नियति भोगने वाले मानव और उसकी पराजयवादी मनोवृत्ति के प्रति समर्पण भाव है।" (शिवकुमार मिश्र, मार्क्सवादी साहित्य चिंतन : इतिहास तथा सिद्धांत, पृ. 377)

इस इतिहास विरोधी आधुनिकता बोध से जुड़े 'नई कविता' के 'जीवनदर्शन' में मुक्तिबोध 'शीतयुद्ध' की प्रेरणा देखते हैं। (नई कविता का आत्मसंघर्ष और अन्य निबंध, पृ. 37) यही कारण है कि वे जनवादी मूल्यों को आधुनिक भावबोध से संबद्ध करना चाहते हैं। उनके अनुसार "अन्याय के खिलाफ आवाज बुलंद करना आधुनिक भावबोध के अंतर्गत है। आधुनिक भावबोध के अंतर्गत यह भी है कि मानवता के भविष्य निर्माण के संघर्ष में हम और भी अधिक दत्तचित्त हों तथा हम वर्तमान परिस्थिति को सुधारें, नैतिक ह्रास को थामें, उत्पीड़ित मनुष्यता के साथ एकात्म होकर उसकी मुक्ति की योजना करें।" (वही, पृ. 16)

इस आधुनिकता बोध के विश्लेषण के पश्चात 'नई कविता' के वस्तुतत्व की जीवनदर्शन संबंधी धारणाओं पर चर्चा स्थगित की जा सकती है। भारत जी के अनुसार 'जीवनदर्शन' के बाद वस्तुतत्व का दूसरा हिस्सा है 'अनुभूति'। कई बार तो 'नई कविता' के आचार्य इस 'अनुभूति' तत्व के आग्रह से ही काव्य परंपरा के भीतर 'नई कविता' का फर्क स्पष्ट करते हैं। 'नई कविता' के दौर में गैर मार्क्सवादी

लेखकों द्वारा अनुभूति की सर्वप्रमुखता का जो आग्रह था वह ज्यादातर उन प्रगतिवादी कवियों की प्रतिक्रिया में था जो अपनी संवेदना को एक यथार्थवादी विश्वदृष्टि से निर्धारित करना आवश्यक समझते थे। अनुभूति आग्रहियों की राय थी कि "समस्त साहित्य का आधार साहित्यकार की अपनी अनुभूति है, किसी प्रकार की राजनैतिक, सामाजिक, धार्मिक अथवा नैतिक आवश्यकता नहीं।" (संपादकीय, कल्पना, जून 1955, पृ. 2)

जिस तरह इस 'अनुभूति' को राजनैतिक, सामाजिक या नैतिक परिप्रेक्ष्य से काटकर स्वतंत्र रूप में रखने की वकालत की जा रही थी उससे इस धारणा के पीछे प्रगति विरोधी उद्देश्य आसानी से जाहिर हो जाते हैं। इस अनुभूतिवाद को स्पष्ट करते हुए नामवर सिंह लिखते हैं कि "जो लेखक अपने युग की ज्वलंत समस्याओं से तटस्थ रहकर केवल 'अनुभूति' की रट लगाया करते हैं, वे अनुभूति के सामाजिक आधार का निषेध करते हैं, इसलिए उनकी सारी सदिच्छा सपना बनकर ही रह जाती है।" (इतिहास और आलोचना, द्व. सं., पृ. 53) दरअसल अनुभूति के आग्रहियों ने अपनी पूर्ववर्ती काव्य परंपरा के अंतर्गत 'अनुभूति' की स्थिति को संदेह से देखा तथा उन्होंने 'नई कविता' के दौर में 'अनुभूति की प्रामाणिकता' तथा 'ईमानदारी' का सवाल उठाया। जब प्रगतिवाद की प्रतिक्रिया में ये 'अनुभूति की प्रामाणिकता' का सवाल उठा रहे थे तो कहीं से उनका इरादा उस सामाजिक यथार्थ के अस्वीकार का था जिससे प्रगतिवादी कवि निर्धारित हो रहे थे।

'अनुभूति की प्रामाणिकता' का यह आग्रह 'ईमानदारी' के विश्लेषण से सही रूप में समझा जा सकता है। कुछ लोगों के लिए भले ही यह 'ईमानदारी' 'जिस अनुपात में, जिस मात्रा में जो भाव या विचार उठा है उसको उसी मात्रा में प्रस्तुत करने' से संबद्ध रही हो लेकिन जिनके लिए "अनुभूति वास्तविकता का एक अंश अथवा पहलू है" (वही, पृ. 53) उनके लिए महत्व की बात यह है कि यह अनुभूति "वस्तु तथ्य से सुसंगत है या नहीं।" (मुक्तिबोध, एक साहित्यिक की डायरी, पृ. 133) अगर ऐसा नहीं होगा तो सही प्रामाणिकता का (मुक्तिबोध जिसे संभवत: 'सत्यत्व' कहना चाहते हैं) आविर्भाव नहीं हो सकता। इस तरह "मुक्तिबोध ने ईमानदारी को आत्मनिष्ठता के दलदल से निकालकर वस्तुनिष्ठता की ठोस भूमि पर प्रतिष्ठित किया।" (नामवर सिंह, कविता के नये प्रतिमान, पृ. 20) जिसकी पहल रघुवीर सहाय ने 'प्रतीक', नवंबर-दिसंबर 1951 के 'संपादकीय' में पहले ही कर दी थी।

वैसे रघुवीर सहाय का भी यह कथन है कि "मेरे लिए ईमानदारी अनुभूति की है धर्म या मत या कर्तव्य की नहीं···कोई भी रचना···मेरे द्वारा तभी संभव हो सकती है जब मेरा मन गवाही दे।" (सीढ़ियों पर धूप में, पृ. 190-191) लेकिन इस कथन का अर्थ तब वही नहीं रह जाता जब हम ईमानदारी और

अनुभूति के बारे में रघुवीर सहाय की राय से अलग से वाकिफ होते हैं। उनके लिए अनुभूति तथा ईमानदारी, स्वायत्त और निरपेक्ष नहीं है बल्कि ईमानदारी उनके लिए 'वस्तुओं की वास्तविकता के सही अनुभव' (वही, पृ.249) के संदर्भ में प्रासंगिक होती है तथा अनुभूति को वे 'सुधारने' (वही, पृ. 253) की मांग करते हैं। इस तरह उनकी दृष्टि में ईमानदारी का मतलब यही है कि वह (लेखक) उस बौद्धिक विकलता को लेकर जिए और उसे अस्वीकार न करे जो ज्ञान उसे दे जाता है और जो उसकी अनुभूति सुधार जाती है। (वही, पृ. 248)

बाद के दिनों में प्रकारांतर से मुक्तिबोध भी अपनी शब्दावली में लगभग यही बात कहते हैं जब वे ईमानदारी को ज्ञानात्मक आधार,⋯विस्तृत से विस्तृत करने से जोड़ते हैं तथा विश्वास व्यक्त करते हैं कि "उस ज्ञानात्मक आधार पर ही मन अपने को संशोधित-संपादित करता रहेगा। कवि के अनुभूतिमय जीवनकाल में ही यह संशोधन संपादन चलता रहेगा।" मुक्तिबोध की राय में अंततः अंतः-करण के इस संशोधन संपादन में ही व्यक्तिगत ईमानदारी परिलक्षित होगी। (एक साहित्यिक की डायरी, पृ. 147)

रघुवीर सहाय ने ईमानदारी पर जब लिखी तो सिर्फ 'ईमानदारी' के विवेचन के बाद यह प्रसंग समाप्त नहीं कर दिया बल्कि 'ईमानदारी के बाद' के दायित्व भी निर्धारित किए। उनकी राय में "जनजीवन के विकासोन्मुख तत्वों से अपने को 'सक्रिय संबद्ध' न करने के कारण ऐसे लेखक 'अपनी मौलिक ईमानदारी के बावजूद खो गए क्योंकि उन्होंने ईमानदारी के बाद भी अपने व्यक्ति की झूठी आत्मसत्ता नहीं त्यागी, विराट इतिहास की सक्रिय शक्तियों में अपने को समाहित नहीं किया।" (सीढ़ियों पर धूप में, पृ. 254-255)

विवेचन से स्पष्ट है कि वस्तुतत्व के अंतर्गत सही जीवन दर्शन और अनुभूति एक दूसरे की सापेक्षता में ही सार्थक नई कविता की सृष्टि कर सकती है क्योंकि "अनुभूति के बिना जीवनदर्शन काव्यों को प्रखर नहीं बना सकता और जीवनदर्शन के बिना अनुभूति के भटकने का चांस बना रहता है।" (भारतभूषण अग्रवाल, प्रसंगवश, पृ. 43)

कहने की आवश्यकता नहीं कि नई कविता के वस्तुतत्व से जुड़ी रघुवीर सहाय की मान्यताएं 'नई कविता' के अधिकांश आचार्यों और कवियों की तरह यथार्थ विरोधी नहीं हैं बल्कि प्रगतिशील तथा रचनात्मक हैं। मार्क्सवादी विचार-धारा से सीधा संबद्ध न होते हुए भी यथार्थ उनके चिंतन और रचना का केंद्रीय तत्व है। कहीं कहीं उनके विचारों में विरोधाभास नजर आ सकता है क्योंकि किसी भी 'मताग्रह' के अधीन होकर वे यथार्थ का मूल्यांकन करना नहीं चाहते। हालांकि इस दृष्टिकोण का भी अपना एक आग्रह है जो इस तरह के विरोधाभासों के केंद्र में है।

जहां तक 'नई कविता' के रूपविधान का प्रश्न है, संदर्भ बदलने से कविता में उसकी स्थिति तथा उसके बारे में कवियों की धारणाओं में भी परिवर्तन आया है। तार सप्तक के अपने वक्तव्य के आरंभ में गिरिजा कुमार माथुर लिखते हैं कि "कविता में विषय से अधिक टेकनीक पर ध्यान दिया है क्योंकि टेकनीक के अभाव में कविता अधूरी रह जाती है।" (तार सप्तक, पृ. 168) लेकिन 'नई कविता 1' में सव्याख्या के अंतर्गत उनकी संशोधित राय यह है कि "नई कविता नए शिल्प और उपमानों के प्रयोग के साथ समाजोन्मुखता और मानवता को एक अंजलि में भरे भविष्य की ओर अग्रसर हो रही है।" (नयी कविता 1, पृ. 76) स्पष्टतः यहां आकर टेकनीक पर अधिक ध्यान देने की बात पीछे छूट जाती है तथा रूप और वस्तु का संतुलन और समन्वय प्रमुख हो जाता है। (नई कविता 1,पृ. 76) वस्तुतत्व में आए विस्तार तथा परिवर्तन से रूप गठन का निर्धारित होना स्वाभाविक ही था। अतः लक्ष्मीकांत वर्मा का यह कथन महत्वपूर्ण है कि 'नई कविता' ने अपनी अभिव्यक्ति के लिए जिन प्रतीकों, बिंबों और साधनों का प्रयोग किया है वे यथार्थ जीवन से उपजे हैं। (नई कविता के प्रतिमान, पृ. 3) लेकिन इनके सर्वथा नए होने के कारण एक संकट यह पैदा हुआ है कि 'ये उतने प्रेषणीय' (वही, पृ. 4) नहीं हैं इसी कारण ये 'नई कविता' के आरंभ के दिनों में ही दुरूहता का सवाल उससे जुड़ गया था।

भारतभूषण अग्रवाल ने तो इस दुरूहता को लक्ष्य किया ही था, (प्रसंगवश, पृ. 39) दुष्यंत कुमार ने भी यह लक्ष्य किया कि "दुरूहता का कारण यही नवीनता, अपरिचित प्रतीक विधान और शब्दावली आदि है।" (कल्पना, अप्रैल 54) लेकिन इसी लेख में आगे जब दुष्यंत कुमार व्यावहारिक रूप में कवियों के आधार पर इस दुरूहता को स्पष्ट करते हैं तो रघुवीर सहाय को ऐसे कवियों की कोटि में रखते हैं "जिनमें दुरूहता या उलझाव या तो कम से कम होते जा रहे हैं या बिलकुल हैं ही नहीं" क्योंकि इनमें भावों की गंभीरता के साथ साथ 'अभिव्यक्ति की सरलता भी है।' (वही, पृ. 36) इस प्रवृत्ति के उदाहरणस्वरूप दुष्यंत कुमार ने रघुवीर सहाय की कविता 'ढाल पर' (उद्धरण में इसका शीर्षक 'दर्द यों जाता नहीं' दिया गया है) की कुछ पंक्तियां उद्धृत की हैं। लेकिन शिल्प के इस गुण के साथ ही दुष्यंत कुमार, रघुवीर सहाय की कविता में कुछ कुछ 'अनावश्यक विस्तार' और 'बिखराव' की प्रवृत्ति भी देखते हैं, जो उनकी दृष्टि में शायद कविता को कहीं न कहीं कमजोर करती है। (वही, पृ. 36)

वैसे तथ्य तो यह है कि रघुवीर सहाय की आरंभिक कविताओं में दुष्यंत कुमार को जो 'अनावश्यक विस्तार' तथा 'बिखराव' नजर आता है वह मूलतः यथार्थ को समग्रता में प्रस्तुत करने के लिए 'बिखरे भावचित्रों तथा मुक्त साहचर्य के निःसंकोच प्रयोग' की कोशिश है। (रामस्वरूप चतुर्वेदी, हिंदी नवलेखन,

पृ. 42) दरअसल नई कविता में दुरूहता की इस स्थिति का कारण महज शिल्प के उपकरणों का नयापन नहीं है बल्कि उसका कारण यह भी है कि नई कविता अपनी संरचना में भी नई है। वह गद्य के ज्यादा निकट है। अतः इसके शिल्प को लेकर नई तरह से सोचने की जरूरत है। इसी कारण रामस्वरूप चतुर्वेदी ने आरंभ में ही 'नई कविता के रूप गठन की समस्याओं' का संकेत करते हुए कहा था : "इन समस्याओं में से प्रमुख यह है कि कविता तथा गद्य की सीमा रेखा कहां है ?" (नई कविता 2, पृ. 22) अंततः डा. चतुर्वेदी इस निष्कर्ष पर पहुंचे कि "यदि शिल्प की दृष्टि से देखा जाए तो निश्चय ही नई कविता गद्य के समीप आई है। इस विकास का मूल कारण स्वतः नई कविता की मौलिक प्रकृति में निहित है। बौद्धिक दृष्टिकोण की समुचित अभिव्यक्ति गद्य के माध्यम से ही हो सकती है।" (हिंदी नवलेखन, पृ. 82) बौद्धिकता की मूल प्रवृत्ति विश्लेषण की होती है। कबिता की परंपरित भाषा में यह विश्लेषण संभव नहीं है, अतः गद्यात्मकता का प्रादुर्भाव स्वाभाविक ही है। 'नई कविता' में बौद्धिकता की प्रमुखता का कारण कोरी भावुकता के विरुद्ध समग्र यथार्थबोध है। "क्योंकि यथार्थ अनुभव का आग्रह तब तक सार्थक नहीं हो सकता जब तक बौद्धिक प्रबुद्धता न रहे।" 'नई कविता' के अंतर्गत "बौद्धिक अनुभूति केवल बौद्धिक विलास नहीं है, वरन मूल्यों में स्थित संक्रमण का विवेकपूर्ण विश्लेषण है।" (लक्ष्मीकांत वर्मा, नई कविता के प्रतिमान, पृ. 39) अतः रघुवीर सहाय को भी इस 'बौद्धिकता और आत्मानुभूति में कोई विरोध नहीं दीखता।' इसलिए बौद्धिकता उनके लिए··· "एक तैयारी है, एक इक्विपमेंट है, मानवीय जीवन के अभी तक के इतिहास को—जो अनुभवों की अनेक परंपराओं का भंडार है—समझने और आगे रचने का साज सामान है।" (सीढ़ियों पर धूप में, पृ. 191)

बौद्धिकता का यह आग्रह नई कविता को जिस गद्यात्मकता की ओर ले गया वह अंततः बोलचाल की भाषा थी। निराला ने गद्य को जीवन संग्राम की भाषा कहा था। उस 'संग्राम' से यह 'संक्रमण' बाहर नहीं है। निराला ने 'अणिमा' तथा 'नए पत्ते' की अधिकांश कविताओं में 'संग्राम' और 'संक्रमण' की इस भाषा में श्रेष्ठ कविता संभव की है। सच्चिदानंद वात्स्यायन की राय में निराला ने "भाषा को साधारण बोलचाली गद्य के निकट लाने का जो कार्य आरंभ···किया उसकी परासीमा रघुवीर सहाय" में देखी जा सकती है। "उनकी कुछ कविताओं में तो पद विन्यास में भी रत्ती भर अंतर नहीं है, जहां भावसंकुल हों वहां भी नहीं।" (नई कविता, प्रकाशन विभाग, पृ. 7)

वाक्य विन्यास में गद्य के समान होने की वजह से 'नई कविता' में परंपरित लय की तुलना में एक तरह की लयहीनता पाई जाती है। संप्रेषण के संदर्भ में अकसर यह 'लयहीनता' ही उस कविता की शक्ति बन जाती है और यह साबित

करती है कि कविता को कविता बनाए रखने का उपकरण रूप विधान का महज एक अवयव लय नहीं है, चाहे वह शब्दों की आवृत्ति या यति गति से निष्पन्न शब्द की लय हो अथवा 'भावना की लय' (जगदीश गुप्त, नई कविता 3, पृ. 103) से निर्धारित 'अर्थ की लय' हो। डा. जगदीश गुप्त लिखते हैं कि "साधारण वार्तालाप प्राय: ऋजुगति से चलता है पर भावावेग से युक्त कथन (गुप्त, 'अर्थ की लय' का उत्स इसे ही मानते हैं) में तथा आवेशपूर्ण भाषण में अर्थ-खंडों की आवृत्ति स्वाभाविक रूप से होने लगती है।" (वही, पृ. 104) इस आवृत्ति को ही गुप्त जी 'अर्थ की लय' बतलाते हैं।

लेकिन तथ्य तो यह है कि 'नई कविता' के दौर की अधिकतम बौद्धिक कविताएं इस 'अर्थ की लय' से निर्धारित नहीं होतीं बल्कि उनमें 'वार्तालाप की ऋजुगति' है और अगर लय की भाषा में ही कहना चाहें तो सर्वथा भिन्न एक नई 'लय' है। इन कविताओं की अगली विकसित परंपरा में ऐसी कविताओं की जायज मांग की गई थी 'जिसमें बातचीत के लहजे पर आधारित सधी हुई एक लय होगी।' (नामवर सिंह, ज्ञानोदय, अगस्त 1963, पृ. 104) दरअसल 'नई कविता' के बाद की कविता कई अर्थों में इसी परंपरा की कविता है जो 'अपने चारों ओर के जीवन के साथ संलाप है।' (वही, पृ. 105) 'नई कविता' के बाद ऐसी कविता संभव करने में रघुवीर सहाय की कविता महत्वपूर्ण भूमिका अदा करती है।

धीरे धीरे युगयथार्थ और भी जटिल होता जा रहा था। देश की स्वाधीनता का एक दशक गुजर चुका था। दूसरा आम चुनाव भी संपन्न हो गया। प्रथम पंचवर्षीय योजना की समाप्ति ने कोई करिश्मा नहीं दिखलाया; बल्कि उन्हीं दिनों समाजवादी नेता डा. राममनोहर लोहिया ने जेल से उत्तर प्रदेश के जेलमंत्री को एक पत्र लिखा, जिसमें क्रमश: एक हरिजन पिता और पुत्र की, भूख से मृत्यु की सूचना थी तथा इसके साथ ही उस पत्र में तत्कालीन प्रधानमंत्री जवाहरलाल नेहरू को राष्ट्रहंता कहा गया था। यही वह समय था जब गैरकम्युनिस्ट लेखकों में भी मोहभंग का तीव्र अहसास पैदा हुआ।

एक तरफ तो मोहभंग का अहसास भारतीय मानस में तेजी से फैल रहा था, दूसरी ओर 'नई कविता' के अधिकांश आचार्य और कवि युग के गतिशील यथार्थ की संपृक्ति से अपना जुड़ाव ढीला कर चुके थे। वे मानव विशिष्टता, लघुमानव क्षण तथा अर्थ की लय जैसी सैद्धांतिक बहसों में फंसे थे। 'नई कविता' इन 'निर्धारणों' की गिरफ्त में रूढ़ होती जा रही थी। रघुवीर सहाय ने सावधान किया कि "नई कविता को···लेकर जितनी प्रवृत्ति, मूल्यान्वेषण और सैद्धांतिक शिलान्यास की बात चली है, उससे थोड़ी आशंका होती है कि कहीं असली चीजें अनदेखी न रह जाएं।" (कल्पना, फरवरी 1958, पृ. 2) यही कारण है कि "ऊपर

से देखने में नई लगने वाली अनेक कविताएं अपने अंतर में आधुनिक नहीं हैं, आधुनिक साहित्य के पाठकों के लिए सपाट और फीकी हैं पर ऊपर से प्रकांड दीखती हैं और नई कविता के उत्कृष्ट उदाहरण कह कर घोषित की जाती हैं— यह अपने आप में रोचक और चिंत्य दोनों है।" (वही, पृ. 2)

इसके बाद के वर्षों में यथार्थ और भी जटिलता के साथ उपस्थित हुआ, जिसे 1962 के भारत-चीन युद्ध ने परिणति तक पहुंचा दिया। जनता में नेहरू की मूर्ति टूटी। इसके साथ ही, नेहरू और उनके आशावाद से जुड़े भ्रम भी धराशायी हो गए। आलोचक नई कविता को नेहरू युग के साथ रखकर भी देखते हैं। रघुवीर सहाय इससे सहमत हैं : "सन 1950 और 1960 के बीच नेहरू का प्रभाव अपने शिखर पर था। इस दशक में मध्यवर्ग की आकांक्षाएं तेजी से बढ़ने लगीं, पूंजीपति वर्ग की पूंजी पैदा करने वाली मशीनें अपेक्षा से अधिक अच्छे परिणाम देने लगीं और शासक राजनैतिक दल का आत्मविश्वास और अहंकार बढ़ा। हालांकि सामान्य जन इस विकास का खामोश दर्शक बना रहा। अपनी आवाज में ही गुम और आत्मसंतुष्ट नए लेखन में भी यथार्थ और भ्रम के बीच की अथाह खाई को तब तक पहचाना नहीं गया, जब तक कि राष्ट्र को 1962 में चीन युद्ध का भारी झटका नहीं लगा। बताते हैं कि आत्मस्वीकृति के अंदाज में नेहरू ने यह स्वीकार किया कि अब तक राष्ट्र एक स्वप्न में जीवित था और अब आधुनिकता की ओर धकेला गया है।" (इंडिया सिंस इंडेपेंडेंस—सोसल रिपोर्ट आल इंडिया 1947-1972, पृ. 304, सं. श्यामाचरण दूबे)

रघुवीर सहाय का यह कथन एक ही साथ कई स्तरों पर नई कविता की प्रवृत्ति से जुड़े हुए भ्रमों तथा उसके टूटने को स्पष्टता से हमारे सामने रखता है। सबसे महत्वपूर्ण बात जो इसमें कही गई है वह यह कि 1962 के चीन के युद्ध के झटके से पूर्व नए लेखन में यथार्थ और भ्रम की खाई को पहचाना नहीं जा सका था। दूसरे, नेहरू के ही इस ऐतिहासिक आत्मस्वीकार का उल्लेख भी महत्वपूर्ण है कि अब तक देश स्वप्न में जीवित था। क्योंकि देश का यह स्वप्न बहुत हद तक नेहरूवाद से जुड़ा हुआ था, अतः चीन युद्ध के बाद नेहरू से मोहभंग 'नेहरूवाद' से मोहभंग भी था।

नेहरू की मृत्यु के कुछ दिनों बाद अक्तूबर 1965 में रघुवीर सहाय ने चीन युद्ध के संदर्भ में लिखा कि तब "साहित्य में खासी खलबली मची थी। उस समय सब को दो चीजों की चिंता थी— देश की और नेहरू की। आज नेहरू नहीं हैं, पर देश है और पहले से ज्यादा मजबूत है क्योंकि अब उसे सिर्फ अपनी फिक्र करनी है।" (कल्पना, अक्तूबर 1965) नेहरू से अलग सिर्फ अपनी यह फिक्र देश को यथार्थ के जिस दायरे में ले गई वहां किसी तरह के भ्रम की गुंजाइश नहीं थी। बिना किसी भ्रम के कवि यथार्थ से नंगा साक्षात्कार करने लगा था और 'नई

कविता' अप्रासंगिक हो गई थी। उसकी 'हाट बाजार की कविता' अपना स्वरूप ग्रहण कर रही थी जो धड़कते हुए जीवन से प्राणशक्ति ग्रहण करने तथा 'कविता' के रूप में पुनर्जीवित होने की कोशिश कर रही थी और बदले में जीवन को भी संजीवनी शक्ति दे रही थी। (ज्ञानोदय, पृ. 108)

साठ के आस पास कविता में इस नए परिवर्तन के घटित होने के बाद रघुवीर सहाय ने भी अप्रासंगिक हो गई 'नई कविता' की अक्षमता रेखांकित करते हुए लिखा कि "नई कविता, प्रयोगवादी कविता···अकविता···ये सब नाम आज के संकट के इर्द गिर्द मंडराते हुए शिकारी हैं, जिनमें उस संकट पर झपट्टा मारने की हिम्मत नहीं है, होते ही वे कविता हो जाएंगे।" (आलोचना, अप्रैल-जून 1967, पृ. 65)

दरअसल 'नई कविता' की सबसे बड़ी सीमा यह थी कि यथार्थ को अपनी रचना में अभिव्यक्त करते हुए मध्यवर्गीय कवि निरपेक्ष ढंग से स्वयं को ही सबसे बड़ा निकष मानता था। वैसे 'नई कविता' के अंतर्गत कवियों की यह कोशिश गलत नहीं थी, जब वे अपने अनुभव के दायरे के यथार्थ को ही अभिव्यक्ति में प्राथमिकता दे रहे थे। गड़बड़ी वहां थी जहां उनके वर्गीय दृष्टिकोण की सीमाओं से उनके अपने अनुभव का यथार्थ निर्धारित हो रहा था। यही कारण है कि अनुभव के यथार्थ का कविता में यह प्रस्तुतीकरण 'रचनात्मक' नहीं हो पाता था, बल्कि इसके विपरीत अनिश्चय, अनिर्णय तथा अवसाद की धुंध पैदा करता था। व्यक्ति के जिस यथार्थ की खोज और उसकी अभिव्यक्ति पर 'नई कविता' के कवि इतना अधिक बल देते थे, वहीं वे यह भूल कर रहे थे कि यह 'व्यक्ति का यथार्थ' और 'आत्मसत्य' सामाजिक यथार्थ से स्वतंत्र या भिन्न कोई स्थिति नहीं है। यह उस वृहत्तर सामाजिक यथार्थ का ही व्यक्तिगत संदर्भ है, जो बड़े पैमाने पर वस्तु-जगत के अंतर्गत अस्तित्व में है।

अतः सार्थक सृजन के संदर्भ में निरपेक्ष व्यक्ति सत्य जैसी कोई स्थिति नहीं होती। अनुभूति की निजता और स्वायत्तता को अपनी सर्जन प्रक्रिया के मूल में स्थापित करने के कारण 'नई कविता' के कवियों द्वारा सत्य को संपूर्णता में देख पाना संभव नहीं हो सका। यहां तक कि ये अपने वर्गीय सत्य को भी एक सही परिप्रेक्ष्य में नहीं देख पाए। यही कारण था कि धीरे धीरे जटिलतर होते युग-यथार्थ को अभिव्यक्त करना उनके लिए असंभव हो गया। और अधिकांश कवियों ने या तो लिखना बंद कर दिया या जिन्होंने आदतन लिखना जारी भी रखा वे समय के साथ होने की बात तो दूर, समय से शताब्दियों पीछे लौट गए। 'युग्म' (जगदीश गुप्त) के द्वारा उन्होंने 'भीतरी नदी की यात्रा' (गिरजा कुमार माथुर) शुरू कर दी।

'नई कविता' के बिलकुल आरंभ में ही 'नए पत्ते' की एक टिप्पणी में रघुवीर

सहाय की स्पष्ट राय थी कि अपनी रचना में "वह सत्य जो हम पाएंगे हमारा होगा, पर (वास्तव में) वह हमारा तभी होगा जब वह (सिर्फ) हमारा नहीं रह जाएगा···" कवि के अनुसार इसे संभव करने की प्रक्रिया यह होगी कि "जिस सत्य को हम देख आए हैं उसे सब में देखें जिनके हम हितैषी हैं—वह हमारा स्वानुभूत तो हो सहानुभूत भी हो।" (सीढ़ियों पर धूप में, पृ. 189)

स्वानुभूत को सहानुभूत की सापेक्षता में देखने की यह कोशिश रघुवीर सहाय को 'नई कविता' की गतिरोधक सीमा से बाहर ले जाती है और कथ्य तथा शिल्प के स्तर उनकी रचना 'नई कविता' के दौर में भी एक अनिवार्य आत्म संघर्ष (स्वानुभूत को सहानुभूत बनाने का आत्मसंघर्ष) से गुजरते हुए साठ के बाद के समय में समकालीन यथार्थ को संपूर्णता में अभिव्यक्त करने का सार्थक प्रयास करती है और सफल होती है।

2

रघुवीर सहाय की कविताएं

नई कविता के दौर में

नए काव्य के संदर्भ में रघुवीर सहाय इतने महत्वपूर्ण कवि हैं कि अकसर आलोचकों ने उनसे नई कविता की पहचान निश्चित करने की कोशिश की है। अतः 'नई कविता' के संदर्भ में रघुवीर सहाय की तत्कालीन कविताओं का विवेचन नितांत आवश्यक है। तत्कालीन नए काव्य से रघुवीर सहाय के संपूर्ण रिश्ते को उनकी उस दौर की कविताओं के आधार पर ही समझा जा सकता है।

'नई कविता' के दौर (1951-60 ई.) में रघुवीर सहाय की कविताएं दो बार संग्रह के रूप में छपी हैं। पहली बार 'दूसरा सप्तक' (1951 ई.) में छः अन्य कवियों के साथ 'वक्तव्य' सहित 15 कविताएं छपी थीं, जो "1947 से 1949 तक की रचनाओं में से संकलित हैं।" (दूसरा सप्तक, पृ. 139) दूसरी बार सच्चिदानंद वात्स्यायन के संपादन में स्वतंत्र संग्रह छपा—'सीढ़ियों पर धूप में' (1960 ई.)। इस संग्रह में कहानियों, लेखों और टिप्पणियों के अलावा उनकी 1951 से 1960 तक की अधिकांश कविताएं संकलित हैं।

'दूसरा सप्तक' की कविताएं नई कविता के ठीक निकट पूर्व की कविताएं हैं। कुछ आलोचकों की राय है कि इन कविताओं में वह बीज निहित है, जिसने छठे दशक में कवि के अनुभव के और भी यथार्थ संपृक्त होने के साथ, विकसित होकर नई कविता की पहचान कायम करने में महत्वपूर्ण भूमिका अदा की है। 'सीढ़ियों पर धूप में' संग्रह की कविताओं के विश्लेषण के दौरान पृष्ठभूमि की इन कविताओं के इस पक्ष को देखा जा सकेगा।

अशोक वाजपेयी ने 'सीढ़ियों पर धूप में' संग्रह की समीक्षा करते हुए लिखा है कि "कविता को कवि के अमित जीने (इम्मेन्स लिविंग) का साक्ष्य होना चाहिए"···क्योंकि कविता यदि जीने के कर्म को, उसकी मानवीयता और गरिमा को शक्तिपूर्वक प्रस्तुत और परिभाषित नहीं करती तो उसका कौन सा कर्तव्य हो

सकता है ? अतः "वह मानव अस्तित्व के अंतःसलिल हो रहे उत्सों को फिर से प्रकाश में लाए, हम ऊबे और थके और उखड़े हुओं को अपने जीने की क्रिया की गहराई और विशदता पर कविता के माध्यम से बल देकर हम में उस कर्म के लिए नया रस, नया महत्व बोध उत्पन्न करे ताकि हम जीवन में अर्थ, उद्देश्य और मूल्य की खोज और प्रतिष्ठा कर सकें··· रघुवीर सहाय अपनी कविताओं में ऐसा साक्ष्य प्रस्तुत करते हैं···।" (विवेक के रंग, पृ. 127-128)

ऊपर के उद्धरण में रघुवीर सहाय की कविताएं जिन अपेक्षाओं का साक्ष्य प्रस्तुत करती हुई बतलाई गई हैं वे अपेक्षाएं कहीं न कहीं 'नई कविता' की मानव विशिष्टता संबंधी मूल अवधारणा से जुड़ी हुई हैं। आरंभ से ही नई कविता के संस्थापक आचार्यों का यह आग्रह रहा है कि इतिहास के घटनाचक्रों के बीच अपने बारे में लिए गए निर्णय के संदर्भ में अपेक्षित साधारण मानव को उसकी विशिष्टता तथा उसके साधारण जीवन की संपूर्णता में देखा जाए। "रघुवीर सहाय इस दृष्टि से विशिष्ट हैं, कि साधारण को साधारण रूप में देखकर ही अर्थ देते हैं, उसे सार्थक बनाते हैं, उसे संगति देते हैं।" (रामस्वरूप चतुर्वेदी, विवेचना संकलन-3, पृ. 18) अंततः रघुवीर सहाय 'जीना'—जिसे वे 'महान कार्य' कहते हैं, उस जीने के कर्म को उसकी कष्ट-व्यथा क्षुद्रता; महिमा को और उसकी मौलिक आभा (अशोक वाजपेयी, विवेक के रंग, पृ. 131) के साथ रचनात्मक आयाम देते हुए उसे परिभाषित करते हैं।

पड़ताल करने से पता चलता है कि साधारणता से सरोकार की यह आत्यंतिकता उन्हें जीवन की उन छोटी छोटी और महत्वहीन लगने वाली घटनाओं की ओर ज्यादा खींचती है, जिनके बीच अधिकांशतः साधारण जीवन घटित होता है। इस साधारण जीवन को घेरे हुए छोटी छोटी घटनाओं में 'जीवन' की खोज 'नई कविता' के आरंभिक दौर में रघुवीर सहाय की कविताओं की दिलचस्प और महत्वपूर्ण प्रवृत्ति रही है। वे जीवन को उसकी स्वाभाविकता में पाना चाहते हैं। यह स्वाभाविकता जीवन को संपूर्णता में जीने का प्रयास करने वाले व्यक्ति के संवेदनशील मन की स्वाभाविकता है। यह सिर्फ सहजता नहीं है जैसा कि कुछ आलोचक इसे बताते हैं। रघुवीर सहाय के संदर्भ में जिसे सहजता कहा जाता है, वह कविता रचने की परंपरित 'कलात्मकता' से अलग हटकर एक खास तरह की 'कला' मुक्त कविता लिखने की आरंभिक कोशिश है। इसी कोशिश के तहत साठ के बाद के दौर की कविताओं में प्रतीक और बिंब जैसे काव्य उपकरणों का न्यूनतम इस्तेमाल करते हुए उन्होंने एकदम नए सौंदर्यबोध की कविताएं लिखी हैं। आरंभ की एक कविता है : 'आज फिर शुरू हुआ'

आज फिर शुरू हुआ जीवन
आज मैंने एक छोटी-सी सरल कविता पढ़ी
आज मैंने सूरज को डूबते हुए देर तक देखा

जी भर आज मैंने शीतल जल से स्नान किया
आज एक छोटी-सी बच्ची आई, किलक मेरे कंधे चढ़ी
आज मैंने आदि से अंत तक एक पूरा गान किया
आज फिर शुरू हुआ जीवन।
(सीढ़ियों पर धूप में, पृ. 165)

जीवन की जिस स्वाभाविक रचनात्मक स्थितियों की खोज के द्वारा यहां कविता संभव की गई है, उससे साधारण जीवन में 'नया रस' तथा नया महत्वबोध उत्पन्न हो रहा है। पूरी दिनचर्या से कविता में जिन सामान्य स्थितियों का चुनाव किया गया है उसके प्रति कवि की सिर्फ आत्मीयता ही कविता में महत्वपूर्ण नहीं है बल्कि महत्वपूर्ण है यहां जीवन की सामान्यताओं के बीच जीवन की स्वाभाविक रचनाशीलता की सार्थक पकड़। रामस्वरूप चतुर्वेदी की राय में "जीवन कैसे फिर प्रकृति में शुरू होता है और रचना का क्षण कैसे जीवन में बारबार अवतरित होता है, यह इस कविता की मूल भावभूमि है।" (कविता यात्रा : रत्नाकार से रघुवीर सहाय, पृ. 78)

अशोक वाजपेयी इस कविता में जीवन के एक नए आरंभ का स्वच्छ सीधा अनुभव देखते हैं। (त्रिवेक के रंग, पृ. 130) यह नया आरंभ जीवन की खोई हुई स्वाभाविकता को फिर से तलाशने की कोशिश के कारण पैदा हुआ है। जीवन, अपनी छोटी से छोटी घटना में भी उतना ही जीवन है। सवाल सिर्फ उसे महसूस करने का है। इस प्रवृति का आरंभ रघुवीर सहाय की उन कविताओं में मिल जाता है जो दूसरा सप्तक में संकिलत हैं। एक कविता में वे लिखते हैं : "मेरे जीवन की कोई घटना हेय नहीं…।" (दूसरा सप्तक, पृ. 148) 'पहला पानी' तथा 'मुंह अंधेरे' शीर्षक कविताओं में जीवन के साधारण चित्रों में सौंदर्य की तलाश की गई है जैसा कि निराला अपनी 'खुला आसमान' (अनामिका, पृ. 142) शीर्षक कविता में करते हैं। यह नया सौंदर्यबोध है जो आरंभिक नई कविता के नए भावबोध के केंद्र में है :

दो गोरे गोरे बलगर बैलों की गोंई/हो गई ठुमक कर खड़ी पकड़िया के नीचे/ …फैली चुनरिया लाई उतार/जल्दी जल्दी घांघर समेट घर की युवती…। (दूसरा सप्तक, पृ. 148)

या, …ठेलों की खड़खड़ाहट, दूधवालों के खनकते बर्तन/जल्दी चलते हुए

चप्पल के हकलाने से/शब्द···या,····"रसोई घर से निकलती हुई बिल्लियों की आंखें।" (वही, पृ. 157)

'दूसरा सप्तक' की अधिकांश कविताओं में रघुवीर सहाय ने जीवन की स्वाभाविकता और साधारणता के ऐसे काफी चित्र प्रस्तुत किए हैं। 'सीढ़ियों पर धूप में' संग्रह की कविताओं में यह प्रवृति थोड़े फर्क के माथ प्रकट हुई है या कह लीजिए प्रौढ़ होकर। 'सीढ़ियों पर धूप में' संग्रह के 'चित्रों' में यह गतिशीलता नहीं रह जाती बल्कि वे चित्र एक ठहराव के साथ कविता में आते हैं। कवि जल्दबाजी में उन्हें देखता हुआ आगे नहीं बढ़ जाता बल्कि उन्हें उनकी संपूर्णता में महसूस करता है तथा अपने अनुभव के विस्तार से जोड़ देता है। इस दृष्टि से 'सीढ़ियों पर धूप में' संग्रह की 'बौर', 'आओ नहाएं', 'जभी पानी बरसता है', 'रूमाल' तथा 'पानी' शीर्षक कविताएं महत्वपूर्ण हैं। 'पानी' शीर्षक कविता इस तरह है :

पानी का स्वरूप ही शीतल है
बाग में नल से फूटती उजली विपुल धार
कल-कल करता हुआ दूर दूर तक जल
हरेरी में सीझता है
मिट्टी में रसता है
देखे से ताप हरता है मन का दुःख विनसता है।
(सीढ़ियों पर धूप में, पृ. 100)

'कामायनी' के चिंता सर्ग में 'गरजती सिंधु लहरियों' के अंतर्गत पानी के विराट स्वरूप से जो अभिभूत हैं उन्हें इस 'पानी' के 'आस्वाद में कठिनाई होगी, "जिसका स्वरूप ही शीतल है।" इस कविता में, रोज के जीवन में पानी जिस तरह है, जितना है सिर्फ उतना ही भर कह देने की कोशिश नहीं है; बल्कि 'हरेरी में सीझता' तथा 'मिट्टी में रसता' यह पानी "देखने से मन का दुःख (भी) विनसता है।" अतः यहां उस पानी से एक रिश्ते को भी परिभाषित करने की कोशिश की गई है। इस तरह सामान्य जीवन की स्वाभाविक स्थितियों का चित्रण ही नहीं, बल्कि उन स्थितियों से अपने आत्मीय रिश्ते की तलाश को परिभाषित करना अगर प्रारंभिक दौर की नई कविता की महत्वपूर्ण उपलब्धि रही है तो रघुवीर सहाय ने बार बार इसे अपनी कविताओं में संभव किया है।

इसी तरह 'बौर' कविता के अंतर्गत 'नीम के बौर की सहज गंध' में कवि एक और सुख का परिचय पाता है : "नीम में बौर आया/इसकी एक सहज गंध होती है/मन को खोल देती है गंध वह/जब मति मंद होती है/प्राणों ने एक और सुख का परिचय पाया।" (वही, पृ. 104) इस सुख की व्याख्या के तौर पर 'दिल्ली मेरा

परदेस' की इन पंक्तियों का याद आना स्वाभाविक है :……"वसंत आ गया है… नीम में फिर फूल आना शुरू होंगे। खुशबू से भरी हवा में एक झपकी सी होगी और हलका सा आलस्य भी, पर नीम फूलता चला जाएगा, ठीक गर्मियों के मध्य तक और तब जैसे सारी मिठास लेकर खंखड़ हो जाएगा, परिपक्व और केवल उपयोगी वस्तुएं देने योग्य।" (दिल्ली मेरा परदेश, पृ. 74) 'रूमाल' कविता में कवि को अपने छूटे हुए उस साधारण रूमाल की याद आती है जिससे उसने "अपना जूता, नाक, पसीना और कलम की निब पोंछी थी,…" और इसी वजह से वह उससे एक आत्यंतिक निकटता से जुड़ा था।

इन कविताओं की एक उल्लेखनीय विशेषता यह भी है कि चाहे तो कोई 'पानी', 'नीम' तथा 'रूमाल' को प्रतीक के रूप में भी ग्रहण कर सकता है लेकिन कविता में इसका बिलकुल आग्रह नहीं है। बल्कि प्रतीक हुए बगैर कविता नए संदर्भों में ज्यादा अर्थपूर्ण है। कदम कदम पर प्रतीक अन्वेषक पाठक या आलोचक का रघुवीर सहाय ने विरोध भी किया है। आदतन प्रतीक अन्वेषकों की कठिनाई यह है कि वे चीजों को महज चीजों की तरह ले ही नहीं सकते। अतः अपने पाठकों को संबोधित करते हुए रघुवीर सहाय ने एक कविता में यह बयान दिया कि "ये मेरे बच्चे हैं कोई प्रतीक नहीं/इस कविता में/मैं हूं मैं/कोई रूपक नहीं…।" (आत्म-हत्या के विरुद्ध, पृ. 80) इतना ही नहीं एक बातचीत में जब मंगलेश डबराल ने 'रचना वृक्ष' कविता में वृक्ष को कवि का प्रतीक माना तो अस्वीकृति में रघुवीर सहाय ने छूटते ही कहा कि 'आप वृक्ष समझें कवि को या जड़ समझें—मेरी बला से…अगर मैं किसी वस्तु को वस्तु रहने से वंचित करता है तो मैं बहुत घटिया कवि हूं।' (लिखने का कारण, पृ. 167) क्योंकि अंततः प्रतीक कवि की अभिव्यक्ति क्षमता की दयनीयता प्रकट करता है। (वही, पृ. 168) लेकिन रघुवीर सहाय का उद्देश्य कविता में वस्तु को महज उसकी स्वाभाविकता में प्रस्तुत कर देना भर नहीं है बल्कि महत्वपूर्ण है किसी चीज को "रचनात्मक दृष्टि से देखना जो उस चीज को किसी और चीज में बदलेगा।" (वही, पृ. 166) 'प्रतीक' के संदर्भ में रघुवीर सहाय का यह चिंतन नई कविता के दौर के बाद का है; लेकिन बिना कहे ही उनकी रचना में यह आग्रह शुरू से ही रहा है।

वैसे तो 'नई कविता' के कवियों ने सब तरह के प्रतीकों का इस्तेमाल किया है। काव्य नाटकों तथा खंड काव्यों में पौराणिक और ऐतिहासिक प्रतीकों का भी प्रयोग हुआ है; लेकिन रघुवीर सहाय अपनी रचना में संप्रेषण के इस माध्यम का उपयोग बेहद कम करते हैं; क्योंकि प्रतीक के माध्यम स्वाभाविक अनुभव या वस्तुएं उतना आमने सामने और निकट की नहीं रह जातीं जितना स्वयं मामूली अनुभव और वस्तुएं, अपनी संपूर्ण शक्ति के साथ कविता में निरावरण होकर ही प्रकट होती हैं। अतः "मामूली शब्द और मामूली अनुभव में एक नई शक्ति सक्रिय

कर देना 'नई कविता' की पहचान बनी है तो इसका बड़ा श्रेय रघुवीर सहाय को दिया जा सकता है।" (रामस्वरूप चतुर्वेदी, कविता यात्रा : रत्नाकर से रघुवीर सहाय, पृ. 79-80)

स्वाभाविकता की तलाश में जीवन की साधारण स्थितियों के बीच कविता संभव करने में सर्जनप्रक्रिया के दौरान रघुवीर सहाय की सहज आत्मस्वीकार की प्रवृत्ति तथा अपनी सीमा के यथार्थ की पहचान ने महत्वपूर्ण भूमिका निभाई है। 'सीढ़ियों पर धूप में' संग्रह की पहली ही कविता है—'यही मैं हूं' :

यही मैं हूं
और जब भी मैं यही होता हूं
थका, या उन्हीं के से वस्त्र पहने, जो मुझे प्रिय हैं
दुःखी मन में उतर आती है पिता की छवि
अभी तक जिन्हें कष्टों से नहीं निष्कृति
उन्हीं अपने पिता की मैं अनुकृति हूं
यही मैं हूं।
(सीढ़ियों पर धूप में, पृ. 85)

स्पष्ट ही 'यही मैं हूं' के बोध का प्रभाव रघुवीर सहाय की ज्यादातर कविताओं पर है; लेकिन इसके साथ ही यह कविता उनके काव्य की एक और महत्वपूर्ण प्रवृत्ति—'मानवीय करुणा' को भी संकेतित करती है। यह करुणा सिर्फ असंतुष्ट खड़े व्यक्ति की करुणा नहीं है बल्कि सामाजिक जीवन से जुड़े, मुश्किल में फंसे उस व्यक्ति की करुणा है, जिसमें समाज को बदलने की इच्छा और कोशिश भी है। अतः इस करुणा में "मर्मस्पर्शी दर्द और शक्ति अर्जित करने की आकांक्षा अधिक है।" (नामवर सिंह, आधुनिक साहित्य की प्रवृत्तियां, पृ. 145)

इस करुणा द्वारा शक्ति अर्जित करने की बात बाद में अशोक वाजपेयी और मंगलेश डबराल ने भी उठाई है और रघुवीर सहाय ने उसे स्वीकार किया है। रघुवीर सहाय से एक भेंटवार्ता में प्रश्न करते हुए कहा गया है कि " 'सीढ़ियों पर धूप में' एक करुणा थी पर एक मानवीय शक्ति और सुंदरता से होकर थी।" (लिखने का कारण, पृ. 153-154) आगे एक उत्तर में रघुवीर सहाय कहते हैं : "…मेरी कविताओं में वह करुणा जो किसी समय शक्ति दे सकती थी…।" (वही, पृ. 60) तात्पर्य यह कि 'सीढ़ियों पर धूप में' संग्रह की कविताओं में जो करुणा है, उसका स्वरूप रचनात्मक है, जीवनसंघर्ष में ताकत हासिल करने से जुड़ा हुआ है। 'शक्ति दो' कविता में रघुवीर सहाय लिखते हैं :

शक्ति दो, बल दो, हे पिता
जब दुःख के भार से मन थकने को आय

और यह नहीं दो तो यही कहो
अपने पुत्रों और छोटे भाइयों के लिए यही कहो—
कैसे तुमने किया होगा अपनी पीढ़ी में क्या उपाय
कैसे सहा होगा, पिता, कैसे तुम बचे होगे
तुम से मिला है जो विक्षत जीवन का हमें दाय
उसे क्या करें
तुम ने जो दी है अनाहत जिजीविषा
उसे क्या करें ?
(सीढ़ियों पर धूप में, पृ. 86)

यातना की स्थितियों में भी यह जो अनाहत जिजीविषा है वह यहां करुणा में सुंदरता पैदा कर रही है। लेकिन 'नई कविता' के दौर के बाद रघुवीर सहाय की कविताओं में इस करुणा का स्वरूप बदल जाता है, उसके परिणाम और प्रभाव के बिंदु बदल जाते हैं। दरअसल धीरे धीरे युगयथार्थ के बदलने तथा उसके और भी भयानक तथा जटिल होते जाने के कारण आगे के दिनों में इस करुणा का संदर्भ दहशत या आतंक हो जाता है। लेकिन यह करुणा 'असमर्थ करुणा' नहीं है, जैसा कि कुछ आलोचक मानते हैं। बल्कि अपनी आंतरिकता में यह करुणा भी रचनात्मक है जो मनुष्य विरोधी स्थितियों के बीच मानवीय संवेदना के कुछ खत्म होते हुए आयामों और रिश्तों को बचाना चाहती है। वैसे यह एक दूसरा सवाल है कि क्या सिर्फ कविता इन खत्म होते हुए संवेदनात्मक रिश्तों और आयामों को बचाती रह सकती है, अगर उसके सामाजिक आधार नष्ट किए जा रहे हों ? रघुवीर सहाय स्वयं भी स्वीकार करते हैं : "ऐसी ताकतें काम कर रही हैं, जो कि आपकी कोशिशों को खत्म कर देती हैं। एक जगह ऐसी आती है जहां पर दहशत जिंदगी का अनिवार्य अनुभव बन जाती है।" (लिखने का कारण, पृ. 155)

धीरे धीरे 'जिंदगी को ज्यादा समझने' से पैदा हुआ वास्तविकता का यह अहसास यथार्थ के उन पक्षों से भी जुड़ गया है जो वर्तमान समाज में शोषित मनुष्य के 'आत्मपरायेपन' तथा अपने होने की पहचान की चिंता से संबद्ध है। यही कारण है कि रघुवीर सहाय की कविताओं में वह स्वाभाविक सहज जीवन अधिक दिनों तक नहीं रह सका तथा करुणा के आरंभिक स्वरूप को भी बचाकर रख पाना असंभव हो गया। फल हुआ कि "जीवन की ये मार्मिक अनुभूतियां तीखेपन में बदल गईं।" (रामस्वरूप चतुर्वेदी, हिंदी नवलेखन, पृ. 66)

दूसरे महायुद्ध के बाद की विसंगतियों से पश्चिम में 'आत्मपरायेपन' की स्थिति को बल मिला। लेकिन भारत से युद्धोत्तर विसंगतियों के अलावा 1947 में मिली 'आजादी' के बाद के वर्षों से जुड़े हुए प्रसंगों ने 'अलगाव' (एलिनेशन)

की स्थिति पैदा करने में ज्यादा बड़ी भूमिका निभाई। मूलतः वह 'आजादी' विदेशी साम्राज्यवादियों द्वारा अपना हित सुरक्षित रखते हुए राष्ट्रीय पूंजीवादियों को किया गया सत्ता का हस्तांतरण था। यही कारण था कि इस पूंजीवादी सत्ता ने पूंजीवादी उद्योग धंधों के विकास के लिए आजादी के बाद सबसे अधिक प्रयत्न किए। इस सघन औद्योगीकरण के फलस्वरूप शहरीकरण, बेरोजगारी, विशेषीकरण तथा संयुक्त परिवार के विघटन से जुड़ी हुई अनंत समस्याएं उत्पन्न हुईं। इस पूंजीवादी समाज में कोई भी चीज ऐसी नहीं रह गई जिसे मनुष्य अपना कह सकता—"न घर, न नौकरी, न स्वयं का शरीर और मन···।"

ऐसी स्थिति में 'अलगाव' के परिणाम का बोध तथा अपने होने की पहचान की चिंता मध्यवर्ग के कवियों में स्वाभाविक ही थी। इस 'बोध' और चिंता का असर न सिर्फ 'नई कविता' की कविताओं पर है बल्कि उसके 'शास्त्र' में निर्धारित मानों और मूल्यों पर भी उसका प्रभाव है। 'नई कविता' के अंतर्गत 'लघुमानव', 'क्षण', 'आधुनिकता', 'समसामयिकता', 'अनुभूति की प्रामाणिकता' आदि मानों मूल्यों पर पूंजीवादी औद्योगीकरण के दुष्परिणामों से उत्पन्न इस 'आत्मपरायेपन' की मानसिकता का काफी प्रभाव है। 'आत्मपरायेपन' का यातनामय अहसास 'नई कविता' के कुछ कवियों को अस्तित्ववाद की शरण में भी ले गया। लेकिन रामविलास शर्मा के इस कथन में कुछ अतिरेक है कि "हिंदी के अधिकांश नई कविता लिखने वालों का हाल रोकांते जैसा है। ऊब, ऊबकाई, अकेलापन, बुरे बुरे सपने, त्रास, आत्महत्या की चाह, सड़ांध का बोध, भीड़ में अजनबीपन का अहसास होने की समस्या से परेशानी आदि आदि लच्छन इनमें भी मिलते हैं।" (नई कविता और अस्तित्ववाद, पृ. 104) इस कथन की असंगति तब और भी स्पष्ट हो जाती है जब रामविलास जी 'नई कविता' के बाद (1960 के बाद) की क्षयिष्णु मानसिकता से जुड़ी 'अकविता' के दौर की कविताओं से ज्यादातर उद्धरण देकर अपने इस तर्क को पुष्ट करने की कोशिश करते हैं।

पूंजीवादी औद्योगीकरण के उत्कर्ष ने मनुष्य को मशीन का गुलाम बना दिया। 'संवेदनशील तरुण लेखकों में यह पीड़ा जगी कि···कि मनुष्य मशीन का एक पुर्जा बन गया है' जिसके कारण उसका व्यक्तित्व खंडित और विघटित होता जा रहा है। (शिवदान सिंह चौहान, आलोचना 33, 1965) युद्ध के प्रति पलायनवादी अवैज्ञानिक दृष्टिकोण ने अगर इन्हें इतिहास विरोधी बनाया तो सारी समस्याओं की जड़ में इस मशीन को देखना उन्हें विज्ञानविरोधी और इसलिए एक हद तक भविष्यविरोधी भी बना गया।

आधुनिक समय में जिस तरह युद्ध का कारण अपने हितों की रक्षा करता हुआ साम्राज्यवाद और पूंजीवाद है, उसी तरह मशीन की इस सर्वप्रमुखता के पीछे भी पूजीवाद का ही हाथ है।

लेकिन इस समझ से हीन 'नई कविता' के कुछ आचार्यों ने मशीन से जुड़ी तात्कालिक समस्याओं को ही अपने चिंतन के केंद्र में रखकर 'नई कविता' के मूल्य निश्चित करने की कोशिश की। यह उनकी गलती थी, क्योंकि इन समस्याओं के मुख्य कारण पूंजीवाद को ये बख्श दे रहे थे। अतः 'आत्मपरायेपन' की इन स्थितियों के बीच जगदीश गुप्त जैसे आचार्यों ने अरविंद से भी आगे बढ़कर जिस 'नए मनुष्य की प्रतिष्ठा' (नई कविता : स्वरूप और समस्याएं, पृ. 36) करने की कोशिश की वह उनकी सदिच्छाओं के बावजूद निरा कल्पना विलास होकर रह गया।

दरअसल इस आत्मपरायेपन से मुक्ति की सार्थक कोशिश, उसके मूल कारण पूंजीवाद को खत्म करके ही की जा सकती है। अतः जरूरी यह था कि जन-विरोधी शीतयुद्ध के प्रभाव से मुक्त हुआ जाता तथा उन क्रांतिकारी शक्तियों का साथ दिया जाता जो पूंजीवादी व्यवस्था को खत्म करना चाहती हैं। तभी इस आत्मपरायेपन को एक रचनात्मक स्वरूप मिलता और 'नई कविता' छठे दशक के अंत तक निरर्थक और अप्रासंगिक नहीं होती।

'नई कविता' के अन्य कवियों की तरह रघुवीर सहाय की कविताओं में भी यह आत्मपरायापन बार बार उभरकर सामने आता है। लेकिन अन्य कवियों से यहां रघुवीर सहाय की विशिष्टता यह है कि वे इस आत्मपरायेपन को अपनी नियति के रूप में स्वीकार नहीं करते तथा उसके प्रभावों में रस नहीं लेते बल्कि उसे समाप्त करने के लिए सक्रिय दीखते हैं। यह बात और है कि यह सक्रियता 'प्रतिबद्ध' सक्रियता नहीं है।

'इतने में किसी ने' कविता में रघुवीर सहाय लिखते हैं : "मेरी प्रतिभा का कहीं मान नहीं, छिः छिः यह/नवयुग आजादी का, नवयुग की आजादी।" (सीढ़ियों पर धूप में, पृ. 174) 'घड़ी' कविता में उनका प्रश्न है : 'समय की गति क्या तुम्हारे हाथ में है, ऐ घड़ी।' (वही, पृ. 157) 'तोड़ो' कविता में वे कहते हैं : "अपने मन के मैदानों पर व्यापी कैसी ऊब है/'आधे आधे गाने'/हम इसको क्या कर डालें इस अपने मन की खीज को।" (वही, पृ. 112) एक और कविता में वे कहते हैं : "इस पीड़ा की इस पद्धति में हम तो कुछ भी नहीं रहे।" (वही, पृ. 118) 'मेरा एक जीवन है' कविता का स्वर है 'इस हाहाहूती नगरी में मैं अकेला हूं…' (वही, पृ. 87)

अपने अकेलेपन की अभिव्यक्ति के साथ रघुवीर सहाय समाज के उस वर्ग का बेगानापन उघारने की कोशिश करते हैं जो इस अलगाव के प्रभाव को झेल रहा है। एक खत्म हुई पुरानी दुनिया के बाद की जो तात्कालिक दुनिया है वह इस अलगाव के परिणामस्वरूप 'चुरमुराई', 'पपड़ियाई', 'चिपचिपाई', तथा 'बजबजाई हुई सी चीज हो गई है। इसमें रहने वाले का चरित्र इतना भर रहा गया है कि :

लोग या तो कृपा करते हैं या खुशामद करते हैं
लोग या तो ईर्ष्या करते हैं या चुगली खाते हैं…
लोग पश्चाताप करते हैं या घिघियाते हैं…
न कोई हंसता है न कोई रोता है
न कोई प्यार करता है न कोई नफरत
लोग या तो दया करते हैं या घमंड
दुनिया एक फुंफुदियायी हुई-सी चीज हो गई है।
(वही, पृ. 138-139)

इसी कविता में आगे रघुवीर सहाय का सवाल है कि ये 'कुढ़ते' और 'बिराते हुए', 'मार तमाम लोग' अगर 'कुछ नहीं करते जो करना चाहिए तो लोग करते क्या हैं ?' उनके 'कर्म' की फेहरिश्त को वे इसी संग्रह की 'सभी लुजलुजे हैं' कविता में प्रस्तुत करते हैं :

खौंखियाते हैं, किंकियाते हैं, घुन्नाते हैं
चुल्लू में उल्लू हो जाते हैं
मिनमिनाते हैं, कुड़कुड़ाते हैं…
झांय-झांय करते हैं रिरियाते हैं
टांय-टांय करते हैं हिनहिनाते हैं
गरजते हैं घिघियाते हैं
ठीक वक्त पर चीं बोल जाते हैं…

क्योंकि,

सभी लुजलुजे हैं, थुल-थुल हैं, लिब-लिब हैं
पिल-पिल हैं
सब में पोल है, सब में झोल है…
(वही, पृ. 140-141)

यह है अलगाव और संबंधहीनता झेलते लोगों की दुनिया का नरक, जो मनुष्य-विरोधी पूंजीवादी व्यवस्था का अभिशाप है। इस 'संबंधहीनता' को कलात्मकता के साथ 'प्रभु की दया' कविता में दिलचस्प ढंग से रेखांकित करने की कोशिश की गई है :

बिल्ली रास्ता काट जाया करती है
प्यारी प्यारी औरतें हरदम बक बक करती रहती हैं
चांदनी रात को मैदान में खुले मवेशी
आकर चरते रहते हैं

और प्रभु यह तुम्हारी दया नहीं तो और क्या है
कि इनमें आपस में कोई संबंध नहीं ।
(वही, पृ. 147)

स्वाभाविक स्थिति में अगर कोई चाहे तो इन अलग अलग 'वस्तुओं' में संबंध नहीं भी देख सकता है । लेकिन इस कविता में 'प्यारी प्यारी औरतें' जिस तरह 'बक बक' कर रही हैं तथा 'चांदनी रात में मवेशी चर रहे हैं,' इनका 'एकत्र संयोजन' विरोध में एक चमत्कार उत्पन्न कर रहा है । बिल्ली आरंभ में ही 'रास्ता काटकर' जो एक सस्पेंस 'क्रिएट' करती है वह इस कविता में रघुवीर सहाय की उस 'क्रीड़ा-वृत्ति' को ही पुष्ट करती है, जिसके बारे में नामवर सिंह का कहना है कि "यह क्रीड़ा कौतुक अर्थ चमत्कार के साथ ही शिल्प सिद्धि का···सूचक है ।" (कविता के नए प्रतिमान, पृ. 167) यह 'क्रीड़ा-कौतुक' उस नाटकीयता का ही अंग है जो उनकी बाद की कविताओं में उनके शिल्प का मुख्य गुण बनकर प्रकट हुआ है । इस तरह इस कविता में 'संबंधहीनता' नई तरह से परिभाषित हुई है ।

अलगाव वह स्थिति पैदा करती है जिससे अपने होने की पहचान क्रमशः मरती चली जाती है, अंततः मर जाती है । लेकिन रघुवीर सहाय अपनी कुछ बुनियादी प्रतिबद्धताओं के कारण यह पहचान नहीं खोते :

दूसरे तीसरे जब इधर से निकलता हूं
देखता हूं, अरे इस वर्ष गुलमोहर में अब तक फूल नहीं आया
—इस तरह आशा करते रहना कितना अच्छा है
विश्वास रहता है कि वह प्रज्ज्वलित रूप
मैं भूल नहीं आया···
(सीढ़ियों पर धूप में, पृ. 103)

अलगाव की स्थितियों के बीच भी रघुवीर सहाय के लिए गुलमोहर का पेड़ सिर्फ पेड़ नहीं है बल्कि उनके पास पेड़ से जुड़ी हुई उसके फूलने के संदर्भ में प्रज्ज्वलित रूप की स्मृतियां भी हैं, जो कवि में रचनात्मकता के शेष होने का सबूत है। रघुवीर सहाय ने बार बार यह कहा है कि भले ही वे वर्षों न लिखें लेकिन उस दौरान भी कोशिश उनकी यही रहती है कि अपने को रचने योग्य बनाए रख सकें । कविता में गुलमोहर के पेड़ के साथ कवि को अपने रचनात्मक रिश्ते की जो पहचान है, वही अंततः उसे रचने योग्य बनाए रखने का उपकरण है । यही वह कारण है कि उसके अलगाव के संदर्भ की कविताओं में भी एक रचनात्मकता है। मानवविरोधी यथार्थ को बदलने की जीवंत इच्छा तथा सक्रियता है ।

रघुवीर सहाय, 'हमने यह देखा' कविता में यातना और शोषण को नियति मानकर उसका वर्णन नहीं करते बल्कि प्रश्न पूछते हैं :

यह तो है ही, शुभचिंतक यों कहते हैं
अपमान, अकेलापन, फाका, बीमारी
क्यों है ? औ वह सब हम ही क्यों सहते हैं ?
हम ही क्यों यह तकलीफ उठाते जाएं
दुःख देने वाले दुःख दें और हमारे
उस दुःख के गौरव की कविताएं गाएं
(वही, पृ. 107)

'दुःख सब को मांजता है' में दुःख का जो गौरवीकरण है, कवि उसके विरोध में है क्योंकि वह मानता है कि यह 'अभिजात तरीके की मक्कारी' है तथा "इसमें सब दुःख हैं केवल यही नहीं है। अपमान, अकेलापन, फाका, बीमारी···।" (वही)

रघुवीर सहाय का दुःख इस अहसास से शुरू होता है कि "हम जो करते हैं वह ले जाते हैं वे।" कविता में ही बाद में वे अपने दर्द को परिभाषित भी करते हैं :

वह दर्द नहीं मेरे ही जीवन का है
वह दर्द नहीं है सिर्फ विरह की पीड़ा
वह दर्द जिंदगी के उखड़ेपन का है
(वही, पृ 108)

रघुवीर सहाय ने एक दूसरी कविता 'व्यथा' में इन दुखों को समग्रता में देखने की कोशिश की है। "कौन सा दुःख तुम्हें प्रियवर सालता है ?" के जवाब में वे कहते हैं कि :

कहूं क्या ?—'विरह की ज्वाला', 'गरीबी', 'भूख'
'दिल का दर्द' अथवा 'दांत' का ?
न। यह पलायन है व्यथा को एक दुःख में देखना···
(वही, पृ. 133)

रघुवीर सहाय की दृष्टि में यह 'समग्र' दर्द जिंदगी के उखड़ेपन से जुड़ा हुआ है। 'नई कविता' के अंतर्गत आत्मपरायेपन के मूल में यह 'उखड़ापन' भी है। लेकिन रघुवीर सहाय में महत्वपूर्ण बात यह है कि वे इस कविता में महज उखड़ेपन के दर्द का बयान ही नहीं करते बल्कि इस दर्द से मुक्ति के लिए अत्यंत महत्वपूर्ण मांग रखते हुए कविता खत्म करते हैं :

हम को तो अपने हक सब मिलने चाहिए
हम तो सारा का सारा लेंगे जीवन
'कम से कम' वाली बात न हम से कहिए···
(वही, पृ. 109)

मनुष्यविरोधी सामाजिक स्थितियों को बदलने के संदर्भ में रघुवीर सहाय की यही दृष्टि उन्हें अलगाव के बीच भी अरचनात्मक नहीं होने देती और उन्हें 'नई कविता' के दूसरे पीड़ावादी दुःखवादी कवियों से अलग करती है। यही कारण है कि रघुवीर सहाय 'मेरा एक जीवन है' कविता में 'हाहाहूति नगरी के अकेलेपन' की चर्चा के बाद आत्यंतिक विश्वास से कहते हैं कि "सारे संसार में फैल जाएगा एक दिन मेरा संसार/सभी मुझे करेंगे—दो चार को छोड़—कभी न कभी प्यार।" साथ ही, कवि बिहारी लाल के मुहावरे में आगे उनका यह भी कहना है कि "डूब जाएगा तंत्रीनाद कवित्त रस में, मेरा यह ममत्व/जिससे मैं जीवित हूं।" (वही, पृ. 88)

बदले हुए यथार्थ के संदर्भ तथा पूंजीवादी औद्योगीकरण से उत्पन्न स्थितियों के बीच प्रकृति से नए कवि के रिश्ते में फर्क आ गया। रघुवंश लिखते हैं कि "आज के कवि की युगदृष्टि युगजीवन के यथार्थ से इस प्रकार संपृक्त है कि प्रकृति के सारे सौंदर्यविस्तार में वह रोमैंटिक भाव के स्थान पर अंततः अपनी परिस्थिति के व्यंग्य को ग्रहण करता है। प्रकृति के प्रति आधुनिक कवि की दृष्टि असंपृक्त यथ र्थ की है, जिसके कारण वह एक ओर तो उसे वस्तु तत्व के रूप में ग्रहण कर केवल अपने मानसिक प्रभावों के साथ स्वीकार कर लेता है, दूसरी ओर उसमें किसी रोमैंटिक भावावेश का आरोप नहीं स्वीकार करता।" (साहित्य का नया परिप्रेक्ष्य, पृ. 182-183) रामस्वरूप चतुर्वेदी की राय में, "मानव नियति के संबंध में चिंता" एक महत्वपूर्ण कारण है जिसने "प्रकृति के प्रति नई कविता का दृष्टिकोण आमूल परिवर्तित" कर दिया। उनके अनुसार "नई कविता का प्रकृति के प्रति दृष्टिकोण तटस्थ रागात्मकता का है, जिसके अनुसार मानवीय जीवन क्रम में प्रकृति का अनिवार्य महत्व है तो, पर स्वयं मनुष्य के बराबर नहीं।" (रामस्वरूप चतुर्वेदी, हिंदी नवलेखन, पृ. 81)

प्रकृति के प्रति रोमैंटिक भावावेश से मुक्त तटस्थ रागात्मकता की यह दृष्टि 'सीढियों पर धूप में' संग्रह की 'वसंत आया', 'वसंत', 'वसंत की हवाएं', 'पानी के संस्मरण', 'पानी', 'बौर', 'स्वीकार', 'चांद की आदतें' तथा एक हद तक 'धूप' कविता में देखी जा सकती हैं। इन कविताओं में प्रकृति से कवि का रिश्ता यथार्थ का रिश्ता है, छायावादियों की तरह काल्पनिक रिश्ता नहीं है। छायावाद के अंतर्गत प्रकृति की प्रधानता को लक्ष्य करते हुए कई बार उसे प्रकृतिकाव्य की संज्ञा दी जाती है। लेकिन विडंबना यह है कि ज्यादातर छायावादी अपनी अधिकांश कविताओं में हमें जिस प्रकृति से साक्षात्कार कराता है उसे हम अपनी खुली आंखों से नहीं देख सकते क्योंकि वहां प्रकृति अपनी वास्तविकता में नहीं है। इसलिए उस प्रकृति से संपूर्ण साक्षात्कार के लिए हमें पलकें बंद करनी पड़ सकती हैं। ऐसे में पाठक अपनी ग्रहण प्रक्रिया में रचनाकार की सर्जनप्रक्रिया

से एकतान हो सकता है, क्योंकि अपनी कविता में प्रकृति 'रचते हुए उस रचनाकार की पलकें भी संभवत: बंद ही थीं ! महादेवी की एक कविता है : "धीरे-धीरे उतर क्षितिज से/आ वसंत रजनी/तारक मय नव वेणी बंधन/शीशफूल कर शशि का नूतन/रश्मि वलय सित धन अवगुंठन/मर्मर की सुमधुर नूपुर ध्वनि/अलिगुंजित पद्मों की किंकिणि···।" (यामा, पृ. 134) जब तक कोई पलकें न बंद कर ले, यह वसंत रजनी दिखलाई पड़ सकती है ?

कुछ रोमांटिक तथा नितांत बिंबवादी कवियों की कविताओं को छोड़कर अधिकांश 'नई कविता' में प्रकृति को खुली आंखों से देखा जा सकता है, क्योंकि कविता में वे खुली आंखों से प्रस्तुत की गई हैं। सबसे महत्वपूर्ण बात यह है कि रोजमर्रा की जिंदगी में साधारण दिनचर्या के भीतर हिस्सा लेनेवाली प्रकृति को ही नए कवियों ने प्रासंगिक माना है। कोई बनावश्रृंगार नहीं, बल्कि सामान्य जीवन के इर्द गिर्द, जीवन समस्याओं के बीच प्रकृति जिस रूप में खड़ी है, नए कवियों ने महज उतने को अपनी कविता में लाने की कोशिश की है क्योंकि यही उनके अनुभव का सच है। रघुवीर सहाय की कविता 'वसंत आया' के द्वारा इस नए फर्क और प्रकृति के प्रति नए कवि के दृष्टिकोण को स्पष्ट किया जा सकता है। कविता का आरंभ प्रकृति के प्रति नई आत्मीय निकटता के अहसास के साथ होता है :

जैसे बहन 'दा' कहती है
ऐसे किसी बंगले के किसी तरु (अशोक ?) पर कोई चिड़िया
कऊ की···।

(सीढ़ियों पर धूप में, पृ. 166)

वसंतागम के इस प्रसंग में पिछले कवियों की कविताओं में अकसर प्रेमिकाएं आ जाती रही हैं और कविताओं में एक निरर्थक रोमांटिकता घटित करते हुए उनका विस्तार किया जाता रहा है। फलस्वरूप प्रकृति और कवि दोनों ही 'प्रकृति काव्य' की पृष्ठभूमि में चले जाते रहे हैं। लेकिन यहां प्रकृति के संदर्भ में बहन के 'दा' कहने का आत्मीय अहसास जिस सहज स्वाभाविक अपनत्व का परिचायक है वह प्रकृति से कवि के उस नए रिश्ते के कई स्तरों में से एक है जो बदलते हुए यथार्थ के समानांतर विकसित हुआ है। आगे की पंक्तियों में वसंत के आने को कवि के द्वारा महसूस करने का जो अनुषंग है वह साधारण जीवन की यथार्थ स्थितियों से जुड़ा है :

चलती सड़क के किनारे लाल बजरी पर चुरमुराये पांव तले
ऊंचे तरुवर से गिरे
बड़े बड़े पियराये पत्ते
कोई छह बजे सुबह जैसे गरम पानी से नहायी हो—

खिली हुई हवा आयी, फिरकी-सी आयी, चली गयी।
ऐसे, फुटपाथ पर चलते चलते
कल मैंने जाना कि वसंत आया
(वही)

ऊपर की पंक्तियों में बदले हुए मौसम की, अपेक्षया कम ठंडी यह हवा, विद्यापति के 'सरस वसंत' का दखिन पवन तथा 'जुही की कली' की 'वासंती निशा' से संबद्ध 'मलयानिल' ही है, जिसका अनुभव कवि को बदले हुए परिवेश तथा यथार्थ स्थितियों के बीच बिलकुल भिन्न तरह से होता है: "गरम पानी से नहायी··· खिली हुई हवा···फिरकी-सी आयी चली गयी···" इस 'नई हवा' के बीच फुटपाथ पर फैले हुए बड़े बड़े पत्तों पर चलते हुए कवि ने 'जाना कि वसंत आया।' यह वसंत ही है "यह(कवि को) कैलेंडर से मालूम था तथा जिसका प्रमाण दफ्तर में छुट्टी थी। इस वसंत के बारे में कविताओं में उसने पढ़ रखा था कि 'दहर-दहर दहकेंगे कहीं ढ़ाक के जंगल/आम बौर आवेंगे/रंग रस गंध से लदे फदे दूर के विदेश के/वे नंदन वन होंगे यशस्वी/मधुमस्त पिक भौंर आदि अपना अपना कृतित्व/अभ्यास करके दिखाएंगे।" महादेवी की पहले उद्धृत पंक्तियों में 'भौंर' 'किंकिणि' बन कर अपना 'कृतित्व' दिखला भी रहा है। लेकिन कविताओं में पढ़ा हुआ यह वसंत, आज वह जिस तरह वसंतागम को महसूस कर रहा है उसका संदर्भ नहीं बनता। बदले हुए समय में उसके साधारण जीवन की समस्याओं के बीच प्रकृति जितना हिस्सा लेती है, वह उसे ही अपने अनुभव का हिस्सा बनाता हुआ, अपनी दिनचर्या की भाषा में अभिव्यक्त करता है। इसीलिए 'नई कविता' में 'प्रकृति और जीवन' की 'संश्लिष्ट संरचना' (रामस्वरूप चतुर्वेदी, कविता यात्रा : रत्नाकर से रघुवीर सहाय, पृ. 78) उपलब्ध होती है, जिसमें जीवनानुभव की अभिव्यक्ति तो प्रमुख होती है लेकिन आलंबन धर्मी दृश्यांकन महत्वहीन।

"क्योंकि 'नई कविता' की प्रकृति मानवेतर यथार्थ की वाहिका है···" इसलिए "उसमें···समकालीन मानवीय संवेदना के चौखटे में प्रकृति को बिठाया जाता है।" (अज्ञेय, रूपाम्बरा, पृ. 13) रघुवीर सहाय की एक दूसरी कविता है—'वसंत' :

वही आदर्श मौसम
और मन में कुछ टूटता-सा
अनुभव से जानता हूं कि यह वसंत है
(सीढ़ियों पर धूप में, पृ. 171)

'वसंत' शीर्षक इस छोटी सी कविता में वसंत के रूप सौष्ठव का बिलकुल वर्णन नहीं है। कवि सिर्फ एक पंक्ति में उसे 'आदर्श मौसम' कहता हुआ अगली पंक्ति

में सीधे अपनी जीवन समस्या पर उतर आता है—"मन को कुछ टूटता सा।" इसके बाद तत्काल इस वक्तव्य के साथ कविता खत्म हो जाती है कि "अनुभव से जानता हूं''' यह वसंत है।" महत्वपूर्ण बात इस कविता में यह है कि उल्लास से जुड़े इस मौसम में, मन में कुछ टूटने के अहसास के कारण कवि के वसंत अनुभव का संदर्भ एक विडंबना से जुड़ गया है। तात्पर्य यह कि कविता में 'वर्णन की अपेक्षा अनुभवांकन' पर कवि ज्यादा बल दे रहा है। क्योंकि वह "जीवन अथवा अस्तित्व के प्रसार में प्रत्येक अनुभूत क्षण की संवेदना को प्रेषणीय बनाने का प्रयत्न करता है। इसी कारण वह चित्रण न करके प्रभावचित्रों और बिंब चित्रों का सर्जन करता है जिनमें उनकी संवेदना के साथ बाह्य प्रकृति एकरूप हो जाती है।" (रघुवंश, साहित्य का नया परिप्रेक्ष्य, पृ. 186)

यही कारण है कि 'नई कविता' में बिंब संप्रेषण का अत्यंत महत्वपूर्ण उपकरण बना है। नए कवियों द्वारा जीवन को उसकी समग्रता और यथार्थ परिप्रेक्ष्य में ग्रहण करने के कारण बिंबों में विविधता आई है। साथ ही, वे महज अलंकार या शोभात्मक उपादान बनकर नहीं रह गए हैं बल्कि अभिव्यक्ति के दौरान अनुभूति को जीवंत मूर्तिमत्ता प्रदान करने में शिरकत की है। रघुवीर सहाय की एक कविता है—'पानी के संस्मरण':

कौंध। दूर घोर वन में मूसलाधार वृष्टि
दुपहर : घना ताल : ऊपर झुकी आम की डाल
बयार : खिड़की पर खड़े आ गई फुहार
रात : उजली रेती के पार, सहसा दिखी
शांत नदी गहरी
मन में पानी के अनेक संस्मरण हैं।
(सीढ़ियों पर धूप में, पृ. 101)

विभिन्न स्थितियों को इस कविता में पानी के अलग अलग स्वरूप के द्वारा रचनात्मकता के साथ इस तरह परिभाषित करने की कोशिश की गई है, जिससे "इन छोटी छोटी पंक्तियों में पानी की याद जैसे एक जीवन क्रम को उपस्थित कर देती है।" (रामस्वरूप चतुर्वेदी, कविता यात्रा : रत्नाकर से रघुवीर सहाय, पृ 79)

अपनी संपूर्णता में स्मृति संवेद्य बिंब उकेरती हुई यह कविता अपनी संरचना के भीतरी स्तरों पर स्थिर तथा गत्यात्मक दृश्य बिंब भी प्रस्तुत करती है। ये बिंब अनुभूति संपृक्त दृश्यात्मकता, आवेगधर्मी तथा संवेदन सक्षम होने के कारण कविता को काफी सशक्त करते हैं। "कौंध : दूर घोर वन में मूसलाधार वृष्टि" तथा "बयार : खिड़की पर खड़े आ गई फुहार" जैसे गत्यात्मक बिंबों में कवि ने वस्तु को उसकी गत्यात्मकता में प्रस्तुत करने का प्रयास किया है।

'धूप' कविता की पंक्तियां हैं :

> और तिनका लेने फुर्र से उड़ जाती है चिड़िया
> हवा का एक डोलना है : जिसमें अचानक
> कसे हुए गुलाब की गमक है और गर्मियां आ रही हैं
> हालांकि अभी बहुत दिन हैं—
> कितनी सही है मेरी पहचान इस धूप की···
> (सीढ़ियों पर धूप में, पृ. 171)

इस बिंब में गत्यात्मकता तो है लेकिन उसका उद्देश्य अनुभूति के किसी 'एक क्षण' को आलोकित कर देने भर से सिर्फ संबद्ध नहीं, बल्कि 'हवा के एक डोलने' के साथ 'कसे हुए गुलाब की गमक' की घ्राण संवेद्यता में अचानक यह वर्तमान का क्षण भविष्य में विस्तार पा जाता है—"और गर्मियां आ रही हैं···" कवि के पास इस धूप के अनुभव का अपना अतीत भी है : "हर साल की तरह गौरैया अब की भी कर्निस पर ला-ला कर धरने लगी है तिनके।" इस अतीत और उस भविष्य की सापेक्षता में कवि धूप की पहचान को फिर से परिभाषित करते हुए "धूप के इस सामान्य अनुभव में सोये हुए जीवन को आविष्कृत करता है।" (रामस्वरूप चतुर्वेदी, कविता यात्रा···पृ. 79) तात्पर्य यह कि कविता में बिंब अपने आप में उद्देश्य नहीं है। वह कविता में जीवनानुभव को रचनात्मकता और मूर्तिमत्ता में संप्रेषित करने का उपकरण भर है। बिलकुल आरंभिक दौर की अपनी कविताओं में भी रघुवीर सहाय ने जीवंत गत्यात्मक बिंबों की सृष्टि की है जिसमें 'क्रीड़ा-वृत्ति' भी है :

> दूर क्षितिज पर महुओं की दीवार खड़ी है
> जिस पर चढ़ कर सूरज का शैतान छोकरा
> झांक रहा है
> चौड़े चिकने पत्तों की ललछौर फुनगियों को सरकाकर
> नीड़ों में फिर लोटी, मंडराती, पिड़कुलिया
> (दूसरा सप्तक, पृ. 159)

सामान्य जीवन को परिभाषित करने के क्रम में उनके यहां वर्णसंवेद्य तथा नाद-संवेद्य बिंब भी पाए जाते हैं :

> ठेलों की खड़खड़ाहट, दूधवालों के खनकते बरतन
> जल्दी चलते हुए चप्पल के हकलाने के से
> शब्द, पास आते हैं और दूर चले जाते हैं···।
> **(वही, पृ. 157)**

रघुवीर सहाय की कविताओं के बिंबों में यह ऐंद्रिकता हमेशा बरकरार रहती है। "पानी के संस्मरण कविता में ही 'दुपहर : घना ताल' ऊपर झुकी आम की डाल" तथा "रात : उजली रेती के पार, सहसा दिखी शांत नदी गहरी" जैसे अन्यतम स्थिर बिंबों के भी उदाहरण मिल जाते हैं। वैसे बिंब यहां जिस अनुभूति को प्रकृति के संदर्भ में अभिव्यक्त करने में सहयोग कर रहा है उसे बिंब के सुनियोजित रचाव और ताजगी के द्वारा बेहद कुशलता से निर्मित किया गया है।

'दूसरा सप्तक' में छपी हुई, रघुवीर सहाय की आरंभिक कविताओं में अलंकृत बिंब भी 'मानवीकरण' आदि के रूप में मिल जाते हैं, जिसके द्वारा परंपरित रूप में प्रकृतिचित्रण करने की कोशिश की गई है :

वन की रानी, हरियाली सा भोला अंतर
सरसों के फूलों से जिसकी खिली जवानी
पकी फसल सा गरुआ गदराया जिसका तन
अपने प्रिय को आता देख लजायी जाती
गरम गुलाबी शरमाहट सा हल्का जाड़ा
स्निग्ध गेहुंए गालों पर कानों तक चढ़ती लाली जैसी
फैल रहा है···
उत्सुकता से सिहरा जाता बदन···
नवल कोपलों से रस गीजे होंठ खुले हैं
मधु पराग की अधिकाई से कंठ रुंधा है···"
(वही, पृ. 140)

बिंब सर्जन के दौरान जिन उपमाओं का प्रयोग किया गया है, वे ज्यादातर यथार्थ सापेक्ष हैं। इसके साथ ही परंपरित 'मैले उपमानों' को यथासंभव त्यागने की कोशिश की गई है। नए परिवेश से गृहीत नए उपमान सपाट और निश्चेष्ट नहीं हैं बल्कि सर्जनात्मक और उससे बननेवाले बिंब ज्यादातर गत्यात्मक हैं :

चांदी के कांटों वाला बांका बबूल
निर्जल मेघों की हल्की छायाओं जैसा
(वही, पृ. 154)

या

सारे अनबोये खेतों की उजली धरती
अब एक हुई, स्वीकार कर रही नव जल गुरु आज्ञा सा
(वही, पृ. 143)

या

अब शीतल जल की चिंता में
लगती बहुओं की भीड़ कुए पर
मंजी गगरियों पर से किरणें घूम घूम
छिपती जाती पनिहारिन के
    सांवल हाथों की चुड़ियों में
धीरे धीरे भुकता जाता है शरमाये नयनों सा दिन
(वही, पृ. 160)

या

लग रही हवाएं उनके चौड़े सीनों से
उनके कंधों की लठिया जैसे सोने की
आगे आगे गोरु जिनकी चिकनी पीठों
पर सांझ बिछल कर चमक रही···
(वही, पृ. 159)

निष्कर्षत: रघुवीर सहाय की कविताओं में बिंब अंततः संप्रेषण का एक उपकरण भर है। अधिकांश 'नई कविता' के कवियों की तरह बिंब रचना उनकी कविता में उद्देश्य नहीं बन जाता। अत: रघुवीर सहाय बिंबवादी नहीं हैं और इसीलिए 'नई कविता' के दौर में वे रूढ़ियों के शिकार नहीं होते बल्कि उसके बाद के संग्रहों ('आत्महत्या के विरुद्ध' तथा 'हंसो-हंसो जल्दी हंसो') में विकास की नई मंजिलों तक पहुंचते हैं। यथार्थ को निरावरण व्यक्त करने की प्राथमिकता का आग्रह उन्हें एक सीमा के बाद बिंबों के संसार से पीछा छुड़ा लेने को विवश करता है।

'नई कविता' के संदर्भ में ज्यादातर ऐसा हुआ है कि जिनके लिए रचना में अनुभूति की स्थिति, प्रामाणिकता और ईमानदारी के संदर्भ में समाज निरपेक्ष और स्वायत्त रही है, अंततः उन्हें बिंबवाद की शरण में जाना पड़ा है और एक सीमा के बाद उनकी कविताएं रूढ़ होकर अप्रासंगिक हो गई हैं। क्योंकि रघुवीर सहाय 'अनुभूति की ईमानदारी' को 'वस्तुओं की वास्तविकता के सही अनुभव' से जोड़ कर देखते हैं, अत: बिंब (जो अंततः शिल्प का एक हिस्सा भर है) उनकी कविता में उद्देश्य नहीं बनता और बिंबवाद की गिरफ्त में उनकी कविता नहीं फंसती।

यह बिंबवाद से असंबद्धता ही है जो उनकी कविता की संरचना में निरर्थक तोड़मरोड़ पैदा करके उसे सर्वथा छंदमुक्त नहीं होने देती। इसीलिए वे छंदों में भी अपनी अधिकांश 'नई कविता' संभव करते हैं तथा एक गढ़ी हुई दुरूहता से बचते हैं। नामवर सिंह लिखते हैं कि "व्यापक छंदहीनता के मूल में एक निश्चित काव्यसिद्धांत है—बिंबवाद। बहुत से कवि यह समझते हैं कि एक अछूता नया

बिंब दे दिया जाए तो अपने आप में एक मुकम्मल कविता हो सकती है···इस प्रकार काव्य संवेदना और शिल्प का सारा ध्यान बिंब शोध और बिंब निर्माण की ओर चला गया। ऐसी कविताओं की रचना प्रक्रिया मूलत: छंदविरोधी है।" (ज्ञानोदय, दिसम्बर 1979, पृ. 123)

स्पष्टत: रघुवीर सहाय की कविता रचना की प्रक्रिया छंदविरोधी नहीं है। उनकी बाद की कविताओं में जहां परंपरित अर्थों में बिलकुल छंद नहीं है वहीं उनमें एक अनिवार्य लय की छंदात्मकता है। उन्होंने 'हंसो-हंसो जल्दी हंसो' पुस्तक के अंत में उसकी पहली कविता 'हा हा हा' की स्वरलिपि भी दी है। 'आत्महत्या के विरुद्ध' संग्रह के अंत में भी 'मैदान में' शीर्षक कविता को स्वरलिपि दी गई है। रघुवीर सहाय की मान्यता है कि नए काव्य के लिए एक नई संगीतात्मकता 'आधुनिक संवेदना का एक आवश्यक अंग है।' (आत्महत्या के विरुद्ध, दू. सं., पृ. 7) संगीत का यह नयापन उनके अनुसार 'शब्द की अर्थवत्ता और स्वर की भावस्थिति के नए सिरे से टकराव' के द्वारा उत्पन्न होती है। (रघुवीर सहाय, आजकल, अक्टूबर 1963,) रघुवीर सहाय अपनी कविताओं के पाठ के दौरान बराबर यह सर्जनात्मक टकराव उत्पन्न करने की कोशिश करते हैं, जिससे श्रोता आसानी से काव्य कथ्य को संवेदना के स्तर पर ग्रहण कर पाता है। संभवत: इस संगीत की रक्षा के लिए ही अपनी बहुत सी कविताएं एक साथ पढ़ते हुए रघुवीर सहाय उनके शीर्षक नहीं पढ़ते। थोड़ा विराम देकर वे तत्काल एक कविता से दूसरी कविता पर चले जाने हैं, और पाठ के दौरान इस नई संगीतात्मकता का नैरंतर्य खंडित नहीं होता।

वार्णिक या मात्रिक जैसी परंपरित छंद रचना की अनुपस्थिति के बावजूद उनकी कविताओं में—जैसा कि अभी मैंने कहा—अनिवार्य लय की छंदात्मकता है। यह लयोत्पन्न छंदात्मकता आरंभ से ही रघुवीर सहाय की कविता की शिल्प संरचना के केंद्र में रही है। लिखना उन्होंने छंद में आरंभ किया था। लेकिन उसके लगभग दो साल बाद ही 1 जनवरी 1948 को उन्होंने पहली मुक्त छंद की कविता लिखी—'नया वर्ष'। 30 अगस्त 1947 को उन्होंने एक कविता लिखी थी—'जिज्ञासा'। कविता का कथ्य इस तरह का है कि अभिव्यक्ति के दौरान छंद का परंपरित रूप टूटने सा लगता है। कवि ने अपनी आरंभिक डायरी में इस कविता की बगल में हाशिए पर एक तरफ यह टिप्पणी लिखी है कि इस कविता को पढ़ कर माथुर ने कहा था, 'तुम मुक्त छंद जल्दी ही लिखोगे।' कवि ने इस बीच काफी कविताएं छंद में लिख ली थीं। इन आरंभिक कविताओं में छंद के नए प्रयोग अधिक नहीं हैं। लेकिन पांचवें दशक के अंत से इनकी कविता में छंद तथा लयात्मकता के बहुत से प्रयोग मिलने लगते हैं। इसी दौर में वे अपनी काव्य भाषा के अंतर्गत वह लयात्मकता आविष्कृत करते हैं जिसे आज वे अपनी

कविता की शिल्प संरचना के भीतर एक नए संगीत के रूप में व्याख्यायित कर रहे हैं।

प्रकृति और प्रेम से जुड़ी आरंभिक दौर की कविताएं रोमांटिक भावभूमि की हैं। लेकिन बाद में बदलते हुए युग यथार्थ तथा तल्ख होते जीवनानुभव ने रघुवीर सहाय में इन चीजों के प्रति गैर रोमांटिक दृष्टि विकसित की। प्रकृति उनके लिए पलायन की शरणस्थली नहीं बल्कि उनके रोजमर्रा के यथार्थ जीवन में हिस्सा लेती हुई, तनाव मुक्ति तथा मानवीय संवेदना को जिलाए रखने का कारण बनी है।

रघुवीर सहाय की अधिकांश प्रकृति संबंधी कविताओं में उनके प्रेम के अनुभव भी व्यक्त हुए हैं। इन प्रेम संबद्ध कविताओं में रघुवीर सहाय विरह और मिलन की घड़ियों के एकांत और निरर्थक चित्रण के बदले अधिकांश में बदली हुई समयगत सच्चाइयों के समानांतर पुरुष और स्त्री के संबंधों के नए आधार को ईमानदारी से पहचानने की कोशिश करते हैं जो प्रेम कविताओं को नया आयाम देता है। रामस्वरूप चतुर्वेदी ने ठीक ही लिखा है कि "नई कविता के तत्वावधान में रोमांस तथा प्रेम के सर्वथा नवीन आयाम विकसित हुए हैं। प्रणय की एकांतिक भावना तथा अतिरिक्त सामाजिक दायित्व के बीच का आधुनिक संघर्ष नए कवियों के व्यक्तित्व में बड़े तीखेपन से प्रतिफलित हुआ है।" (हिंदी नवलेखन, पृ. 74) यह प्रतिफलन रघुवीर सहाय की प्रेम कविताओं में बार बार देखा जा सकता है। 'सीढ़ियों पर धूप में' संग्रह की एक कविता है :

> तुम में कहीं कुछ है
> कि तुम्हें उगता सूरज, ममने, गिलहरियां, कभी कभी मौसम
> जंगली फूल पत्तियां, टहनियां भली लगती हैं
> आओ उस कुछ को हम प्यार करें
> एक दूसरे के उसी विगलित मन को स्वीकार करें
> (सीढ़ियों पर धूप में, पृ. 99)

आखिर वह 'कुछ' क्या है जिससे जीवंत प्राकृतिक दृश्य भले लगते हैं और कवि जिसके संदर्भ में ही एक दूसरे को स्वीकारने की इच्छा व्यक्त करता है। कविता की अंतिम पंक्तियों में उस 'क्या' को कवि ने 'विगलित मन' से जोड़ा है। इस 'विगलित मन' का उत्स आज के पूंजीवादी औद्योगिक समाज में खत्म होती हुई सघन मानवीय संवेदनशीलता ही हो सकती है, जिसको कवि अपने संबंध का आधार बनाना चाहता है, क्योंकि मनुष्य को मनुष्य बनाने वाला तथा उसके व्यक्तित्व को पूर्णता प्रदान करने वाला मानवीय संवेदनशीलता का जो महत्वपूर्ण तत्व है उसकी रक्षा जरूरी है। पूंजीवाद ने आदमी को मुक्त करने वाली जीवन

की स्वाभाविक स्थितियों को खत्म करने की कोशिश की है। इसके साथ ही वह "मनुष्य और मनुष्य के बीच नंगे स्वार्थ और नकद नारायण के संबंधों के अतिरिक्त कोई और संबंध रहने नहीं देना चाहता।" (मार्क्स, एंगेल्स, कम्युनिस्ट पार्टी का घोषणा पत्र,) अतः वह संबंधों के स्वाभाविक मानवीय स्तर को अनिवार्यतः मिटा देना चाहता है। रघुवीर सहाय जीवन से खत्म की जा रही इन कुछ अत्यंत महत्वपूर्ण चीजों को बचाना चाहते हैं। इसीलिए प्यार के संदर्भ में एक दूसरे के स्वीकार का बिंदु मानवीय संवेदनशीलता से जुड़ा वह 'विगलित मन' तय करते हैं जो मुक्ति और जीवन विकास के संदर्भ में बेहद रचनात्मक है। प्रेमाभिव्यक्ति की परंपरा को समझने के सिलसिले में काडवेल की दृष्टि अपनाते हुए यह कहा जा सकता है कि रघुवीर सहाय की कविता में प्रेम का यह नया स्वरूप, न तो "ग्रीक दास स्वामियों की संस्कृति के अनुकूल 'प्लेटोनिक प्रेम' है। और न ही सामंती समाज का साहसपूर्ण और स्वच्छंद तथा पूंजीवादी संस्कृति का गहरा वासनात्मक प्रेम।" (रणजीत द्वारा 'हिंदी की प्रगतिशील कविता' पुस्तक में उद्धृत काडवेल के विचार, पृ. 252)

वस्तुतः प्रेम संबंध के इस नए रूप को अभिव्यक्त करते हुए रघुवीर सहाय समाज के संदर्भ में संबंधों के यथार्थ को भी समझने की कोशिश करते हैं। इसीलिए, वर्तमान जीवन के संदर्भ में उनकी अधिकांश कविताएं अपेक्षया अधिक विश्वसनीय लगती हैं, क्योंकि उनकी कविताओं में भी "प्रेम और रूप का आकर्षण यथार्थ से सामंजस्य स्थापित करता हुआ व्यंजित है।" (रघुवंश, साहित्य का नया परिप्रेक्ष्य, पृ. 162) रोमांटिक कवियों की तरह उनका दुःख सिर्फ प्रेम के विभिन्न प्रसंगों से जुड़ा हुआ दुःख नहीं है बल्कि उससे बड़ा दुःख जीवन यथार्थ के अन्य प्रसंगों से जुड़ा हुआ है :

माधवी,
या और भी जो कुछ तुम्हारा नाम हो
तुम एक ही दुःख दे सकी थीं
फिर भला ये और सब किसने दिये हैं
जो मुझे हैं और दुःख, वे तुम्हें भी तो हैं···
(सीढ़ियों पर धूप में, पृ. 23)

धर्मवीर भारती आदि कुछ अत्यंत रोमांटिक कवियों को छोड़कर 'नई कविता' की अधिकांश प्रेम कविताएं 'भावात्मक दृष्टि की इस तटस्थता' के कारण गैर रोमांटिक और इसलिए महत्वपूर्ण हैं। अपनी कुछ प्रेम कविताओं में रघुवीर सहाय जीवन के छोटे छोटे घटना संदर्भों के बीच 'साथ' के आह्लाद को सर्वथा नई तरह से व्यक्त करते हैं, जिसमें स्वाभाविक सहजता है :

आओ जल भरे बरतन में झांकें
सांस से पानी में डोल उठेंगी दोनों छायाएं···
बैठी हुई शीतल जल में छाया साथ साथ भींगें
झुके हुए ऊपर दिल की धड़कन सी कांपे
करती हुई इंगित कभी हां के, कभी ना के···
(वही, पृ. 117)

आओ नहायें
छत से फुहार झरे, खड़े खड़े आंख मींच
कभी कभी चुपके से देखें, धुल रही धूल थकी पिंडलियों की···
(वही, पृ. 177)

स्वाभाविक जीवन स्थितियो के बीच 'साथ' के 'आह्लाद' में जो विश्वसनीयता और गहराई इन पंक्तियों में है, वह "फीरोजी होंठों पर बर्बाद जिंदगी" की घोषणा भरे 'गुनाह के गीतों' में नहीं है। निश्चित ही रघुवीर सहाय की दूसरे सप्तक की कविताओं में भी अकसर रोमान का सीधा आग्रह है, लेकिन इस चेतना के साथ कि :

अः न छया कर दुपट्टे से मुझे
अब यह नहीं अवसर करूं विश्राम
कम होगा नहीं यह घाम, तेरी प्रीत पाने से
(दूसरा सप्तक, पृ. 155)

इसीलिए उनकी कविता में प्रेम पलायन का संदर्भ बनकर उपस्थित नहीं होता। उनकी प्रेम कविताओं में प्रेम करने की स्वच्छ इच्छा तथा जटिल स्थितियों के बीच संपूर्णता में उसे न कर पाने का तनाव उन्हें निराशा और पराजय की मानसिकता की ओर नहीं ले जाता, बल्कि उन स्थितियों को समझने और उसे बदलने की प्रेरणा अधिक देता है।

पूंजीवाद ने मनुष्य और मनुष्य के बीच के संबंधों को मनुष्य और वस्तु के बीच के संबंधों में बदल देने की परिस्थितियां पैदा की हैं। 'नई कविता' के ज्यादातर कवियों की प्रेम कविताओं पर इसका बुरा प्रभाव पड़ा है। धर्मवीर भारती की अधिकांश प्रेम कविताओं में यह असर देखा जा सकता है। उनकी एक कविता 'उदास तुम' (वही, पृ. 178) की एक पंक्ति है :

···"तुम कितनी सुंदर लगती हो जब तुम हो जाती हो उदास।"··· अगर ध्यान से देखें तो यह भावना दूसरे पक्ष का हर स्तर पर इस्तेमाल की सामंती चेष्टा से जुड़ी है। वे दूसरे पक्ष की उदासी को खत्म करने की बात तो दूर उसे

समझने की भी पहल नहीं करते बल्कि इस उदास मन:स्थिति में दूसरे पक्ष को महज आलंबन की नई मुद्रा के रूप में देखते हैं। किंतु रघुवीर सहाय अपनी प्रेम कविताओं में दूसरे पक्ष को समानता और संपूर्ण मानवीय गरिमा के साथ प्रस्तुत करते हुए उसकी महत्ता को हमेशा स्वीकारते हैं। इसके साथ ही, दूसरे पक्ष की जीवन स्थितियों से संबंधित विडंबनाओं को कविता में लाकर प्रेम को एक मानवीय और रचनात्मक आयाम प्रदान करते हैं। इस पूंजीवादी व्यवस्था में नारी (जिससे वे प्यार करते हैं) का विषम जीवन स्थितियों के बीच विडंबनाओं का शिकार हो जाना नियति है। 'पढ़िये गीता' कविता में जिस तरह इस नियति को व्यंग्य के माध्यम से प्रस्तुत किया गया है, वह व्यंग्य अपने प्रभाव में करुणा की सृष्टि करता है :

पढ़िए गीता
बनिए सीता
फिर इन सब में लगा पलीता
किसी मूर्ख की हो परिणीता
निज घर बार बसाइए
होंय कटीली
आंखें गीली
लकड़ी सीली
तबियत ढीली
घर की सबसे बड़ी पतीली
भर कर भात पसाइए
(सीढ़ियों पर धूप में, पृ. 149)

निम्न मध्यवर्गीय नारी की पूरी जीवन गाथा ही इस छोटी सी कविता में कह दी गई है। अकसर करुणा की सृष्टि करने वाले तल्ख व्यंग्य लिखते हुए रघुवीर सहाय की प्रेम कविताओं में कहीं कहीं जीवन के मुक्त और सहज स्वाभाविक हास्य भी सुनाई पड़ते हैं। नागेश्वर लाल लिखते हैं कि "रघुवीर सहाय तनाव के समय लिखने के बावजूद हंस सकते हैं यह उल्लेख्य बात है।" (विवेचना संकलन 3, पृ. 10) 'शांति दो', 'इतना गुस्सा', 'होती' आदि कविताओं में इस जीवंत हंसी से साक्षात्कार किया जा सकता है :

किसी महीने की आखिरी रात चांदनी से उजाली होती
किसी नवीना ने अपनी हल्की सफेद साड़ी निकाली होती
यहां तिमंजिले पे इस तरह की हवा मजेदार आ रही है
कि सोचने अब लगे हैं हम भी हमारे भी एक साली होती
(सीढ़ियों पर धूप में, पृ. 156)

तनाव के बीच भी रघुवीर सहाय की कविताओं में अकसर दीख जाने वाले इस मुक्त उल्लास और शरारत भरी जीवंत हंसी का कारण उनकी कुंठा विहीन मनः-स्थिति है। 'नई कविता' के कुछ कवियों की तरह वे 'कुंठा' को आज के मनुष्य की नियमित मान कर उसकी अभिव्यक्ति में रस नहीं लेते बल्कि उसे 'मन का कुप्रबंध' कहते हैं और उसे अस्वीकार करते हैं :

तू हत विक्रम श्रम हीन दीन
निज तन के आलस से मलीन
माना यह कुंठा है युगीन
पर कोई तेरा धर्म नहीं ?
ये रिक्त अर्थ उन्मुक्त छंद
संस्मरणहीन जैसे सुगंध
यह तेरे मन का कुप्रबंध
यह तो जीवन का मर्म नहीं।
(वही, पृ. 135)

कुंठाहीनता के इस आग्रह के साथ रघुवीर सहाय जब यथार्थ को अपनी रचना में प्राथमिकता देते हैं तो वे आधारहीन आदर्श कल्पनाशीलता के भीतर छिपे हुए उस पलायनवाद का विरोध करते हैं जो सामयिक संसार से कटकर यह निरर्थक और भटकाने वाला सवाल उठाता है कि "अगर ऐसा होता तो क्या होता ?" रघुवीर सहाय की बहुचर्चित कविता है :

अगर कहीं मैं तोता होता !
तोता होता तो क्या होता ?
तोता होता।
होता तो फिर ?
होता, 'फिर' क्या ?
होता क्या ? मैं तोता होता।
तोता तोता तोता तोता
तो तो तो तो ता ता ता ता
बोल पट्टे सीताराम
(वही, पृ 146)

रघुवीर सहाय की यह कविता पहली बार 'नई कविता 1' में 'किंचित कविता' स्तंभ के अंतर्गत सत्य प्रियमित्र के छद्म नाम से छपी थी। 'नई कविता 1' में छपी यह कविता बाद में 'सीढ़ियों पर धूप में' संकलित इसी कविता के पाठ से

भिन्न है, जिससे स्वभावतः कथ्य में अंतर आ गया है :

अगर कहीं मैं तोता होता।
तो क्या होता ?
तो क्या होता !
तोता होता।
(आह्लाद से झूमकर)
तो तो तो तो ता ता ता ता
(निश्चय के स्वर में)
होता होता होता होता
(नई कविता 1, पृ. 88-89)

दोनों ही पाठों की भिन्नता का कारण रघुवीर सहाय नहीं, 'नई कविता' के संपादक जगदीश गुप्त हैं। उन्होंने कवि से यह कविता लिखित रूप में नहीं ली थी। उनसे सिर्फ सुनी भर थी और अपनी स्मृति की 'रचनात्मकता' के आधार पर 'नई कविता' पत्रिका में प्रस्तुत कर दिया था। गुप्त जी रचना प्रस्तुति के संदर्भ में अपनी इस रचनात्मकता को अपना अधिकार भी बता दे सकते हैं, क्योंकि वे सिर्फ संपादक ही नहीं 'मूलतः' नई कविता के कवि भी थे। लेकिन विडंबना यह है कि उनकी इस 'रचनात्मकता' के कारण यह कविता वह नहीं कह पाती जो उसे कहना है। अतः इस कविता को लेकर आलोचना में चलने वाले विवाद की ट्रेजेडी बड़ी मार्मिक है।

यह घटना इस बात का भी प्रमाण है कि जब रघुवीर सहाय भाषा से रचनात्मक खिलवाड़ करके उसमें नई अभिव्यंजना पैदा करने की कोशिश कर रहे थे उस समय जगदीश गुप्त जैसे 'नई कविता' के प्रनिपादक परंपरित भाषा के ध्वंस द्वारा भाषा को नई तरह से सर्जनात्मक बनाने की कोशिश को समझ नहीं पा रहे थे। यही कारण था कि उन्होंने भाषा के इस रचनात्मक खिलवाड़ को महज खिलवाड़ समझा था और अपनी स्मृति के आधार पर किसी भी तरह यह कविता छाप देने में उन्हें कोई मुश्किल नहीं हुई थी। गुप्त जी को शायद कहीं इस कविता के कविता होने में भी एतराज रहा होगा, इसलिए इसे 'किंचित कविता' स्तंभ में छापा था।

इस कविता के मूल प्रारूप का विश्लेषण करें तो सहज ही यह दिखता है कि कवि ने बिलकुल बदली हुई सौंदर्यदृष्टि के अधीन यह कविता लिखी है। यथार्थ से उसकी सीधी संबद्धता इस कविता में एकदम नई तरह से परिभाषित हुई है। आधुनिक हिंदी कविता में ऐसे कवियों की संख्या कम नहीं है जिन्होंने आधारहीन कल्पना के छायावादी आग्रह को अपनी रचना काफी दिनों तक बनाए रखा है।

रघुवीर सहाय इसका तगड़ा विरोध करते हैं। वे पलायन से जुड़ी इस आधारहीन कल्पनाशीलता पर एक क्षण भी सोचना नहीं चाहते। वे तथ्यात्मक ढंग से कहते हैं कि 'अगर तोता होता तो फिर तोता होता।' वे जैसे इस भ्रम को तोड़ते हैं कि अगर वे तोता होते तो सेमल वृक्षों का एक निरापद वन होता⋯स्वाधीन डालियां होतीं⋯हवाएं और खुला आकाश होता⋯। वे महज इतना कहते हैं कि तोता होता तो फिर तोता ही होता; तोते की जिंदगी के यथार्थ के साथ। और इस तरह यह बात बिलकुल महत्वपूर्ण नहीं कि तोता अगर होता तो क्या होता।

यथार्थ के इस आग्रह को पूरी शक्ति से व्यक्त करने के लिए रघुवीर सहाय कविता के अंत में शब्द को तोड़कर एक तरह से भाषा में शक्ति पैदा करने की कोशिश करते हैं। भाषा का हलका सा यह खेल कवि की व्यंग्यात्मक अनुभूति को ठोस और मूर्त्त रूप दे देता है।

काव्य भाषा की शक्ति संपन्नता रघुवीर सहाय की कविताओं में आरंभ से ही है। वात्स्यायन जी ने 'सीढ़ियों पर धूप में' संग्रह की भूमिका में रघुवीर सहाय की भाषा की 'सहज प्रवहमान प्रसादमयता' का उल्लेख किया है। रघुवीर सहाय की भाषा की जीवंतता के कारण पर विचार करते हुए वात्स्यायन जी ने एक उल्लेखनीय बात कही है कि "अपने छायावादी समवयस्कों के बीच बच्चन की भाषा जैसे एक अलग आस्वाद रखती थी और शिखरों की ओर न ताक कर शहर के चौक की ओर उन्मुख थी, उसी प्रकार अपने विभिन्न मतवादी समवयस्कों के बीच रघुवीर सहाय भी चट्टानों पर चढ़ कर नाटकीय मुद्रा में बैठने का मोह छोड़ साधारण घरों की सीढ़ियों पर धूप में बैठकर प्रसन्न हैं।" (सीढ़ियों पर धूप में, पृ. 10)

भाषा के संदर्भ में 'शिखरों' की ओर न ताककर चौक की ओर उन्मुखता रघुवीर सहाय की भाषा को बोलचाल की भाषा से जोड़ती है। रामस्वरूप चतुर्वेदी लिखते हैं कि जीवन की समग्रतर अभिव्यक्ति के लिए प्रयत्नशील होने के कारण "नई कविता में भाषा का बोलचाल रूप खुले यह स्वाभाविक है।" (कविता यात्रा⋯, पृ. 76) बोलचाल की भाषा में जो एक आत्मीय परिचितता और सहज लय है, चीजों को प्रस्तुत करने की जो यथातथ्यता है, उसके द्वारा रघुवीर सहाय अपनी कविता में भाषा की जीवंत शक्ति तो अर्जित करते ही हैं, साथ ही 'नई कविता' के दौर में बहुप्रचारित दुरूहता से भी बचते हैं। इस बोलचाल की भाषा के संदर्भ में नामवर सिंह की राय है :

> वह केवल भाषागत स्वाभाविकता अथवा स्थूल प्रकृतिवादी (नेचुरलिस्ट) प्रवृत्ति का ही सूचक नहीं, बल्कि उसके साथ कवि का एक गंभीर नैतिक साहस जुड़ा हुआ है, जिसके अनुसार अपने आसपास की दुनिया में हिस्सा लेते हुए ही कविता को इस दुनिया के अंदर एक दूसरी दुनिया की रचना

करना आवश्यक हो जाता है। (कविता के नए प्रतिमान, पृ. 116)

रघुवीर सहाय यह मानते हैं कि "जीवन की समग्रता और व्यापकता में उसके विविध उपकरणों में इच्छा करके, परिश्रम करके हिस्सा लेना आज के साहित्यकार का मौलिक कर्तव्य है।" (लिखने का कारण, पृ. 34) आसपास की दुनिया में कवि की हिस्सेदारी की अनिवार्यता के बारे में रघुवीर सहाय आरंभ से ही सहमत हैं। वे लिखते हैं कि रचनाकार, "एक बार व्यक्ति की हैसियत से जो जीवन में योग दे चुका है, कवि की हैसियत से दुबारा रचना के माध्यम से देता है।

यथार्थ जीवन में कवि का यह योगदान उसके अनुभव और संवेदना के क्षेत्र को विस्तृत करता है। नए क्षेत्रों में, नई स्थितियों से साक्षात्कार उसे नए काव्यानुभव प्रदान करते हैं। कहने की आवश्यकता नहीं कि ये नए काव्यानुभव अपने साथ नई भाषा—सर्जनात्मक भाषा लाते हैं, जिसे विजयदेव नारायण साही 'जीवित अभिव्यक्ति' से जोड़ते हैं। भाषा की यह सर्जनात्मकता जिंदगी में सीधी हिस्सेदारी के बगैर कविता में संभव नहीं की जा सकती। भाषा की सर्जनात्मकता की जो शक्ति रघुवीर सहाय की साठ के बाद की कविताओं में अपने समकालीनों के मुकाबले सर्वाधिक दीखती है, उसका आरंभ उनकी 'नई कविता' के दौर की कविताओं में ही हो गया था। अतः 'सीढ़ियों पर धूप में' संग्रह की समीक्षा करते हुए अशोक वाजपेयी ने ठीक ही लिखा है कि "उपयुक्त भाषा, सहज किंतु सुचिंतित ताल और लय तथा तीव्र भावना शक्ति से भरे और धड़कते हुए जीवन की एक रचनात्मक अंतर्क्रिया से उत्पन्न उनकी कविताएं सचमुच जीने के कर्म की समृद्ध परिभाषा हैं।" (विवेक के रंग, पृ. 132)

अपनी रचना में 'जीने के कर्म को परिभाषित' करते हुए 'वस्तुओं की वास्तविकता के सही अनुभव' से संबद्ध रघुवीर सहाय की 'ईमानदारी', उन्हें छठे दशक के अंत में 'नई कविता' में पैदा हुए पाखंड और पलायन से मुक्त रखती है और वे ऐसी चलती हुई सच्चाइयों से अपना 'तादात्म्य' घोषित करते हैं (दे दिए जाते हैं) जिसे पाखंड, साहसहीनता तथा आत्मविश्वास के अभाव में 'सब दूसरों से छिपाते हैं।' (सीढ़ियों पर धूप में, पृ. 184)

'सीढ़ियों पर धूप में' संग्रह की यह अंतिम कविता कई दृष्टियों से महत्वपूर्ण है। रामस्वरूप चतुर्वेदी ठीक ही लिखते हैं कि "यह कविता संवेदनात्मक स्तर पर मानो अगले संकलन 'आत्महत्या के विरुद्ध' की भूमिका के तौर पर काम करती हैं।" (कविता यात्रा···, पृ. 82)

यह कविता रघुवीर सहाय की साठ के बाद की कविताओं की उस केंद्रीय 'प्रतिबद्धता' को सामने लाती है, जिससे एक हद तक उनका बाद के दिनों का कविकर्म निर्धारित हुआ है। 'गंधाते, मुंह चुराते, टुच्ची आकांक्षाएं बार बार

जबान पर लाते लोगों' के साथ शोर में 'बांझ औरतें' और 'कई देशों के अधभूखे बच्चे' उन्हें संगीत की ऊंचाइयों-नीचाइयों में गमक जाते हैं। 'संभवतः ऐसी ही नंगी और बेलौस सच्चाइयों के उभर आने की गूंज है जिसे सब एक दूसरे से छिपाते हैं।' लेकिन रघुवीर सहाय इन सच्चाइयों के साथ ही अपने तादात्म्य की घोषणा करते हैं। यह तादात्म्य उस मानवीय करुणा से संपृक्त है,…'जिसमें जिंदगी के अंतिम दिनों में काम करते हुए बाप/कांपती साइकिलों पर भीड़ में रास्ता निकाल ले जाते हैं।'

नंगे और बेलौस यथार्थ से जुड़ी यह मानवीय करुणा (जो बाद की कविताओं में बार बार प्रकट होती है) असमर्थ करुणा नहीं है बल्कि प्रभावमय इस मानवीय करुणा की रचनात्मकता उन स्थितियों को बदलने की शक्ति पैदा करती है जिसमें "हर दिन मनुष्य से एक दर्जा नीचे रहने का दर्द" (आत्महत्या के विरुद्ध, पृ. 21) है, "रोज रोज थोड़ा थोड़ा मरते हुए लोगों" (वही, पृ. 46) की यंत्रणा है और इस यंत्रणा के बावजूद 'अर्धफासिस्ट' व्यवस्था द्वारा जल्दी हंसने के आदेश को पूरा करने की मजबूरी है…।" (हंसो, हंसो जल्दी हंसो, पृ. 25)

3

साठोत्तरी दौर में रघुवीर सहाय की कविताएं

सन 1960 के आसपास रघुवीर सहाय की कविता यथार्थ की जिस नई दुनिया को उद्घाटित करती है, वह अचानक नहीं है। 1947 के सत्ता हस्तांतरण के बाद के वर्षों में जटिल होता हुआ सामाजिक यथार्थ 1960 तक आते आते उस बिंदु पर पहुंच गया जहां से एक तीव्र मोहभंग का सिलसिला शुरू होता है। जिनके लिए 1947 में मिली 'आजादी' एक सार्थक 'स्वप्न' और 'उत्साह' से जुड़ी हुई थी, जो नए परिप्रेक्ष्य में 'नई प्रतीतियां' और 'नई संवेदनाएं' विकसित करने की इच्छा से प्रेरित थे, (दिल्ली मेरा परदेस, पृ. 2) उन्होंने 1960 के बाद के वर्षों में महसूस किया :

> बीस बरस बीत गए
> लालसा मनुष्य की तिलतिल कर मिट गई
> ....
>
> टूटते टूटते
> जिस जगह आकर विश्वास हो जाएगा कि
> बीस साल
> धोखा दिया गया
> वहीं मुझे फिर कहा जाएगा विश्वास करने को
> पूछेगा संसद में भोला भाला मंत्री
> मामला बताओ हम कार्रवाई करेंगे
> हाय हाय करता हुआ हां हां करता हुआ हें हें करता हुआ
> दल का दल
> पाप छिपा रखने के लिए एक जुट होगा

जितना बड़ा दल होगा उतना ही खाएगा देश को
(आत्महत्या के विरुद्ध, पृ. 86)

इस स्थिति का जिम्मेदार वह तंत्र और नेतृत्व था जिसने आजादी के बाद सामाजिक आधारों को बदले वगैर जनता के शासन—लोकतंत्र की कल्पना की थी और इस लोकतंत्र के हवाले से उसने जनता की मुक्ति और विकास का झूठा वायदा किया था। लेकिन समय बीतने के साथ ही इस 'तंत्र' के लोकतांत्रिक दावों तथा समाजवादी नारों का असत्य प्रकट हो गया :

दूर……
राजधानी से कोई कस्बा दोपहर बाद छटपटाता है
एक फटा कोट एक हिलती चौकी एक लालटेन
दोनों, बाप मिस्तरी, और बीस बरस का नरेन
दोनों पहले से जानते हैं पेंच की मरी हुई चूड़ियां
नेहरू युग के औजारों को मुसद्दी लाल की सबसे बड़ी देन
अस्पताल में मरीज छोड़कर आ नहीं सकता तीमारदार
दूसरे दिन कौन बताएगा कि वह कहां गया
(वही, पृ. 22)

'आत्महत्या के विरुद्ध' की इन पंक्तियों में रघुवीर सहाय नेहरू युग के भ्रम और खोखलेपन का बयान तो करते ही हैं, इसके साथ ही व्यवस्था के निरंतर मनुष्य विरोधी होते चले जाने की सूचना भी देते हैं, जो हमें एक अप्रत्याशित दहशत की दुनिया में ले जाती है। 'आत्महत्या के विरुद्ध' कविता की संरचना इस तरह की है कि कवि बार बार अन्याय और घुटन की स्थितियों से निकलकर वहां लौटता है जहां उसके अपने लोग हैं।

कविता के अंतर्गत लौटने के इस चित्र की विशेषता यह है कि वह न सिर्फ उन लोगों के जीवन की विडंबना बता रहा है जो 'राजधानी से दूर छटपटाते कस्बे' में 'एक फटा कोट', 'एक हिलती चौकी' और 'एक लालटेन' के बीच घिसे हुए पेंच को कसने की मजबूरी में विफलता और निराशा झेल रहे हैं; बल्कि अगली पंक्ति—'नेहरू युग के औजारों को मुसद्दीलाल की सबसे बड़ी देन'—इस चित्र को व्यापक अर्थ संदर्भ से जोड़ देती है, क्योंकि इस चित्र के माध्यम से कवि ने पूरे नेहरू युग का मूल्यांकन करने की कोशिश की है। इस पंक्ति को पढ़ने के साथ ही 'मिस्तरी' बाप और 'बीस बरस का नरेन' महज पिता और पुत्र नहीं रह जाते बल्कि ये 'आजाद हिंदुस्तान' में जी रही दो पीढ़ियों का प्रतिनिधित्व करने लगते हैं।

मिस्तरी बाप की पीढ़ी 1947 से पहले की पुरानी पीढ़ी है तथा पुत्र नरेन 'आजादी' मिलने के साथ पैदा हुआ है। आजादी मिलने के बीस वर्ष बाद एक साथ काम करते हुए बाप 'मिस्तरी' और "बीस बरस का नरेन/दोनों पहले से जानते हैं पेंच की मरी हुई चूड़ियां/नेहरू युग के औजारों को मुसद्दीलाल की सबसे बड़ी देन।" मरे हुए यानी अंदर से घिसे हुए पेंच को आप कहीं भी कसें, वह कसेगा नहीं। जरा सा अटकेगा फिर निकल आएगा। नेहरू युग के उपकरणों की यह विडंबना है। पेंच तो बनाया गया इस युग में—ढांचा खड़ा किया गया लोकतंत्र का और आजादी का—लेकिन पेंच का भीतरी हिस्सा घिसा हुआ है, अनुपयोगी है।

तात्पर्य यह कि जिन वजहों से पेंच एक सार्थक चीज है, सार्थकता के वे कारण ही गायब हैं; फिर वह कसेगा कैसे? 1947 के बाद हिंदुस्तान के शासन का ढांचा लोकतांत्रिक रखा गया लेकिन जिन वजहों से जनता का लोकतंत्र अपने सार्थक अस्तित्व में आता है वे वजहें या तो पैदा ही नहीं होने दी गईं अथवा वे नष्ट कर दी गईं। और ऐसा करने में बड़े नौकरशाहों ने अहम भूमिका निभाई है। अकसर रघुवीर सहाय की कविताओं में मुसद्दीलाल एक बड़ा नौकरशाह है। पेंच में दांत अथवा चूड़ियां नहीं बनीं इसका कारण यह था कि तत्कालीन बुर्जुआ नेतृत्व की न तो ऐसी कोई राजनैतिक इच्छा थी, न ही उनकी नीयत। नेहरू युग में आधुनिकता, धर्मनिरपेक्षता और प्रगति आदि की निरंतर घोषणाएं हुईं लेकिन उन्हें संभव करने के लिए जो तरीके निकाले गए उसे 'मुसद्दीलाल' की जमात ने नष्ट कर डाला।

दूसरी तरफ इन पंक्तियों में नरेन और उसके बाप मिस्तरी की यंत्रणादायी घुटन की स्थिति को सोचने की कोशिश करें तो हम वैफल्य और नैराश्य की स्थिति के उस अहसास के बहुत करीब पहुंच जाते हैं जो नेहरू युग से मोहभंग की प्रक्रिया में मिस्तरी का वर्ग झेल रहा था। इसके साथ ही इन पंक्तियों में एक अत्यंत महत्वपूर्ण बात यह भी है कि मिस्तरी और नरेन पेंच के न कसने के कारण को लेकर अंधेरे में नहीं हैं—"दोनों पहले से जानते हैं पेंच की मरी हुई चूड़ियां।" इसलिए वे यह जान रहे हैं कि बगैर चूड़ियों के पेंच को कसने के संदर्भ में जो भी पहल वे करेंगे वह सब निरर्थक है। असफलता और निराशा की इस नई विडंबना को हम तब और गहराई से समझते हैं, जब हम इन पंक्तियों के सूक्ष्म अर्थ गंभीरता में उतरते हैं और उस स्थिति का साक्षात्कार करते हैं जहां इस व्यवस्था में सामान्य जन अपनी सृजनशीलता के संदर्भों में घुटन और यंत्रणा से घिर गया है।

उपर्युक्त उद्धरण की अगली दो पंक्तियां इस घुटन और यातना का नया आयाम उद्घाटित करती हैं जब वह कहती हैं कि आज कोई तीमारदार अस्पताल

में मरीज को छोड़कर निश्चिंत घर नहीं लौट सकता क्योंकि असुरक्षा के इस वातावरण में इसकी पूरी संभावना है कि दूसरे दिन अस्पताल में मरीज मिले ही नहीं—संभव है, वह गायब कर दिया गया हो, उसकी मृत्यु हो गई हो। और इस पर भी विडबंना यह है कि वहां यह सब बतलाने वाला भी कोई न होगा। सामान्य जन का यह आत्यंतिक रूप से असुरक्षित जीवन भी नेहरू युग का ही अवदान है जो आज तक जारी है। दहशत से भरा हुआ सामान्य जन का यह नितांत असुरक्षित जीवन बाद के दिनों में और भी यंत्रणा में फंसता गया है, जो रघुवीर सहाय के अगले काव्यसंग्रह 'हंसो हंसो जल्दी हंसो' में और भी स्पष्टता के साथ व्यक्त हुआ है। 'मेरा प्रतिनिधि' शीर्षक कविता में रघुवीर सहाय लिखते हैं :

बीस वर्ष
खो गए भरमे उपदेश में
एक पूरी पीढ़ी जनमी पलीपुसी क्लेश में
बेगानी हो गई अपने ही देश में
(वही, पृ. 18)

आजादी के कुछ दिनों बाद अस्तित्व में आए यथार्थ के इस जटिल स्वरूप और उसके अहसास को उस 'नई कविता' द्वारा व्यक्त करना संभव नहीं था, जो एक हद तक समाजनिरपेक्ष तथा इतिहास विरोधी मूल्यों को अपना गंतव्य समझती हुई, शिल्प के स्तर पर रूढ़ होती चली जा रही थी। बाद में इन मूल्यों से बाहर आकर सर्वेश्वर दयाल सक्सेना तथा केदारनाथ सिंह जैसे 'नई कविता' के कुछ कवियों ने समयगत सच्चाइयों को बड़े पैमाने पर अपनी कविता में प्रस्तुत करने की कोशिश की है। लेकिन रघुवीर सहाय ने 'नई कविता' के उत्तरार्द्ध में ही 'नई कविता' के प्रतिगामी मूल्यों से असहमति व्यक्त कर दी थी (कल्पना, मार्च 1959, पृ. 2) तथा उन्हीं दिनों लिखी गईं उनकी कविताएं इस बात का साक्षात उदाहरण हैं कि वे अपनी कविता में बराबर वह पैदा करने की कोशिश कर रहे थे जो 'नई कविता' के बंधे हुए दायरे से नितांत भिन्न और सार्थक है। यही कारण है कि बाद के दिनों में रघुवीर सहाय को अपने समकालीनों के मुकाबले यथार्थ को अधिक समग्रता और रचनात्मकता के साथ व्यक्त करने में सफलता मिली है।

जटिल होते युग यथार्थ की अभिव्यक्ति के संदर्भ में 'नई कविता' की अक्षमता की चर्चा रघुवीर सहाय ने 1958 में ही की थी, साथ ही उस काव्यप्रवृत्ति का संकेत भी किया था जो 'नई कविता' के दायरे से बाहर अस्तित्व में आ रही थी। मार्च 1958 की 'कल्पना' में रसिक लाल पाठक (रघुवीर सहाय) ने लिखा : "नई कविता के प्रतिमानों के बारे में जहां इतनी अधिक चिंता प्रकट की जा रही है, वहां 'नई कविता' के वे नमूने जो पत्र पत्रिकाओं में प्रकाशित हो रहे हैं, इस

प्रतिमान चर्चा से अद्भुत रूप से उदासीन दिखाई देते हैं।" (वही, पृ. 2) वे आगे कहते हैं : "कहीं ऐसा तो नहीं कि एक ऐसी काव्यवृत्ति के लक्षण जो बदल रही हो या जिसे अब बदलना चाहिए हमारे आज के कृतित्व में बहते चले आए हों और हम बजाए उन्हें उनके सही अर्थ में समझ सकने के उन्हें अपनी आज के कृतित्व का वैशिष्ट्य मान ले रहे हों।" (वही, पृ. 2) अंततः इस 'वैशिष्ट्य' का आग्रह और भ्रम 'नई कविता' को रूढ़ि और कृत्रिमता की बंद गली में ले गया। शायद इन्हीं कारणों से रघुवीर सहाय ने महसूस किया कि 'नई कविता' में "नई कविता के प्रारंभिक दिनों में प्रतिष्ठित कुछ शब्दों का असर बहुत जबर्दस्त है और बहुत कोशिश करके भी संपूर्ण कविता में कोई काव्य देख पाना असंभव है। वे केवल शब्द और अपरिपक्व भावनाओं या विचारों के शिथिल संपुजन हैं।" (वही, पृ. 2)

इसका कारण बताते हुए रामस्वरूप चतुर्वेदी ने 'नई कविता 5-6' (1960-61 ई.) में 'नई कविता की वर्तमान स्थिति' पर परिचर्चा के अंतर्गत लिखा कि "नई कविता के वर्तमान उलझाव के पीछे उसका प्रारंभिक अतिरिक्त शिल्प आग्रह है। जिसे वह बाद में संवेदना के प्रभाव में अंतर्भुक्त न कर सकी। अनुभूति की समुचित गहराई और आवश्यक बौद्धिकता के अभाव में इस शिल्प बहुलता ने नई कविता को जैसे एक अंधी गली में छोड़ दिया हो, जहां से आगे बढ़ने की राह नहीं दिखाई देती। अंधी गली से निकलने की आकुलता और विवशता के बीच की स्थिति में 'नई कविता' इस समय है।" (नई कविता 5-6, पृ. 28)

इसी परिचर्चा में भाग लेते हुए गिरिजा कुमार माथुर ने महसूस किया कि "नई कविता के सैकड़ों समर्थकों की वाणी में आपत्तिजनक एकरसता आती जा रही है, ठीक ऐसी ही एकरसता किसी समय छायावादी कृतियों में आने लगी थी।" (वही, पृ. 25)

इन परिचर्चाओं में लिखित रूप में तो नहीं लेकिन सन 1962 ही के आस-पास मुक्तिबोध साहित्यिक गोष्ठियों में अपना यह विचार व्यक्त कर रहे थे कि 'नई कविता ने अपना एक खास तरह का सांचा बना लिया है और अब वह उस सांचे में बंद होकर रह गई है···सच्ची कविता को ये सांचे तोड़ने होंगे तभी वह पूरी अभिव्यक्ति पा सकेगी।" (भारतभूषण अग्रवाल, कवि की दृष्टि, पृ. 27)

भारतभूषण अग्रवाल की राय में मुक्तिबोध के उपर्युक्त मंतव्य का उल्लेख इसलिए जरूरी है क्योंकि "इतिहास के एक विचित्र संयोग से जब मुक्तिबोध ने कविता का सांचा बदलने की बात कही तब वस्तुगत परिस्थिति और एक नए कवि की मनःस्थिति में भी एक निर्णायक मोड़ आ रहा था और छोटे-बड़े बहुतेरे कवि इस विशाल हिंदी प्रदेश के नाना स्थानों में 'नई कविता' के स्थापित सांचे पर प्रहार कर रहे थे।" (वही, पृ. 128)

इस 'प्रहार' को सही रचनात्मकता से जोड़ने की महत्वपूर्ण कोशिश उन्हीं दिनों नामवर सिंह ने की जब जून 1963 से 'ज्ञानोदय' के पांच अंकों में 'नई कविता पर क्षण भर' उपशीर्षक के अंतर्गत उन्होंने 'नई कविता' की सिर्फ असंगतियों की ही चर्चा नहीं की बल्कि 'कल्पना' (मई 1963) में छपी रघुवीर सहाय की तीन कविताओं में से एक ('नेता क्षमा करें') की व्याख्या करते हुए 1960 के बाद की उस कविता की पहचान भी निश्चित करने का प्रयास किया, "जो अपने चारों ओर के जीवन के साथ संलाप है और इस प्रकार जो अपने चारों ओर के जीवन में योगदान है।" (ज्ञानोदय, अगस्त 1963, पृ. 105) नई कविता के बारे में नामवर जी ने लिखा : "एक अर्से से 'नई कविता' की चर्चा एक 'प्रवृत्ति' के रूप में होती रही—जिसकी वकालत की जाती रही वह 'नई कविता' थी, नई कविताएं नहीं। सारी लड़ाई एक 'अब्स्ट्रैक्शन,' एक अमूर्त काव्य प्रवृत्ति, एक निर्गुण निराकार काव्य सिद्धांत के लिए लड़ी जाती रही है।" इसलिए "बाहरी विरोध से ज्यादा 'नई कविता' भीतरी 'आत्मप्रवंचना' से जर्जर हुई है।" (वही, पृ. 8)

यहीं साठोत्तरी दौर में 'नई कविता' के संदर्भ में इसके एक प्रमुख संस्थापक लक्ष्मीकांत वर्मा की बदली हुई राय का उल्लेख किए बिना यह प्रसंग अधूरा रह जाएगा। 'नई कविता 4' (1959) तक आते आते लक्ष्मीकांत वर्मा के सामने 'नई कविता' की सीमाएं स्पष्ट हो गई थीं। उन्होंने लिखा : "ऐसा लगता है कि धीरे धीरे 'नई कविता' के साथ भी एक विशिष्ट 'पैटर्न', 'टोन' और 'टेंपर' स्थायित्व पाता जा रहा है। आज तक जो अन्वेषण सत्य था वह कहीं ऐसी रूढ़ि के साथ में भी अवतरित हो रहा है जो विशिष्ट शब्दों के प्रति मोह और कुछ बिंबों की पुनरावृत्ति करके केवल एक वातावरण पैदा कर देने से ही नए की संज्ञा पा लेना चाहते हैं।" (नई कविता 4, पृ. 47) लेकिन इस बात को उन्होंने अधिक जोर देकर 1964-65 में कहा जब 'नई कविता' से 'चार हाथ आगे' वे 'ताजी कविता' स्थापित कर रहे थे।

संदर्भ बेशक निरर्थक रहा हो लेकिन 'नई कविता' और 1960 के बाद की कविता के प्रसंग में उन्होंने कुछ जरूरी आत्मस्वीकृतियां कीं। उन्होंने लिखा कि "आज नए काव्य माध्यम को प्रतिष्ठित हुए लगभग पच्चीस वर्ष हो गए हैं और उसकी अभिव्यक्ति की मुद्राएं, चेष्टाएं, शब्द चयन सभी निश्चित फार्मूले के समान बन गए हैं। मुझे ऐसा लगता है, उनके माध्यम से जितना कुछ कहना था वह कह चुका हूं। अब जैसे वह भाषा साथ नहीं देती, वह प्रतीक और बिंब इतने परिचित लगते हैं कि उनके पास क्षण भर के लिए ठहरना, बोलना खुद अजनबी लगता है।" (कल्पना, अक्तूबर 1965, पृ. 57) अत: उनकी राय में "आज की संवेदना के लिए नितांत संस्कारहीन और आवरणहीन नंगी भाषा की

जरूरत है।···छायावाद, प्रयोगवाद, 'नई कविता' की आवरणयुक्त भाषा को छोड़कर हमें नितांत नंगी भाषा का प्रयोग करना चाहिए और उसे सार्थकता की सीमा तक ले जाना चाहिए।" (दिनमान, 17-24 सितंबर 1965, पृ. 42)

तात्पर्य यह कि छठे दशक के उत्तरार्द्ध तथा सातवें दशक के पूर्वार्द्ध में जब बदलता हुआ राजनैतिक और सामाजिक यथार्थ और भी जटिलता के साथ मनुष्य विरोधी रूप में स्पष्ट होना शुरू हुआ तो हिंदी कविता एक बार फिर संक्रमण के दौर से गुजरी। ओमप्रकाश दीपक की राय में "1956 और 1962 के बीच भारतीय राजनीति का परिप्रेक्ष्य ही बदल गया। भारतीय साहित्य का परिप्रेक्ष्य भी बदल गया।" (आलोचना, अप्रैल जून 1967, पृ. 57)

भारतभूषण अग्रवाल ने इसे और भी स्पष्ट करते हुए लिखा कि "1962 का यह समय हिंदी कविता का एक डमरू मध्य है और उसके बाद की कविता पूर्ववर्ती कविता से अपने अंदाज और अपने रुख में नितांत भिन्न है।" (कवि की दृष्टि, पृ. 127) संक्रमण की नई स्थिति के बीच हिंदी कविता में आया परिवर्तन 1960 के बाद दो दिशाओं में प्रकट हुआ। केदारनाथ सिंह लिखते हैं : "मोटे तौर पर इस बीच लिखी गई कविताओं का विकास दो दिशाओं में हुआ। पहला कविता से अकविता की ओर और दूसरा—शुद्ध कविता से एक खास किस्म की प्रतिबद्ध कविता की ओर। ये दोनों प्रवृत्तियां वस्तुतः अलग अलग न होकर उस मूल प्रवृत्ति के ही दो रूप हैं जो कविता और जीवन के हर स्तर पर वस्तुओं के स्वीकृत अर्थ को अस्वीकार करती है। 'अस्वीकार' का यह स्वर कुछ कवियों में तेज है कुछ कवियों में धीमा। कुछ में वह इतना सूक्ष्म है कि सुनाई नहीं पड़ता। पर शायद यही एक बात है जो उन्हें स्पष्टतः पूर्ववर्ती पीढ़ी से अलग करती है। उसकी प्रतिबद्धता किसी राजनैतिक मतवाद से परिचालित होने में नहीं, बल्कि आज की तीव्रतम राजनैतिक स्थिति और उसकी सारी तार्किक परिणतियों को अपनी नितांत व्यक्तिगत और छोटी से छोटी अनुभूतियों के साथ संबद्ध कर लेने में है। [(अजित कुमार और विश्वनाथ त्रिपाठी (सं.) कविताएं 1965, पृ. 241)]

जीवन के हर स्तर पर स्वीकृत अर्थ को अस्वीकारने की दिशा के आधार पर 1960 के बाद विभिन्न छोटे छोटे काव्यांदोलनों के साथ यह अकविता और 'प्रतिबद्ध कविता' अपने अलग अलग गंतव्य की रचनात्मकता अरचनात्मकता तथा सार्थकता निरर्थकता स्पष्ट करती है।

अकविता से संबद्ध युवा लेखकों में बहैसियत प्रस्तावक बेशक कुछ बीच की पीढ़ी के भी लोग हैं। लेकिन मूलतः यह 'नरेन' की पीढ़ी के उन लोगों का विद्रोह है जो 'आजादी' मिलने के बाद के हिंदुस्तान में जवान हुए हैं। अपने अधिकार, स्वाधीनता तथा सार्थकता के संदर्भ में जब इस युवा पीढ़ी ने होश संभाला तो

इन्होंने पाया कि एक 'स्वतंत्र' 'लोकतांत्रिक' राष्ट्र में रहने के बावजूद इस देश में उनकी कोई स्वाधीन स्थिति नहीं है। बाहर जिन मूल्यों के लिए आग्रह किया जाता है एक सामान्य आदमी के जीने की प्रक्रिया के बीच वे मूल्य असंभव हैं। सत्ता के बड़े बड़े संस्थानों में सामान्य जन के लिए लड़ी जाने वाली लड़ाइयों का शब्दकोश की भाषा में भले ही कोई अर्थ हो, जीवन की भाषा में उनका कोई अर्थ नहीं है। अतः इस पीढ़ी के लिए वस्तुओं के स्वीकृत तत्कालीन अर्थ अप्रासंगिक हो गए हों तो इसमें आश्चर्य नहीं है।

अस्वीकृति और निषेध अंततः इनकी संवेदना का जिस तरह केंद्रीय तत्व बन गया, इसका कारण इतिहास में उनकी विडंबित स्थिति भी है। क्योंकि इस "युवा पीढ़ी को न तो आजादी की लड़ाई में हिस्सा लेने का मौका मिला और न स्वाधीन भारत के निर्माण में योग देने की सुविधा मिली। अतीत से बाहर, वर्तमान से बाहर और भविष्य तो अनिश्चित होने के कारण यों भी बाहर है। इस प्रकार युवा पीढ़ी इतिहास से बाहर रही।" (नामवर सिंह, आलोचना, जनवरी-मार्च 1968, पृ. 20) बाहर रहने की यह विडंबना 'कुछ युवा लेखकों' में 'इतिहास से एकदम बाहर चले जाने की आकांक्षा' में प्रकट हुई, जब 'संपूर्ण परंपरा को (उन्होंने) एकदम नकार' देने की कोशिश की।

इस इतिहास निरपेक्ष 'संपूर्ण नकार' में एक तरह का पलायन था जिसने अकविता के कवियों को जीवनविरोधी धारणाओं से जोड़ दिया। इनके विद्रोह का अधिकांश 'चौंकाने वाली फूहड़ता' तथा 'प्रकृत दैहिक क्रियाओं की यांत्रिक व्याख्या' से जुड़ कर रह गया। 'विद्रोह' की यह शैली बीटनिकों की प्रेरणा और प्रभाव में विकसित की गई थी, भले ही श्याम परमार अकविता पर बीटनिक प्रभाव को अस्वीकार करें। (अकविता और कला संदर्भ, पृ. 25) लेकिन अकविता के केंद्र में स्पष्टतः बीटनिकों का प्रभाव दिखता है। अकविता के आरंभिक दौर में ही अपने साल भर के भारत प्रवास के दौरान एक साक्षात्कार में एलेन गिंसबर्ग ने बयान दिया कि "कलकत्ता में मुझसे प्रेरणा पाकर इन (युवा) कवियों ने एक गुट बनाया है—'भूखी पीढ़ी'।...इनको कलकत्ता सरकार ने अश्लील कविताएं लिखने के आरोप में गिरफ्तार कर लिया था।" (दिनमान, 2-9 मई 1965, पृ. 43)

वैसे अकविता के कवियों में नकली मुखौटों, निरर्थक औपचारिकताओं तथा सामंती वर्जनाओं से मुक्त होकर 'रचने' की जो इच्छा थी, वह एक महत्वपूर्ण और साहसिक कदम था। लेकिन यह साहसिक कदम कवियों की मनोग्रंथियों, वर्ग चरित्र तथा विचारों की प्रतिगामिता के कारण गलत दिशा में मुड़ गया। बीटनिकों का भी कहना था कि वे बाह्य मुखौटों और वर्जनाओं से बिलकुल अलग मनुष्य के व्यक्तित्व के 'मूल' को जीना चाहते हैं। [(एस. क्रिम (सं), 'द बीट्स' पुस्तक में जॉन क्लेलोन होम्स का 'द फिलॉसफी आफ द बीट जेनरेशन' शीर्षक

लेख, पृ. 15)] लेकिन उनके द्वारा समाज निरपेक्ष 'मूल' की यह तलाश उन्हें जिस आदिमपन और व्यक्ति स्वातंत्र्य के आत्महंता दलदल में ले गई, वही परिणति एक हद तक अकविता के कवियों की भी हुई।

आवश्यक यह था कि वे जिस यंत्रणा को झेल रहे थे उसके मूल कारण को खत्म करने के लिए उस पर प्रहार करने की दिशा में कदम बढ़ाते। अगर श्याम परमार 'मनुष्य' को 'यंत्र' के 'काले पंजे' में 'फंसा' हुआ देखकर नैराश्य झेल रहे थे (अकविता और कला संदर्भ, पृ. 3) तो एक 'विद्रोही' के लिए इतना ही काफी नहीं था, बल्कि यह भी जरूरी था कि इस यंत्र के जनक तथा नियामक विराट औद्योगीकरण के मूल पूंजीवाद को खत्म करने की दिशा में पहल की जाती उसे खत्म करने वाली शक्तियों का साथ दिया जाता। इस मामले में नई कविता और अकविता में समानता है कि दोनों ने मशीन की यंत्रणाओं को मनुष्य की नियति मान लिया तथा एक निरर्थक भटकाव और पलायन से जुड़ गई। बल्कि कहना यह चाहिए कि अकविता में यह पलायन ज्यादा है और इसलिए अकवियों के उद्देश्यों की विडंबना यह हुई कि जिसके विरोध में वे खड़े हुए थे अंततः उसके हित साधक साबित हुए।

इसलिए रघुवीर सहाय लिखते हैं कि "वर्तमान अकविता का संसार यथा-स्थितिवादियों का विलाप था और उस साहित्य ने यह कोशिश की कि निराशा और कुंठा को एक खास तरह की गरिमा—छायावाद ने उसको जो गरिमा दी थी उसी परंपरा में एक नई गरिमा दे···" (लिखने का कारण, पृ. 156-157) इस पलायन के कारण, यंत्रणाओं से मुक्ति को उन्होंने समाज परिवर्तन के लक्ष्य से जोड़कर नहीं देखा। अतः उनकी अस्वीकृति और निषेध का भाव राजनीति के प्रति भी है क्योंकि उनके अनुसार "यह सिद्ध हो चुका है कि राजनीति का प्रत्येक संगठन किसी घृणास्पद कुचक्र का अंग है।" (जगदीश चतुर्वेदी, निषेध, पृ. 12) इसलिए उनकी राय में "प्रतिबद्धता एक ऐसी नागफांस है जो व्यक्ति को मात्र कुंठित करती है, उसे एक दायरे में कैद कर देती है—वह दायरा चाहे राजनीति का हो या सामाजिक मर्यादाओं का या साहित्यिक चिंतन का। मैं प्रतिबद्धता शब्द में एक विशेष अपराधवृत्ति पाता हूं और इसलिए मुझे लगता है कि इस घातक विष के कुपरिणाम से साहित्यकार को बचना चाहिए।" (आलोचना, जनवरी-मार्च 1968, पृ. 53) यह समाज निपेक्ष व्यक्ति स्वातंत्र्य अकवियों को निषेध और अस्वीकृति की जिन चोटियों पर ले गया—यंत्रणा और घुटन से मुक्ति के लिए उनके पास अंततः वहां से कूदकर आत्महत्या के अलावा कोई रास्ता नहीं रह गया। बीटनिकों को भी यह युग आत्महत्या का युग लगा था। (दि बीट्स, भूमिका, पृ. 12)

साठोत्तरी दौर में रघुवीर सहाय के पहले काव्यसंग्रह का शीर्षक ही है—'आत्महत्या के विरुद्ध'। यानी घुटन और यातना की परिस्थितियों से आमना

सामना के दौरान साक्षात्कार के अकविताई तरीके से असहमति। घुटन और यातना की स्थितियां शोषक वर्ग द्वारा उत्पन्न की हुई हैं। सत्ता और समाज में परिवर्तन के साथ इस घुटन और यातना से सामूहिक मुक्ति प्राप्त की जा सकती है। अत: इस दिशा में की जाने वाली कार्रवाई से रचना का जुड़ाव अपरिहार्य है। साठ के बाद इस सार्थक जुड़ाव से संबद्ध रचनाओं का विकास एक खास किस्म की प्रतिबद्ध कविता की दिशा में भी हुआ जिसे बाद में केदारनाथ सिंह ने 'प्रतिपक्ष का साहित्य' कहा है। (आलोचना, जनवरी-मार्च 1968, पृ. 51)

प्रतिबद्धता की यह खास किस्म प्रगतिवादी कविता की प्रतिबद्धता संबंधी धारणा से कुछ अंतर रखती है। क्योंकि यह प्रतिबद्धता किसी 'राजनैतिक मतवाद' से 'परिचालित' होने से इंकार करती है। लेकिन "आज की तीव्रतम राजनीतिक स्थिति और उसकी सारी तार्किक परिणतियों को अपनी नितांत व्यक्तिगत और छोटी छोटी अनुभूतियों के साथ" संबद्ध कर लेती है। परमानंद श्रीवास्तव के अनुसार इस संबद्धता के कारण प्रतिबद्ध कविता का विकास आज की निर्मम अमानवीय स्थिति से साक्षात्कार की दिशा में हुआ है।

इस साक्षात्कार को रघुवीर सहाय ने अपने समकालीनों में सर्वाधिक रचनात्मकता के साथ प्रस्तुत करने की कोशिश की है। रचनात्मकता का कारण यह है कि रघुवीर सहाय की कोशिश रचना में यथार्थ को सिर्फ प्रस्तुत कर देने भर से नहीं रही है बल्कि ज्यादा कोशिश इस बात की रही है कि यथार्थ का जो रूप कवि का काव्यानुभव बना है उसे पाठक या श्रोता की संवेदना के स्तर पर संपूर्णता के साथ उतार दे। इस दिशा में रघुवीर सहाय क्रमश: रचनाकारिता के नए आयाम उद्घाटित करते गए हैं।

रचना की यह संपूर्णता रघुवीर सहाय को सामाजिक यथार्थ की समझ तथा उसके साथ सार्थक रिश्ता कायम करने से संभव हुई है। क्योंकि रघुवीर सहाय की दृष्टि में "समाज की समझ का मतलब है, समाज में मनुष्य और मनुष्य के बीच जितने गैर इंसानी रिश्ते हैं उनकी समझ—कहां से वे पैदा होते हैं इसकी समझ और उनकी जड़ों तक पहुंच, इतिहास की समझ।" (लिखने का कारण, पृ. 158) लेकिन सिर्फ यह समझ ही पर्याप्त नहीं है बल्कि (रघुवीर सहाय की राय में) इस समझ को इस सार्थक पक्षधरता से जुड़ना चाहिए "कि इन रिश्तों को ऐसे ही नहीं रहने देना है।" (वही) "क्योंकि इंसान और इंसान के बीच एक गैर बराबरी का रिश्ता है और इस रिश्ते को कोई आदमी मानता है कि ऐसे ही रहना चाहिए तो वह कोई रचना नहीं कर सकता।" (वही, पृ. 147)

सामाजिक परिवर्तन के संदर्भ में रघुवीर सहाय की यह प्रतिबद्धता उनकी रचना का राजनीति से स्वतंत्र रिश्ता स्थापित करती है जिसकी प्रकृति के बारे में नेमिचंद्र जैन की राय है कि वह "मोटे तौर पर वामपंथी या स्थापित व्यवस्था

विरोधी और जनसाधारण की ओर उन्मुख" है। (आलोचना, 1968, पृ. 101) इसीलिए अकवितावादियों के विपरीत रघुवीर सहाय का कहना है कि "लेखक के लिए राजनीति से अलग रहना हर हालत में बेमानी और बेईमानी है। परंतु राजनीतिक पार्टी का गुलाम हो जाना सिर्फ उसी हालत में बेईमानी है जब आप यह हरकत समाज के नाम पर कर रहे हों।" (कल्पना, अगस्त 1965, पृ.77)

राजनीति के साथ अपनी रचनाकारिता के स्वतंत्र रिश्ते को उन्होंने बाद में और भी स्पष्टता से सामने रखा है—"मैं यह मानकर चलता हूं कि राजनीति एक अच्छे और सही अर्थ में एक रचनात्मक कर्म के रूप में अनिवार्य है और होनी चाहिए, वहां मैं यह भी मानकर चलता हूं कि मेरा जो लेखन है या मेरा जो रचना—साहित्यरचना का जो काम है, वह इससे स्वतंत्र है।" (लिखने का कारण, पृ. 105) राजनीति के प्रति रघुवीर सहाय का यह रवैया जिसे वे 'संकटकालीन रवैया' (आत्महत्या के विरुद्ध, पृ.6) कहते हैं, उनके द्वारा वर्तमान परिस्थिति में रचना संभव करने की प्रक्रिया से जुड़ा हुआ है। उनका यह कहना है कि "मैं जो कुछ कर रहा हूं वह, राजनीति में जो कुछ लोग कर रहे हैं, उनके साथ मेल खा सकता है, उनका सहायक भी हो सकता है, उनमें मुझे शक्ति मिल सकती है—मानसिक शक्ति—और मुझसे उन्हें भी मानसिक शक्ति मिल सकती है; लेकिन हम दोनों बराबर स्तर के लोग हैं, हम दोनों में से कोई एक दूसरे का गुलाम नहीं हो सकता। और हमारे और उनके बीच बराबर एक तनाव रहना चाहिए। क्योंकि अगर वह तनाव नहीं होगा तो मेरा रचनाकार जिंदा नहीं रह सकेगा। क्योंकि मैंने जहां यह माना है कि राजनीति यानी सामूहिक कर्म आवश्यक है, समाज को बदलने के लिए वहां मैंने यह भी माना है कि मैं एक व्यक्ति हूं, निजी मैं और मेरे कलाकार सहित मैं समाज के लिए बहुत आवश्यक है।" (लिखने का कारण, पृ 105) राजनीति से रघुवीर सहाय के इस स्वतंत्र रिश्ते के पीछे उनका यह विश्वास है कि एक रचनाकार की हैसियत से उनका मूल कर्म है 'सच्चाई को ढूंढ़ना और पकड़ना' यानी यथार्थ को संपूर्णता में देखना।

किंतु ऐसा करने में वह विचारधारा या राजनीति बाधक होती है जो इतिहास विरोधी है, लेकिन ऐसी विचारधारा या राजनीति जो सामाजिक यथार्थ को ऐतिहासिक विकास के परिप्रेक्ष्य में समझने की कोशिश करती है तथा शोषितों के हित में उसे बदलना चाहती है, एक रचनाकार का उससे जुड़ाव यथार्थ को संपूर्णता में ग्रहण करने के लिए अत्यंत अनिवार्य है। क्योंकि "समाज को मानवीय बनाने के उद्देश्य से उसे बदलने" का काम उन शक्तियों से संबद्ध होकर ही संभव है जो मनुष्य विरोधी शोषक व्यवस्था को खत्म करने के लिए संघर्ष की अनवरत प्रक्रिया से गुजरते हुए क्रांति की ओर बढ़ रही है। यही कारण है कि समाज में ऐसी क्रांतिकारी शक्तियों का अभाव एक ईमानदार और यथार्थवादी रचनाकार को अधूरेपन

का शिकार बनाती है, जिससे स्वयं रघुवीर सहाय भी सहमत हैं। वे लिखते हैं कि "समाज को बदलने के लिए राजनीतिक दल या संगठन, विचारों का संगठन, उसके अनुरूप ऐसे काम जिनसे कि सत्ता का संतुलन समाज में बदलना शुरू हो या बदल जाए—ऐसे राजनीतिक कर्म के अभाव में एक ऐसा आदमी जिसने सच्चाई को पकड़ने और अपने शिल्प के साथ—उसकी मुठभेड़ करने को अपना कर्म माना है, वह बहुत अकेला, अपूर्ण और असहाय महसूस करता है।" (लिखने का कारण, पृ. 104)

यह अकेलापन और असहायता तब उसकी नियति नहीं होगी जब समाज में सही क्रांतिकारी शक्तियां संगठित होंगी तथा रचनाकार उससे संबद्ध होगा। यह संबद्धता अगर एक रचनाकार को शोषितों के पक्ष की रचनात्मक विश्वदृष्टि प्रदान करेगा तो दूसरी ओर राजनीति को भी तत्कालीन जीवित यथार्थ की धड़कनों की संवेदनात्मकता तथा रचनात्मकता के स्तर पर जानने और महसूस करने का अवसर मिलेगा। क्योंकि रघुवीर सहाय की राय में "कवि का हर समय काम यही है कि वह इंसान की राजनैतिक जिंदगी के तथ्यों में वृद्धि करे। तथ्य मतलब यहां अनुभव भी है, क्योंकि एक अनुभव जो कविता से होता है वह भी एक तथ्य बनता है।" (वही, पृ. 148) कहा जा सकता है कि रघुवीर सहाय एक सही विचारधारा के साथ कवि के जुड़ाव को तो अनिवार्य मानते हैं लेकिन उस विचारधारा से नियंत्रित दल के साथ अपना रिश्ता बराबर का रखना चाहते हैं। दल के आदेश या एक खास समय में दल की दृष्टि से ही यथार्थ को वे नहीं देखना चाहते बल्कि दल किसी स्थिति के संदर्भ में जो दृष्टि बनाता है, वह बनाने में भी अपनी भूमिका निभाना चाहते हैं। वे यह नहीं मानते कि स्थितियों के यथार्थ की व्याख्या का अधिकार सिर्फ राजनैतिककर्मी को ही है। वे स्वयं भी स्थितियों के विश्लेषण में शिरकत करना चाहते हैं। क्योंकि स्पष्टतः उनका मानना है कि यथार्थ की समझ को वे अनुभव और भी गहरा करेंगे जो उनकी रचना में आए हैं।

जिस जनता के पक्ष में रघुवीर सहाय राजनीति को अपने रचनाकर्म से सर्जनात्मक अनुभव देना चाहते हैं, 'आत्महत्या के विरुद्ध' की पहली ही कविता 'नेता क्षमा करें' में वे उस जनता के साथ अपने यथार्थ रिश्ते की स्थिति तथा एक कवि की हैसियत से उसे सर्जनात्मक बनाने के अपने प्रयास को स्पष्ट करते हैं। कविता के आरंभ में ही रघुवीर सहाय यथार्थ के इस नए परिप्रेक्ष्य में अपने कवि की सीमाएं स्पष्ट करते हुए देश के नेताओं और लोगों की उन परंपरित झूठी और सर्जनात्मक अपेक्षाओं को पूरा न कर पाने के लिए क्षमायाचना करते हैं। इसके साथ ही वर्तमान यथार्थ की जटिलता के संदर्भ में नेता तथा जनता से अपना रिश्ता परिभाषित करते हुए अंततः उस कविकर्म को परिभाषित करते हैं, जो 1960 के बाद की 'प्रतिबद्ध कविता' के आरंभ की बुनियाद में था। प्रथम बार

यह कविता 'टोपीवाला बाजा' तथा 'लोकतंत्रीय मृत्यु' के साथ मई 1963 की 'कल्पना' में छपी थी। बाकी दो कविताएं भी 'आत्महत्या के विरुद्ध' में संकलित हैं।

'नेता क्षमा करें' कविता में प्रचलित नेतृत्व के कर्म का खोखलापन दिखलाते हुए रघुवीर सहाय उसकी आत्यंतिक विसंगति को सामने रखते हैं :

> फिर कुछ लोग उठे बोले कि आइए तोड़ें पुरानी—फिलहाल
> मूर्तियां
> साथ न दो हाथ ही दो सिर्फ उठा
> झोले में बंद कर एक नई मूर्ति मुझे दे गए···
> (आत्महत्या के विरुद्ध, पृ. 10)

यानी पहले तो नेतृत्व ने मूर्तिभंजन का आदेश दिया। लेकिन विडंबना यह है कि एक मूर्ति तोड़ने के उपक्रम में उन्होंने एक दूसरी नई मूर्ति स्थापित कर दी। तात्पर्य यह कि उन्होंने एक पाखंड का विरोध तो किया लेकिन नकली विरोध की प्रक्रिया में एक दूसरे पाखंड ने जनता को जोड़ दिया।

समाज के इस प्रचलित पाखंडी पूंजीवादी नेतृत्व ने संचार और प्रचार के माध्यमों द्वारा भाषा की रचनात्मकता और उसके अर्थ को सांचों में ढाल कर उसका व्यावसायीकरण कर दिया है। इसीलिए जब समकालीन भाषा में कवि ईमानदारी के साथ कुछ कहता है, तो उसका अर्थ वही नही पैदा होता जो वह चाहता है :

> मैंने कोशिश की थी कुछ कहूं उनसे
> लेकिन जब कहा तुमको प्यार करता हूं
> मेरे शब्द एक लहरियाता दोगाना बन
> उकड़ू बैठे लोगों पर भिनभिनाने लगे
> (वही, पृ. 9)

दरअसल इस समाज में भाषा का अवमूल्यन इस कदर हो चुका है कि भाषा अपना वास्तविक अभिप्रेत पैदा ही नहीं कर पा रही। यही कारण है कि जब कवि जनता से कहता है कि वह उनसे प्यार करता है तो उसका यह कथ्य जनसमुदाय के बीच निष्फल होता दिखता है। 'मैं तुम्हें प्यार करता हूं' जैसे महत्वपूर्ण कथन के अर्थ को पूंजीवादी नेतृत्व ने इतना अधिक सरलीकृत और भ्रष्ट कर दिया है कि इससे पेशेवर आत्मीयता टपकती है। अवमूल्यन की शिकार वर्तमान भाषा की दुनिया में रघुवीर सहाय जनता से सार्थक और संवादयुक्त रिश्ते की तलाश करना चाहते हैं।

इस संदर्भ में बराबर ही उनकी कोशिश इस खोज से जुड़ी रही है कि जनता को वस्तुत: प्यार करने के लिए उनका कवि जनता से अपने रिश्ते को कौन सा रचनात्मक आयाम दे, जिससे उनकी रचना में सार्थक जन संबद्धता पैदा हो। अपने इस प्रयास की प्रक्रिया के बारे में कविता के अंत में वे लिखते हैं :

> अपनी एक मूर्ति बनाता हूं और ढहाता हूं
> और आप कहते हैं कि कविता की है
> क्या मुझे दूसरों की तोड़ने की फुरसत है।
> (वही, पृ. 10)

कविता में पहले मूर्तिप्रसंग आ चुका है, अत: इस मूर्ति के रूपक द्वारा ही इस कविता की अंतिम पंक्तियों में रघुवीर सहाय जनता से अपने कवि के रिश्ते को ईमानदार और सर्जनात्मक बनाने की प्रक्रिया का बयान करते हैं। क्योंकि रघुवीर सहाय के ही शब्दों में आज "निर्धारित रिश्तों को जांचे बगैर कविता संभव नहीं है।" (नवभारत टाइम्स, 26 जनवरी 1979, पृ. 12) इसीलिए इस कविता में 'वक्तव्य' के लहजे में वे कहना चाहते हैं कि जनता से ईमानदार और सार्थक रिश्ता कायम करने के लिए वे अपनी ओर से जुड़ाव की एक रचनात्मक स्थिति कायम करते हैं, फिर उसे अपर्याप्त पाकर बदल डालते हैं।

फिलहाल यह महत्वपूर्ण कोशिश ही उनकी कविता है। निश्चय ही जनता से ईमानदार संबद्धता की पहल में जो अपने सृजन की शक्ल बारबार बनाएगा और तोड़ेगा उसे उन बाहरी मूर्तियों को तोड़ने के नकली प्रयास के लिए कहां से फुरसत होगी। मूल बात तो एक कवि के लिए यह है कि जिसके लिए मूर्तियां तोड़ी जा रही हैं, उससे एक ईमानदार और रचनात्मक रिश्ता पहले स्थापित हो, जिससे रचना वास्तविक सामाजिक यथार्थ का रचनात्मक संदर्भ बने।

अप्रासंगिक नई कविता के बाद अकविता के प्रतिगामी मूल्यों के विरुद्ध यह उन कवियों की मूल चिंता है जिन्होंने साठोत्तरी दौर में सही जन संबद्धता की दिशा में अग्रसर होने की पहल की है। इसीलिए इन कविताओं में पिछली कविताओं से भिन्न प्रकार से जन संबद्ध होने की कोशिश की गई है। रघुवीर सहाय की कविताओं में देखें तो लगेगा एकतरफा औपचारिक भाषण की तरह पिटे पिटाये ढंग से उनका कवि जनता के लिए क्या चाहता है, जनता को इसके लिए क्या करना चाहिए—इसकी महज उद्घोषणा से कविता का आरंभ और अंत नहीं करता बल्कि सबसे पहले वह उस रिश्ते के यथार्थ को समझने की कोशिश करता है जो जनता और उसके बीच अस्तित्व में है। इसे समझ लेने के बाद वह 'मंच' से नीचे आकर भीड़ में उनके यथार्थ से जुड़ता है तथा उन मुश्किलों से परेशान होता है और लड़ता है जो कहीं न कहीं उसकी भी मुश्किलें हैं। इसीलिए उसका स्वर भाषण का नहीं है, संवाद है।

नामवर सिंह 'नेता क्षमा करें' कविता का विश्लेषण करते हुए एक जगह लिखते हैं कि इस कविता में "सबसे पहले ध्यान देने योग्य है कविता का 'स्वर' या चाहें तो कह लें कवि के कहने का 'टोन'। निस्संदेह इसमें एक तरह का स्पष्ट 'रेटरिक' है, लेकिन क्या यह रेटरिक ऊंचे से ऊंचे चढ़कर बोलनेवाले राजनीतिक कवियों का सा है ? क्यों वह कवि इतना आत्मीय साधारण पड़ोसी सा लगता है, यह कहने के बावजूद कि वह हमारे लिए कुछ नहीं कर सकता ?" (ज्ञानोदय, अगस्त 1963, पृ. 107) इसका कारण यह है कि "कवि अब 'आत्माभिव्यक्ति' की अपेक्षा पार्श्ववर्ती जीवन की पुकार का जवाब देने में दिलचस्पी रखता है।··· (वही, पृ. 6) पार्श्ववर्ती यानी एकदम बाज़ू का, बाज़ू से लगा पड़ोस का, ऐसा जीवन जो हमारे जीने की क्रिया से एकदम जुड़ा हुआ है···" और "यह पार्श्ववर्ती जीवन सीधे हमारे सहज बोध अथवा 'कामनसेंस' को अपील करता है।" (वही, पृ. 5)

'जीने की क्रिया से एकदम जुड़े हुए' पड़ोस के जीवन से कवि का यह जीवंत और रोजमर्रा का संवाद संबंध उसकी आत्मीयता को सार्थक दिशा प्रदान करता है। और इस तरह जनता भी ऐसी रचनाओं में अपने यथार्थ से जुड़े हुए एक ईमानदार 'रेस्पोंस' की स्थिति महसूस करती है। वैसे कविता के संदर्भ में इस शताब्दी के आरंभिक दशकों में कही गई मुकुटधर पांडेय की यह बात कि "कविता पार्श्ववर्ती जीवन की पुकार का जवाब है,"—सन साठ के बाद सिर्फ हिंदी कविता के संदर्भ में ही प्रासंगिक महसूस नहीं की गई (वही) बल्कि उन्हीं दिनों कुछ समय बाद गुजराती के कवि उमाशंकर जोशी ने भी कहा कि "प्रत्येक कविता किसी न किसी रूप में आह्वान का जवाब है। कवि की संवेदक शक्ति जीवन को, वह जैसा भी है ध्वनित करती है।" (दिनमान, 7-14 जुलाई 1965,) अत: जीवन को एक लक्ष्य के साथ ईमानदारी से प्रतिध्वनित करने के लिए रघुवीर सहाय जीवन के यथार्थ से अपने कवि के सार्थक रिश्ते की पहचान कभी नहीं खोते :

यही मेरे लोग हैं
यही मेरा देश है
इसी में रहता हूं
इन्हीं से कहता हूं
अपने आप और बेकार
लोग लोग लोग चारों तरफ हैं मार तमाम लोग
खुश और असहाय
उनके बीच सहता हूं उनका दु:ख
अपने आप और बेकार
(आत्महत्या के विरुद्ध, पृ. 11)

रघुवीर सहाय खुद को जिन मार तमाम लोगों से घिरा हुआ पाते हैं, जिनके दुःख से वे दुःखी हैं, वे 'खुश और असहाय' हैं। यह आत्यंतिक विडंबना की स्थिति है—एक ही साथ खुश और असहाय होना। असहाय होने के बावजूद लोग खुश इसलिए हैं कि उनमें इस बात की चेतना नहीं है कि इन स्थितियों को बदला भी जा सकता है। अगर बदलने की इच्छा भी हो तो उसके लिए पहल का साहस नहीं है। रघुवीर सहाय के लिए यह स्थिति खीझ पैदा करने वाली है :

भाषा ही एक मेरी मुश्किल नहीं रही
एक मेरी मुश्किल है जनता
जिससे मुझे नफरत है सच्ची और निस्संग
जिस पर मेरा क्रोध बारबार न्योछावर होता है
(वही, पृ. 71)

रघुवीर सहाय का कवि यहां अपनी खीझ में जनता के लिए जो नफरत महसूस करता है, वह नकारात्मक नफरत नहीं है बल्कि वह उसकी "खास खास नफरत है" (वही, पृ. 35) 'सच्ची और निस्संग'। इस नफ़रत में निश्चय ही रघुवीर सहाय का मध्यवर्गीय चरित्र भी झलक रहा है लेकिन उनका रचनाकार इस नफ-रत को 'निस्संगता' प्रदान करता है। यही कारण है कि जिन मार तमाम लोगों से उन्हें 'नफरत' है अंततः उन्हीं पर उनके रचनाकार का 'क्रोध बारबार' न्योछावर होता है। यही उस रिश्ते के यथार्थ की जटिलता है जो रघुवीर सहाय की कवि-ताओं में अकसर प्रकट हुआ है। यही जटिलता 'भीड़ में मैकू और मैं' शीर्षक कविता में भी दीखती है जब वह कहते हैं :

गया वाजपेयी जी से पूछ आया देश का हाल
पर उढ़ा नहीं सका नंगी औरत को
कंबल रेलगाड़ी में बीस अजनबियों के सामने
(वही, पृ. 48)

अपने वर्ग संस्कार से निर्धारित होकर कवि नंगी औरत को कंबल नहीं उढ़ा पाता है। 'सीढ़ियों पर धूप में' संग्रह में मेरे और 'नंगी औरत के बीच' एक कहानी है, उसमें भी नंगी औरत को कंबल उढ़ाने का प्रसंग आता है। इस कहानी में रघुवीर सहाय ने उस नंगी औरत को कंबल उढ़ाने न उढ़ाने को लेकर मन में होने वाले द्वंद्व का सूक्ष्म चित्रण किया है जो उनके मध्यवर्गीय संस्कार की सीमाओं के आड़े आने से पैदा हुआ है। लेकिन अंततः उनके रचनाकार की जीत होती है और कहानी में वह उस औरत को कंबल उढा देता है। (सीढ़ियों पर धूप में, पृ. 72) कविता में नंगी औरत को सिर्फ कंबल उढ़ा पाने की असमर्थता का ही चित्रण है।

कविता के कथ्य और उसकी पूरी संरचना के बीच संभवतः इतने की ही गुंजाइश थी। लेकिन कविता में अपनी असमर्थता को जिस तरह रखा गया है, उससे रचनाकार की अपनी आत्मभर्त्सना उसके आत्मसंघर्ष में बदल जाती है, और कवि यथार्थ को रचनात्मकता के साथ प्रस्तुत करने में सफल होता है।

इस आत्मसंघर्ष की विडंबना दुहरी है। एक स्थिति तो यह है कि कवि की वर्गस्थिति के कारण दलित जन सहसा उससे जुड़ पाने में जरा देर के लिए भय महसूस करते हैं तथा आस्वश्त होना चाहते हैं तो दूसरी ओर दलित जन निरंतर अमानवीय संदर्भों के बीच इतने कुंद हो चुके हैं कि कवि जब अपनी ओर से उनसे संवाद पैदा करना चाहता है तो उसे असफलता मिलती है :

> एक लड़की जिसकी बाढ़ मारी गई है
> डर के मारे नहीं बताती मुझको वह
> अपना दुःख।
> (आत्महत्या के विरुद्ध, पृ. 51)
> ....
> ....
> मैले नाखून वाले चीकट लड़के ने
> नहीं सुना जो मैंने पूछा था
> पहले वह चाहता था कि मैं समझ लूं
> कि वह मेरा कौन है ?
> (वही, पृ. 56)

यहां दलित जन से अपना रिश्ता स्थापित करते हुए कवि को उनके स्वाभाविक अविश्वास का सामना करना पड़ रहा है। दूसरी तरफ किसी तरह वह उनसे संवाद करना भी चाहता है लेकिन उनके सचेत नहीं होने के कारण संवाद हो नहीं पा रहा है :

> कल मैंने देखा लाख चेहरों में एक वह चेहरा
> कुढ़ता हुआ और उलझा हुआ वह उदास कितना बोदा
> वही था नाटक का मुख्य पात्र
> पर उसकी ठस पीठ पर मैं हाथ न रख सका
> वह बहुत चिकनी थी
> (वही, पृ. 20)

यही 'ठस पीठ' जिस पर 'चिकनाहट' के कारण कवि हाथ नहीं रख सका यानी संवाद संभव नहीं कर सका—उसके आत्मसंघर्ष की विडंबना का दूसरा पक्ष है।

जनता से जुड़कर उससे रचनात्मक रिश्ता कायम करने की पहल में रघुवीर सहाय जिन मुश्किलों और अवरोधों से जूझते हैं, वे स्थितियां कुछ बड़े महत्व के सवालों की ओर संकेत करती हैं, जिसे हल किए बिना सार्थक रचना संभव नहीं। दलित जन से जुड़ने में पहली बाधा, किसी भी कवि का अपना वर्गचरित्र है, अगर वह दलित वर्ग से नहीं आता है। अतः एक ईमानदार रचनाकार के लिए वर्ग-विमुक्त होना जरूरी है। जहां तक दलित जन के असावधान और कुंद होने का सवाल है, इसके लिए यह आवश्यक है कि शोषित जनों के पक्ष की सही राजनीति उनमें वर्गचेतना उत्पन्न करने के लिए सक्रिय हो, जिसमें रचनाकार भी व्यक्ति और रचनाकार दोनों हैसियत से हिस्सा ले।

रघुवीर सहाय ने एक रचनाकार के लिए यह दुहरा दायित्व आरंभ में ही महसूस किया था और कला के संदर्भ में इसकी सार्थकता मानी थी। उन्होंने कहा था कि "जो एक बार व्यक्ति की हैसियत से जीवन में योग दे चुका है, रचना करते हुए वह कवि की हैसियत से दुबारा योग देता है: अपनी शक्ति भर छोटे छोटे विविध अंशों में दुबारा योग देने में ही उसकी सार्थकता है और यह सार्थकता भी तब है जब वह कला के स्तर पर हो।" (सीढ़ियों पर धूप में) बाद में भी उनका सीधा 'वक्तव्य' है कि "सबसे मुश्किल और एक ही सही रास्ता है कि मैं सब सेनाओं से लड़ूं···।" (आत्महत्या के विरुद्ध, पृ. 5) निश्चय ही यह दुहरी हिस्सेदारी तथा सभी मोर्चों पर लड़ाई अपनी संपूर्णता में तभी रचनात्मक होगी जब रचनाकार की विश्वदृष्टि—शोषित जनों की विश्वदृष्टि होगी, जिनके लिए वह लड़ रहा है।

यह लड़ाई रघुवीर सहाय जिस परिवेश में लड़ रहे हैं वह परिवेश उनकी कविताओं में इतना मूर्त है कि हम उसे पढ़ते नहीं बल्कि रंगों, रेखाओं और ध्वनियों सहित सुनते देखते हैं। इसीलिए " 'आत्महत्या के विरुद्ध' में प्रस्तुत संसार कविता के सच्चे अर्थ में रोजमर्रा की जानी पहचानी दुनिया के हमारे अनुभव को कुछ अधिक गहरा और सार्थक बनाता है। इन कविताओं में सामाजिक, राजनीतिक, स्थितियों, कार्यों, परिणतियों, दृष्टिकोणों, विचारों को प्रत्यक्ष या अप्रत्यक्ष रूप से आधार बना कर उनके भीतर से व्यक्ति, समुदाय और देश की—संभवतः पूरे युग की आत्मा को—पहचानने का प्रयास है। आजादी मिलने के पिछले बीस वर्षों में हमारा देश और समाज कल्पनातीत आडंबर, ढोंग और झूठ से ढंक गया है, सर्वग्रासी स्वार्थलिप्सा, सहानुभूतिहीनता और उदासीनता ने समुदाय के हर अंश को, विशेषकर सत्ताधारी और सुविधाभोगी अंश को, दबोच लिया है।" (नेमिचंद्र जैन, आलोचना 15, पृ. 98) इसके साथ ही आम जनता साल दर साल शोषण और दमन का लगातार शिकार होती चली गई है।

ऐसा क्यों हुआ है? इसका सबसे बड़ा कारण यह है कि 1947 के बाद

हिंदुस्तानी शासन के 'लोकतांत्रिक' ढांचे को शोषक शक्तियों के हितों से संबद्ध रखा गया है। यहां जनता के लोकतंत्र को संभव करने के सारे प्रयासों को विफल करने की शोषक शासक वर्गों ने निरंतर चेष्टा की है। भारतीय राष्ट्रीय आंदोलन का नेतृत्व राष्ट्रीय पूंजीवादी वर्ग के कब्जे में था। अतः 1947 के सत्ता हस्तांतरण के बाद राज्यसत्ता की बागडोर इन्होंने ही संभाली। अतः यह स्वाभाविक ही था कि हिंदुस्तान में वे ऐसा लोकतंत्र कायम करते जो पूंजीपति, जमींदार वर्ग का हितसाधन करता हो। स्वभावतः उन्होंने हिंदुस्तान का लोकतांत्रिक ढांचा पश्चिम के विकसित देशों के लोकतांत्रिक ढांचे की नकल में रखा। इस ढांचे के कारण हिंदुस्तान जैसे विकासशील राष्ट्र को एक सीमित राजनैतिक स्वतंत्रता तो मिल गई लेकिन आर्थिक स्वतंत्रता नहीं मिल सकी। समाज के वर्ग विभाजित होने तथा राज्यसत्ता को पूंजीपति जमींदार वर्ग का हितसाधक होने के कारण देश में आर्थिक लोकतंत्र संभव नहीं हो सका।

बहुत मोटे तौर पर अगर लोकतंत्र को समझें तो उसका अर्थ होता है, शासन में जनता की हिस्सेदारी, आर्थिक समानता, शोषण की अनुपस्थिति, अभिव्यक्ति की स्वतंत्रता तथा सामाजिक न्याय—जिसे एक वर्गहीन समाजव्यवस्था में ही संभव किया जा सकता है। लेकिन बुर्जुआ लोकतंत्र के लिए अपने वर्गहित के कारण इन मूल्यों को व्यवहार के स्तर पर उतारना संभव नहीं है। अतः भारत का बुर्जुआ लोकतंत्र एक अवास्तविक लोकतंत्र है। बुर्जुआ लोकतंत्र के अंतर्गत शासन में जनता की हिस्सेदारी सिर्फ चुनाव से संबद्ध है, जो पूंजीपति जमींदार वर्ग से निर्धारित होता है। उत्पादन के साधनों पर मालिकों का कब्जा मजदूर वर्ग के लिए आर्थिक समानता और शोषण से मुक्ति की सबसे बड़ी रुकावट है। बोलने की आजादी सिर्फ वहीं तक होती है, जहां तक पूंजीपति जमींदार वर्ग का लोकतांत्रिक ढांचा अपने को सुरक्षित महसूस करता है।

वर्ग विभाजित समाज में खर्चीले न्याय के संस्थानों में भी अंततः पूंजीपति जमींदार वर्ग ही अपनी रक्षा की स्थितियां पैदा करता है। बेजाट ने ठीक ही लिखा है कि यह बुर्जुआ लोकतंत्र "एक ऐसा माध्यम है जिसके द्वारा जनता को सत्ता के बारे में अधिक भ्रम दिया जाता है जबकि वास्तव में उन्हें सबसे कम सत्ता दी जाती है।" हिंदुस्तान के वर्तमान शासन के बुर्जुआ लोकतांत्रिक ढांचे में शोषित जन निरंतर उपेक्षित होते चले गए हैं। शासन के वर्तमान ढांचे से रघुवीर सहाय भी असहमत हैं : "मैं मानता हूं कि अगर अपने देश के संदर्भ में देखें तो हमारे यहां जो शक्ति का ढांचा बना हुआ है :...ऊपर से नीचे तक इस सब को यानी यह जो पूरी व्यवस्था है, इस सबको हम बिलकुल बेकार और नाकामयाब मानते हैं—यानी एक उद्देश्य के लिए नाकामयाब। उद्देश्य वही है—समता और मनुष्य और मनुष्य के बीच की गैरबराबरी को मिटाने के लिए यह व्यवस्था

बिलकुल बेकार है।" (लिखने का कारण, पृ. 104)

रघुवीर सहाय ने अपनी साठोत्तरी दौर की कविताओं में इस वर्तमान व्यवस्था के मनुष्य विरोधी दुहरे चरित्र को नंगा करने की लगातार कोशिश की है तथा लोकतंत्र के नाम पर लोकतांत्रिक संस्थाओं और उपकरणों को भ्रष्ट करने वाले जनप्रतिनिधि के अश्लील चरित्र का खोखलापन उघाड़ते हुए उस पर प्रहार किया है :

सिंहासन ऊंचा है, सभाध्यक्ष छोटा है
अगणित पिताओं के
एक परिवार के
मुंह बाए बैठे हैं लड़के सरकार के
लूले काने बहरे विविध प्रकार के
हलकी सी दुर्गंध से भर गया है सभाकक्ष
सुनो वहां कहना है
मेरा प्रतिनिधि
मेरी हत्या की करुण कथा
हंसती है सभा
तोंद मटका
ठठा कर
अकेले अपराजित सदस्य की व्यथा पर
फिर मेरी मृत्यु से डर कर चिंचिया कर
कहती है
अशिव है अशोभन है मिथ्या है।
(आत्महत्या के विरुद्ध, पृ. 16-17)

संसद, जो लोकतंत्र को कायम रखने की सबसे अधिक प्रतिनिधि संस्था है, हिंदुस्तान में ज्यादातर गैरजिम्मेदार और भ्रष्टाचारी प्रतिनिधियों से भरा है। स्वभावत: अधिकतम प्रतिनिधि शोषक शासक दल के हैं, जिनके पूर्वग्रह और मूर्खताओं के बीच जनता के सही प्रतिनिधि की आवाज दबा दी जा रही है। व्यवस्था के पोषक भ्रष्टाचार में आकंठ डूबे हुए ये प्रतिनिधि संसद में ऐसी बहसों और मांगों से जुड़े हैं जो शर्मनाक हैं :

सेना का नाम सुन देश प्रेम के मारे
मेजें बजाते हैं
सभासद भद भद भद कोई नहीं हो सकती

राष्ट्र की
संसद एक मंदिर है जहां किसी को द्रोही कहा नहीं
जा सकता
दूध पिए, मुंह पोंछे आ बैठे जीवनदानी गोंद
दानी सदस्य तोंद सम्मुख धर
बोले कविता में देश प्रेम लाना हरियाणा प्रेम लाना
आइस्क्रीम लाना है ।
(वही, पृ. 75-76)

लेनिन ने ठीक ही कहा था कि पूंजीवादी लोकतंत्र में "संसद एक गप शप की दूकान मात्र है, जिसमें बातचीत तथा बहस के जरिए आम आदमी को बेवकूफ बनाया जाता है ।" 'पेशेवर मंत्रियों' और 'भ्रष्ट सांसदों' की व्यवस्था पोषक विशाल पार्टियां जनता को मूर्ख बनाने के लिए 'संयुक्त मोर्चा' कायम करती हैं। बुर्जुआ लोकतंत्र में न सिर्फ सत्तापक्ष यह सिद्धांत विहीन समझौता करके किसी भी तरह शासन में बने रहने के प्रयास करता है, बल्कि प्रतिपक्ष के बुर्जुआ विचारधारा के दल भी सत्ता बांटने के लिए ऐसे समझौते करते हैं, और अंतर्राष्ट्रीय संदर्भों पर प्रकांड बहस करते हैं, जिसका देश की शोषित जनता से कोई मतलब नहीं होता ।

बुर्जुआ लोकतंत्र में बुर्जुआ विचारधारा वाला प्रतिपक्ष अंततः वास्तविक प्रतिपक्ष नहीं होता क्योंकि वास्तविक क्रांतिकारी शक्तियों द्वारा जब सत्ता छीनने का खतरा उत्पन्न होता है तो बुर्जुआ प्रतिपक्ष सत्ता पक्ष के साथ होकर इन क्रांतिकारी शक्तियों का विरोध करता है। तात्पर्य यह कि बुर्जुआ लोकतंत्र में सत्ता पक्ष और बुर्जुआ प्रतिपक्ष—दोनों ही जनता की वास्तविक मुक्ति के लिए प्रयत्नशील नहीं होते । काफी पहले 1967 के दिनों में ही रघुवीर सहाय ने लिखा था :

पांच दल आपस में समझौता किए हुए
बड़े बड़े लटके हुए स्तन हिलाते हुए
जांघ ठोंक एक बहुत दूर की विदेश नीति पर
हौंकते डौंकते मुंह नोच लेते हैं
अपने मतदाता का···
(वही, पृ. 77)

दल का दल
पाप छिपा रखने के लिए एकजुट होगा
जितना बड़ा दल होगा उतना ही खाएगा देश को
(वही, पृ. 86)

क्योंकि इनके लिए "यह भारत एक महागद्दा है प्रेम का/ओढ़ने बिछाने को धारण कर/धोती महीन सदानंद पसरा हुआ।/" (वही, पृ. 76) जिसका परिणाम है कि "बांध में दरार/पाखंड वक्तव्य में/मिलावट दवाई में/नीति में टोटका/अहंकार भाषण में/आचरण में खोट···" (वही, पृ. 84) बुर्जुआ लोकतंत्र के उपकरणों के दुरुपयोग से उसके ढांचे में आम जनता शोषण और यातना की आत्यंतिक स्थितियों से गुजर रही है। रघुवीर सहाय ने ठीक ही लिखा है कि ऐसे "लोकतंत्र ने हमें इंसान की शानदार जिंदगी और कुत्ते की मौत के बीच चांप लिया है।" (वही, पृ. 5)

रघुवीर सहाय ने 'आत्महत्या के विरुद्ध' संग्रह में आम जनता की उन यंत्रणाओं को परिभाषित करने की कोशिश की है, जो इस भ्रष्ट और बुर्जुआ लोकतंत्र की विसंगतियों का कुफल है। वैसे इस संग्रह की सारी कविताएं उपर्युक्त अर्थों में सिर्फ 'राजनैतिक' कविताएं नहीं हैं बल्कि कुछ वैयक्तिक कविताएं भी हैं, जिसकी जमीन का संबंध 'सीढ़ियों पर धूप में' संग्रह की कविताओं से है। 'रचतावृक्ष' अगर कवि की सृजनप्रक्रिया के पक्ष से जुड़ी हुई कविता है, तो 'तेरे कंधे' तथा 'मैदान में' का विषय प्रेम है। लेकिन प्रेम की इन कविताओं में भावुकता नहीं बल्कि इस अनुभव के पकने की गंध है: "एक रंग होता है नीला/और एक वह जो तेरी देह पर नीला होता है/इसी तरह लाल भी लाल नहीं है बल्कि एक शरीर के रंग पर एक रंग/दरअस्ल कोई रंग कोई रंग नहीं है/सिर्फ तेरे कंधों की रोशनी है/और कोई एक रंग जो तेरी बांह पर पड़ा हुआ है।" (वही, पृ. 43) वैसे "प्रेम उत्तरकालीन रघुवीर सहाय के यहां मूल स्वर नहीं है। जनता और लोगों से लगाव पहले है।" (रामस्वरूप चतुर्वेदी, कविता यात्रा···, पृ. 89) 'खड़ी स्त्री', 'चढ़ती स्त्री', 'एक लड़की' तथा 'अभी तक खड़ी स्त्री' आदि छोटी छोटी कविताओं में स्त्रियों के शोषित जीवन की विडंबना को अभिव्यक्ति दी गई है:

ग्रीष्म फिर आ गया
फिर हरे पत्तों के बीच
खड़ी है वह
ओंठ नम
और भरा भरा सा चेहरा लिए
बदली की रोशनी सी नीचे को देखती
निखरता रह
उसे कवि
न कह
न हंस
न रो

कि वह
अपनी व्यथा इस वर्ष भी नहीं जागती
(आत्महत्या के विरुद्ध, पृ. 44)

इस कविता में कवि के लिए इतना ही चिंत्य नहीं है कि वर्तमान सामाजिक स्थितियों के बीच असहाय स्त्री कितनी व्यथाओं से घिरी हुई है। उसके लिए अधिक चिंतित करने वाली बात यह है कि वह स्त्री अपनी व्यथा को जानती क्यों नहीं ? वह उससे बेखबर क्यों है ? स्पष्टतः जब वह अपनी व्यथा को पहचान लेगी तो वह उसके कारणों की खोज भी करना चाहेगी। यह एक नई स्थिति होगी जो उसकी वास्तविक मुक्ति के संदर्भ में पहला कदम होगा।

यहां यह ध्यान देने की बात है कि रघुवीर सहाय शोषण के शिकार की स्थिति का महज चित्रण करके इस परंपरित सुझाव से अपने को दूर रखते हैं कि इन शोषित जनों के लिए दूसरे लोग दया या करुणावश कुछ करें। उनका आग्रह यह है कि शोषण का शिकार पहले अपनी स्थिति की पहचान करे, फिर अपनी मुक्ति के लिए शोषक वर्ग के विरुद्ध खड़ा हो क्योंकि शोषक वर्ग के विरुद्ध निर्णायक लड़ाई अंततः शोषित वर्ग स्वयं ही लड़ता है। 'हंसो, हंसो जल्दी हंसो' संग्रह की एक कविता में भी एक दूसरे प्रसंग में रघुवीर सहाय लगभग यही बात कहते हैं : "···ऐसे मौकों पर हंसो/जो कि अनिवार्य हों/जैसे गरीब पर ताकतवर की मार/जहां कोई कुछ नहीं कर सकता/उस गरीब के सिवाए/और वह भी अक्सर हंसता है।" (हंसो हंसो जल्दी हंसो, पृ. 26)

दरअसल नई कविता के दौर में रघुवीर सहाय वर्तमान समाज में स्त्री की नियति तथा उसकी गुलाम स्थिति को लेकर क्षुब्ध दिखते हैं। लेकिन साठ के बाद के दौर में उनकी चिंता का रूप यह हो जाता है कि स्त्री को अपनी इस गुलाम स्थिति की पहचान कैसे हो सकती है, ताकि वे सही सही ढंग से उसके विरुद्ध खड़ी हो सकें। संग्रह में 'फूल और शूल', 'सनीचर' तथा 'हमारी हिंदी' जैसी कुछ नितांत व्यंग्यधर्मी कविताएं भी हैं। ये व्यंग्य सीधे भी हैं और रूपक में भी। 'हमारी हिंदी' कविता में राष्ट्रभाषा हिंदी की वर्तमान दशा को 'दुहाजू की बीवी' के रूपक द्वारा सफलतापूर्वक चित्रित किया गया है।

रघुवीर सहाय ने बार बार यह स्पष्ट किया है कि हिंदी के सरकारी सलाहकारों ने 1947 के बाद सरकार से एक अघोषित समझौता कर लिया था। समझौता इस बात को लेकर था कि हिंदी को राष्ट्रभाषा के रूप में प्रचारित तो किया जाएगा लेकिन उसे कभी इस योग्य नहीं बनने दिया जाएगा कि वह वास्तव में राष्ट्रभाषा बन सके। इससे अंगरेजी तो बनी रहेगी, हिंदी भी ऐसी विकसित होगी जो सिर्फ अंगरेजी का स्थानापन्न होगी। यह स्थानापन्न भाषा हिंदी के

सरकारी सलाहकार और अधिकारी, जनता के इस्तेमाल की भाषा से निरपेक्ष शब्दकोश के द्वारा गढ़ेंगे जो अंततः उसी वर्ग का हितसाधन करेगी, जिसकी अंगरेजी करती रही है।

आज हिंदी को महज अनुवाद की भाषा बनाकर उसे राष्ट्रभाषा का दर्जा दिलाने का दावा करनेवाले हिंदी सलाहकार, सरकारी संस्थानों के मूर्ख हिंदी अधिकारी तथा जड़ हिंदी अध्यापक हिंदी भाषा को अपने जीवनयापन तथा सुख सुविधा का उपकरण बनाते हुए अंततः शासक वर्ग के हितों को पुष्ट कर रहे हैं तथा भाषा में विकास के बदले सड़न पैदा कर रहे हैं। 'हमारी हिंदी' कविता में यह सत्य संपूर्णता में प्रकट हुआ है :

हमारी हिंदी एक दुहाजू की नई बीवी है
बहुत बोलने वाली बहुत खाने वाली बहुत सोने वाली
... ...
घर से तो निकलने का सवाल ही नहीं उठता
औरतों को जो चाहिए घर ही में है
एक महाभारत है एक रामायण है तुलसीदास की भी
राधेश्याम की भी
एक 'नागिन' की स्टोरी 'बमय गाने'
और एक खाड़ी बावली में छपा कोकशास्त्र
... ...
घर में सब कुछ है जो औरतों को चाहिए
सीलन भी और अंदर की कोठरी में पांच सेर सोना भी
और संतान भी जिसका जिगर बढ़ गया है
जिसे वह मासिक पत्रिकाओं पर हगाया करती है
और जमीन भी जिस पर हिंदी भवन बनेगा
कहने वाले चाहे कुछ कहें
हमारी हिंदी सुहागिन है सती है खुश है
उसकी साध यही है कि खसम से पहले मरे
और तो सब ठीक है पर पहले खसम उससे बचे
तब तो वह अपनी साध पूरी करे
(आत्महत्या के विरुद्ध, पृ. 78-79)

रघुवीर सहाय ने हिंदी की इस विडंबनापूर्ण अरचनात्मक स्थिति को छठे दशक के उत्तरार्ध में लिखी इस कविता में बहुत पहले महसूस कर लिया था। तब तक हिंदी के लिए आंदोलन चलाने वाले राजनैतिक दलों ने इसे महसूस नहीं किया

था। बाद में रघुवीर सहाय ने हिंदी का अर्थ 'हिंदी प्रेमियों से दो शब्द' तथा 'भाषा की पूजा बंद करो' आदि टिप्पणियों, लेखों में हिंदी को राष्ट्रभाषा के रूप में विकसित न होने देने के षड्यंत्र का जमकर पर्दाफाश किया है।

हिंदी को सचमुच राष्ट्रभाषा की हैसियत देने तथा उसके विकास के लिए सार्थक ढंग से प्रयत्नशील होने के संदर्भ में कांग्रेसी सरकार कितनी ईमानदार और तत्पर है इसका प्रमाण हमें लोकसभा की भाषा संबंधी उस बहस से मिल जाता है, जो 20 नवंबर 1963 को हुई थी और जिसमें लोकसभाध्यक्ष के अलावा हनुमंतैया, मुहम्मद इलियास, राममनोहर लोहिया, रामसेवक यादव, किशन पटनायक तथा मणिराम बागड़ी आदि शामिल थे। व्यवस्था का सवाल उठाते हुए रामसेवक यादव ने लोकसभाध्यक्ष के सामने मांग रखी कि क्योंकि हिंदी राष्ट्र-भाषा है अतः हिंदी में पूछे गए सवाल का जवाब भी सरकार को हिंदी में ही देना चाहिए, अंगरेजी में नहीं। अगर कोई मंत्री हिंदी न जानता हो तो उसका अंगरेजी में जवाब दिया जाना माना जा सकता है, पर यहां ऐसी स्थिति नहीं है। मंत्री महोदय तथा प्रधानमंत्री हिंदी जानते हैं। वैसे सही तो यह है कि जो मंत्री हिंदी नहीं जानता वह अपनी प्रादेशिक भाषा में बोले।

इस बहस में अध्यक्ष का रुख यह था कि इस बारे में वे देखेंगे तथा अंगरेजी जवाब का हिंदी अनुवाद बाद में रामसेवक यादव को दे दिया जाएगा। मुद्रा ऐसी थी मानो ऐसा करके वे बहुत बड़ी कृपा करेंगे। उनकी यह भी राय थी कि लोकसभा में सिर्फ अंगरेजी या हिंदी जिस तरह बोली जाती है, उसी तरह बोली जाएगी। सब सदस्य अंगरेजी नहीं समझते तो इससे क्या? हिंदी तथा भारतीय भाषाओं की मांग करने वाले सदस्यों को याद रखना चाहिए कि चूंकि आज तक अंग्रेजी में ही कार्रवाई चलती आई है, इस वास्ते''' अध्यक्ष की लड़खड़ाती हुई आदेशमूलक भाषा से यह स्पष्ट हो जाता है कि व्यवस्था के पास कोई तर्क नहीं है, सिर्फ दुरा-ग्रह है। अध्यक्ष इस बात से दुखी थे कि भाषा को लेकर इतनी बाधा क्यों खड़ी की जा रही है, इतना शोर क्यों मचाया जा रहा है? वे इस बात से भी दुखी थे कि अखबारों में जब यह सब छपेगा तो दुनिया क्या कहेगी?

कैसी विडंबना है कि भाषा को लेकर इस सार्थक प्रतिरोध से तो संसद के शालीन और सम्मानजनक माहौल को बट्टा लग रहा था लेकिन उस हिंदुस्तान के लिए उन्हें जरा भी शर्म नहीं थी जो अब भी भारत के संदर्भ में शोषक वर्ग के हितों का संरक्षण करनेवाली अंगरेजी भाषा का गुलाम है। लोकसभा में हिंदी तथा प्रादेशिक भाषाओं के बारे में सही नीति अपनाए जाने की मांग करने वाले समाज वादी नेता राममनोहर लोहिया को संपूर्ण सत्ता पक्ष जिस तरह उस दिन बोलने से रोक रहा था, उससे सत्ता की नीयत स्पष्ट हो जाती है:

अध्यक्ष महोदय : डाक्टर साहब, आप बैठ जाएं, मैं खड़ा हूं, मुझे बात कहने दीजिए ।

राममनोहर लोहिया : आपका हुक्म मैं मान सकता हूं लेकिन अगर इस झुंड के हुक्म के साथ साथ आपका भी हुक्म अगर होता है तो फिर मैं क्या करूं (अंतर्बाधाएं)

... ...

राममनोहर लोहिया : हिंदी कानून में है ·· (अंतर्बाधाएं)

मुहम्मद इलियास : बैठ जाओ ।

मणिराम बागड़ी : शट अप । तुम कौन होते हो बैठने के लिए कहने वाले ।

राममनोहर लोहिया : यह सवाल हिंदी का नहीं है, बल्कि अंगरेजी खत्म करने का सवाल है । (लोकसभा में लोहिया, भाग 2, पृ. 20-23)

प्रथमत: अंगरेजी हटाने का सवाल इसलिए महत्वपूर्ण है क्योंकि राममनोहर लोहिया के शब्दों में 'अंग्रेजी भारत के भूतपूर्व सामंतों, वर्तमान नौकरशाहों और खुशहाल लोगों की भाषा है ।' इस भाषा में भारत की आम जनता न तो सोचती है और न ही अपने को व्यक्त करती है । तत्काल अंगरेजी हटाने से विभिन्न प्रदेशों की भारतीय जनता उस भाषा में अपने कामकाज करेगी जिसमें वह सोचती और बोलती है । बहुमत की भाषा हिंदी होने के कारण वह संपर्क भाषा होगी इसलिए राष्ट्रभाषा भी होगी । हिंदी को वर्तमान अंगरेजी का सिर्फ स्थानापन्न बनाकर राष्ट्रभाषा घोषित कर दिए जाने पर रघुवीर सहाय भी सख्त असहमति जाहिर करते हैं । वे उस विडंबना को भी अपनी कविता में व्यक्त करते हैं जिसके अंतर्गत सब कुछ अंगरेजी में निबटा चुकने के बाद थोड़ी सी हिंदी बुलवाकर व्यवस्था द्वारा आज महज एक औपचारिकता पूरी की जाती है :

सभा में बैठा था हिंदी का लेखक
राजा ने कहा कि मेरे भाषण के बाद
इसका कोई हिंदी में उल्था कर देगा
लेखक अपनी जगह बैठा डरने लगा
अनुवाद करने को उसे कहा जाएगा
क्योंकि वह हिंदी का लेखक है
लेकिन अध्यक्ष हिंदी वाले थे
कहा कोई बात नहीं
बाकी भाषण हिंदी में होंगे
अब पचास मिनट बचे और पंद्रह वक्ता हैं

बोल लें हिंदी पांच पांच मिनट
(हंसो हंसो जल्दी हंसो, पृ. 66)

'आत्महत्या के विरुद्ध' के बाद के संग्रह 'हंसो हंसो जल्दी हंसो' की इन पंक्तियों में रघुवीर सहाय ने न सिर्फ हिंदी को लेकर बरती जाने वाली शर्मनाक रस्म-अदायगी का पर्दाफाश किया है, बल्कि सत्ता के उस चालाक व्यवहार को भी स्पष्ट किया है जिसके तहत वह अंगरेजी की जगह सीधे अनुवाद की हिंदी स्थापित करना चाहती है। रघुवीर सहाय इसका विरोध करते हैं। वे ऐसी हिंदी के पक्षधर हैं जो लोकभाषा से उत्पन्न हो और विषयवस्तु के अनुसार स्वतःस्फूर्त हो। हिंदी को महज अनुवाद की भाषा के रूप में ढालते जाने का अर्थ यह होगा कि वह भी जनता के जीवन यथार्थ को व्यक्त करने में उतनी ही अक्षम होगी जितनी अंगरेजी :

देखो शाम घर जाते बाप के कंधे पर
बच्चे की ऊब देखो
उसको तुम्हारी अंगरेजी कह नहीं सकती
और मेरी हिंदी
कह नहीं पाएगी
अगले साल
(हंसो हंसो जल्दी हंसो, पृ. 45)

सरकारी क्षेत्रों के अंतर्गत हिंदी में यह अगतिकता उस नेतृत्व के इशारे पर उत्पन्न की गई है जिसका 'राजनीतिक दिमाग एक भाषा में वोट मांगता है, दूसरी में वक्तव्य देता है, तीसरी में शपथ लेता है।' (लिखने का कारण, पृ. 122) ऐसे दुहरे चरित्र वाले चालाक सत्ताधारी वर्ग ने हिंदी के उस रूप को प्रतिष्ठित करने की कोशिश की है जो जनता के बीच निर्मित नहीं हुआ है। वह कितना अजीब और हास्यास्पद था कि भाषाविदों को भाषा का विकास करने को कहा गया। स्वभावतः उन्होंने ऐसी भाषा गढ़ी जो जनता की हिंदी नहीं थी बल्कि अंगरेजी की स्थानापन्न शब्दकोश निर्मित हिंदी थी। यही कारण था कि "हिंदी संबंधी छोटे बड़े सरकारी कार्यालय शुद्ध रूप से मंदिर बन गए जिनमें पूजापाठ की विधियों पर शास्त्रीय उपदेश करते हुए छोटे बड़े पुजारी आज जय हिंदी जय नागरी कर रहे हैं" (वही, पृ. 122) :

गोल शब्दकोश में अमोल बोल तुतलाते
भीमकाय भाषाविद हांफते डकराते हांकते
अंगरेजी की अवध्य गाय
घंटा घनघनाते पुजारी जय जयकार

सरकार से करार जारी हजार शब्द रोज
(आत्महत्या के विरुद्ध, पृ. 23)

इस विडंबनापूर्ण स्थिति से राष्ट्रभाषा को मुक्त करने का रास्ता क्या है ? रघुवीर सहाय के शब्दों में एक ही रास्ता है और वह भी ऊबड़खाबड़ जमीन पर से होकर जाता है। वह भाषा की पूजा तुरंत बंद करके उसके इस्तेमाल का रास्ता है। (लिखने का कारण, पृ. 123) कविता में भी रघुवीर सहाय ने कहा :

वापस ले जाओ मुझे एक बार उस दिन
जब मैंने कहा था कि भाषा को
मंदिर में बंद मत करो
उसे बोलो
मैंने कहा था कहा था कहा था हर बार जबकि बदल
नहीं पाया था सरकार मैंने कहा था कि एक अंगुल
और गल गया गोश्त
(आत्महत्या के विरुद्ध, पृ. 83)

जो हिंदी राष्ट्रभाषा होगी वह इस्तेमाल से जुड़ी हुई हिंदी होगी, शब्दकोष से लाई गई नहीं। यही राममनोहर लोहिया का भी आग्रह था। पहले भाषा निर्मित की जाए फिर उसका उपयोग किया जाए, लोहिया इस पक्ष में नहीं हैं। वे तो इस्तेमाल के द्वारा भाषा निर्माण के पक्षधर हैं जिससे रघुवीर सहाय की सहमति है। राममनोहर लोहिया की राय में 'भाषा को संवारने सुधारने का काम जितना भाषाशास्त्री या शब्दकोषनिर्माता करता है उससे ज्यादा वकील, जज, राजपुरुष, अध्यापक, लेखक, वक्ता, वैज्ञानिक इत्यादि किया करते हैं अपने इस्तेमाल के द्वारा। इनके इस्तेमाल से भाषा सुधरती है न कि सुधर जाने के बाद लोग उसका इस्तेमाल करने बैठते हैं। (लोकसभा में लोहिया 8, पृ. 250) हिंदी भाषा के कृत्रिम और किताबी स्वरूप के संदर्भ में रघुवीर सहाय का कहना है कि "भाषा के ठेकेंदार, जो अंग्रेजी की जगह, ठीक उसी तरह, उसी जगह हिंदी की प्रतिष्ठा करना चाहते हैं ताकि हिंदी भी एक तरह की अंगरेजी बन जाए।" (लिखने का कारण, पृ. 109)

लोहिया भी हिंदी के इस स्वरूप का विरोध करते हुए उस स्वरूप का समर्थन करते हैं, जो इस्तेमाल के दौरान अस्तित्व में आया है। उनका कहना है कि "कचहरी, कूटनीति, विज्ञानशाला, विश्वविद्यालय···आदि जगहों पर इस्तेमाल के बिना भाषा न तो फैल सकती है, न समृद्ध हो सकती है, खाली सवाल टल सकता है। टालनेवालों का आत्मसम्मान बन जाता है, कुछ की रोटी कुछ के ऐश सुरक्षित हो जाते हैं। ऐसे लोगों को बिना हिचक हिंदी का व्यापारी कहना

चाहिए। इनका इरादा जो भी हो, इनके काम का परिणाम होता है कि अंगरेजी अनंत काल तक के लिए बनी रहती है, हिंदी अनंत काल तक न फैल पाती है न सुधर पाती है। किंतु विभिन्न महकमों और विभागों में लगे रहने के कारण ये महाशय अपना व्यापार चलाते रहते हैं।"

अतः जनता को जब तक अपने दैनिक जीवन की भाषा में अपने अधिकारों के लिए संवाद का अवसर नहीं मिलेगा तब तक हिंदी को राष्ट्रभाषा बनाने का वास्तविक उद्देश्य पूरा नहीं होगा तथा अनुवाद की हिंदी को शासक वर्ग अंगरेजी की जगह रखकर अपना अन्याय कायम रख सकेगा। क्योंकि अंग्रेजी जिस तरह का समाज बनाती है अगर हिंदी भी वैसा ही समाज बनाएगी तो अंगरेजी ही कहलाएगी। अतः लोकभाषा की स्वतःस्फूर्त हिंदी को राष्ट्रभाषा की हैसियत देते ही राज्य और नागरिक का रिश्ता ही बदल जाएगा। वह समानता का लोकतांत्रिक रिश्ता होगा। अतः हिंदी को वास्तविक रूप से राष्ट्रभाषा बनाने के लिए जनता को भाषा का यह राजनैतिक अधिकार दिलाना आवश्यक है।

रघुवीर सहाय की मान्यता है कि चाहे कवि अपनी कविता की भाषा को मुक्त ही क्यों न कर ले, वह जनता की भाषा के इतने निकट ही क्यों न चला जाए कि दोनों के बीच कोई दूरी न रह जाए लेकिन यदि जनता को भाषा के निर्माण और उपयोग संबंधी राजनैतिक अधिकार उसे वास्तविक रूप में प्राप्त नहीं हैं तो अन्याय जारी ही रहेगा :

हो सकता है कि यही मेरा योगदान हो कि
भाषा का मेरा फल जो चाहे मेरी हथेली से चुग ले
अन्याय तो भी खाता रहे मेरे प्यारे देश की देह
(आत्महत्या के विरुद्ध, पृ. 72)

देश की विशाल जनता पर मुट्ठी भर लोगों द्वारा किया जाने वाला अन्याय रघुवीर सहाय की कविताओं का बार बार काव्य विषय बनता है। वे इस अन्याय के विभिन्न प्रकारों को विस्तार से अपनी कविता में सामने लाते हैं।

आज आम जनता के संदर्भ में लिए गए निर्णयों में उसकी कहीं कोई शिरकत नहीं है। शोषक वर्ग के हितों की हिफाजत करनेवाले शासन का अत्याचार झेलते हुए आम जनता बार बार आत्महत्या की स्थितियां झेल रही है। लेकिन इस सफरिंग के साथ ही संग्रह की इन कविताओं में आत्महत्या की इन स्थितियों के विरोध में खड़े होने की एक निरंतर छटपटाहट भी मिलती है। यही वह बिंदु है जहां रघुवीर सहाय का यथार्थ चित्रण एक महत्वपूर्ण सर्जनात्मक आयाम से जुड़ जाता है। 'आत्महत्या के विरुद्ध' कविता एक साथ इन प्रवृत्तियों का अन्यतम उदाहरण है। संग्रह की अन्य कविताओं का कथ्य कई बार इस कविता में संपूर्ण

होता हुआ दिखता है। विसंगतियों से भरे परिवेश के यथार्थ की विडंबनाओं के बीच एक उद्वेलन में यह कविता लिखी गई है। इस कविता में यह उद्वेलन इतना गहरा है कि वह दूसरी छोटी कविताओं की तरह स्थितियों के सिर्फ एक प्रसंग की व्यथा को कविता में बांधकर निष्कृत नहीं हो जाता बल्कि एक बड़े पैमाने पर घटित हो रहे विसंगत यथार्थ को अभिव्यक्त करने के लिए रघुवीर सहाय का कवि अलग अलग प्रसंगों का एक लंबा वितान तानता है, जिसमें एक जैसी मनुष्य विरोधी स्थितियां आकार ले रही हैं।

संवेदना के स्तर पर इस आकार का एहसास रघुवीर सहाय की कविता जिस तरह कराती है, वह इस विसंगत यथार्थ को बदलने के प्रयासों से जुड़ने के लिए प्रेरित करती है। इसीलिए यह कविता शोषित व्यक्ति की आंतरिक पीड़ा और घुटन के साथ ही उसके अंदर जीवन की इच्छा की भी कविता है। इस लंबी कविता में घुटन के आत्यंतिक प्रसंगों के बीच 'छुओ मेरे बच्चे का मुंह' तथा 'चिट्ठी लिखते हुए छुटकी ने पूछा' जैसे जीवन से जुड़े हुए रचनात्मक प्रसंग भी हैं जो कविता में तनाव से मुक्ति के लिए रखे गए हैं।

इस कविता में जिन मनुष्यविरोधी स्थितियों के प्रसंग आए हैं उसमें प्रमुखता इस विडंबना को उघाड़ने की है कि आत्महत्या और घुटन की वर्तमान स्थितियां खत्म हों इसके लिए समाज के तात्कालिक नेतृत्व द्वारा उद्घोषणाएं तो की जा रही हैं, लेकिन इन उद्घोषणाओं की छत के ठीक नीचे उन्हीं के द्वारा वे सारे कारण और भी पुख्ता किए जा रहे हैं, जिनसे ये स्थितियां पैदा होती हैं। इसीलिए यह कविता उन छद्म उद्घोषणाओं के पाखंड के विरोध से शुरू होती है :

> समय आ गया है जब तब कहता है संपादकीय
> हर बार दस बरस पहले मैं कह चुका होता हूं कि--
> समय आ गया है

बुर्जुआ लोकतांत्रिक ढांचे के भीतर पूंजीवादी नेतृत्व, विसंगतियों को खत्म करने के लिए समय समय पर समय आ गया है कहकर नकली निर्णयात्मक तत्परता दिखलाता है जबकि यही बात स्वयं कवि अथवा इस कविता का द्रष्टा 'दस बरस पहले'—काफी पहले ही इसे महसूस करके व्यक्त कर चुका होता है। लेकिन तब उसकी किसी ने सुनी नहीं, क्योंकि तब इस भ्रष्ट नेतृत्व को ऐसा कहने से अपना हित सिद्ध होता नहीं दीख रहा था। लेकिन आज जब सिर्फ इस नकली आह्वान से अपना हित सिद्ध होता दीखता है तो 'मौका अच्छा देखकर प्रधानमंत्री', 'पद-मुक्त होते ही न्यायाधीश', 'पिटा हुआ दलपति अखबारों से/सुंदर नौजवानों से कहता है'—'समय आ गया है।' अश्लील विडंबना की यह इंतहा है कि जब न्यायाधीश पद पर था तब न्याय की निष्पक्षता को लेकर उसे कोई चिंता नहीं थी,

न ही उसके पास कोई आह्वान था, लेकिन जब वह पदमुक्त हो रहा है और अपनी उद्घोषणा की दिशा में न्यायाधीश की हैसियत से कुछ भी करने के दायित्व से मुक्त है, तब वह निहायत सुविधाजनक स्थिति में यह नकली 'कॉल' देता है कि··· 'समय आ गया है।' इस शर्मनाक और नकली नाटक के खोखलेपन को कवि पूरी तरह समझता है क्योंकि इस समय की विसंगतियों और यंत्रणाओं का वह स्वयं भोक्ता है। इसीलिए कविता के अंत में वह कहता है :

समय जो गया है
मेरे तलुवे से छन कर पाताल में
वह जानता हूँ मैं
(वही, पृ. 25)

यथार्थ को उसकी संपूर्णता और रचनात्मकता में व्यक्त करने के लिए यह कविता तीन स्तरों पर एक ही साथ चलती है। एक स्तर पूंजीवादी वर्ग के उस नेतृत्व का है जो 'समय आ गया है'—का नकली आह्वान करता हुआ अश्लील नाटक कर रहा है। दूसरा स्तर यंत्रणाएं और आत्महत्या की स्थितियां झेलती हुई आम जनता का है। तीसरा स्तर स्वयं कवि का है जिसकी इन आत्महंता स्थितियों को झेलने में हिस्सेदारी तो है लेकिन जो इन स्थितियों के विरुद्ध खड़ा भी होना चाहता है :

कुछ होगा कुछ होगा अगर मैं बोलूंगा
न टूटे न टूटे तिलस्म सत्ता का मेरे अंदर एक कायर टूटेगा टूट
मेरे मन टूट एक बार सही तरह
अच्छी तरह टूट मत झूठ मूठ ऊब मत रूठ
मत डूब सिर्फ टूट जैसे कि परसों के बाद
वह आया बैठ गया आदतन एक बहस छेड़ कर
गया एकाएक बाहर जोरों से नकली दरवाजा
भेड़ कर
दर्द दर्द मैंने कहा क्या अब नहीं होगा
हर दिन मनुष्य से एक दर्जा नीचे रहने का दर्द
गरजा मुस्टंडा विचारक—समय आ गया है
कि रामलाल का कुचला हुआ पांव जो घसीट कर
चलता है अर्थहीन हो जाए
(वही, पृ. 20-21)

ऊपर की पंक्तियों से स्पष्ट है कि इन मनुष्यविरोधी स्थितियों के विरुद्ध वह

नकली और ऊपरी तौर पर खड़ा नहीं होना चाहता है बल्कि अपने व्यक्तित्व की असंगतियों से भी लड़ते हुए, 'धड़ाम' से नकली दरवाजा भेड़ने वाली अर्थहीन बहसों से अलग, अपने भीतर वह उस बुनियादी दर्द से प्रतिबद्ध होना चाहता है जो हर दिन मनुष्य से एक दर्जा नीचे रहने का दर्द है।

इस सही प्रतिबद्धता के लिए जैसे ही हम कविता में सार्थक पहल देखते हैं वैसे ही शोषक शक्तियों का हित साधक 'मुस्टंडा विचारक' वही छद्म उद्घोषणा करता हुआ प्रकट हो जाता है कि 'समय आ गया है'; ताकि इस नकली गर्जन तर्जन के बीच यातना झेलते 'रामलाल' के कुचले हुए पांव के दर्द का कोई अर्थ न रह जाए। क्योंकि रामलाल के कुचले हुए पांव से घिसटकर चलने का अर्थ और सही कारण अगर स्पष्ट हो जाएगा तो ये मुस्टंडा विचारक, मुसद्दीलाल महंत, न्यायाधीश, प्रधानमंत्री तथा नेतराम आदि जो शोषक पूंजीपति जमींदार वर्ग के हितसंरक्षक हैं, निकाल बाहर किए जाएंगे। अतः इनकी कोशिश है कि जिस वर्ग के ये प्रतिनिधि हैं उसकी सत्ता बनाए रखने के लिए, वास्तविक समस्याओं की समझ तथा उसके निदान की पहल होने ही मत दो। इसलिए छद्म--समस्याएं तथा उसके समाधान के छद्म शोर में वे वास्तविक स्थितियों को ओझल रखना चाहते हैं।

लेकिन रघुवीर सहाय ने अपनी साठोत्तरी दौर की कविताओं में—"रामलाल कुचला हुआ पांव जो घसीटकर चलता है"--का वास्तविक अर्थ बतलाने का निरंतर प्रयास किया है। यह रामलाल अकेला एक व्यक्ति 'रामलाल' नहीं बल्कि वह बेचू बल्द निरहू, ढोड़े, मंगरे, होरे, मैंकू, भोलाराम दास, पांचू, राम गुलाम, रामसरण तथा रामदास के वर्ग का प्रतिनिधि है। यह वर्ग आत्यंतिक यंत्रणा और दमन झेलती हुई, हिंदुस्तान की शोषित जनता का वर्ग है।

रघुवीर सहाय ने अपनी कविता में यथार्थ को उसकी संपूर्णता तथा यथा-तथ्यता में सीधा प्रस्तुत करने के लिए इन व्यक्तिवाचक नामों का प्रयोग किया है। नामों के द्वारा वे शोषक और शोषित दोनों ही वर्गों के चरित्र को सीधा मूर्त्त करते हैं। उनके द्वारा "नामों का इस्तेमाल इस तरह किया गया है कि नाम लेते ही चेहरा सामने आ जाए। जहां नाम नहीं है वहां चेहरे की दूसरी खासियतों के जरिए उसे उकेरा गया है।" (ओमप्रकाश दीपक, कल्पना, जून 1970, पृ. 37) नामों के प्रयोग जिस रचनात्मकता के साथ किए गए हैं, अंततः वे शब्द बन गए हैं जो अपने संदर्भ सहित एक अर्थ व्यक्त करते हैं। इसीलिए स्वयं रघुवीर सहाय कहते हैं कि "वे जो नाम हैं वे लोगों के नाम नहीं हैं। वे शब्द हैं।···वह शब्द व्यक्तियों के एक प्रकार का भी अर्थ देता है, एक व्यक्ति विशेष का भी और साथ में मान्यताओं के एक पूरे संसार का भी।" (लिखने का कारण, पृ. 164-165)

इस तरह जिस 'विशिष्टता' और काव्यात्मकता के साथ रघुवीर सहाय ने

कविता में व्यक्तिवाचक नामों का प्रयोग किया है वह कविता में बिंबों की अनुपस्थिति में भी एक रचनात्मक यथातथ्य 'मूर्तिमत्ता' (नामवार सिंह, कविता के नए प्रतिमान, पृ. 131) संभव करता है। अपने 'नए पत्ते' संग्रह में निराला ने भी गिडवानी, बदलू अहिर, लुच्छु नाई, बली कहार, झीगुर, महगू, लुकुआ के साथ ही रामलाल और रामदास जैसे व्यक्तिवाचक नामों के द्वारा यह 'मूर्तिमत्ता' और तथ्यात्मकता पैदा करने की महत्वपूर्ण कोशिश की है। राजकमल चौधरी भी 'मुक्तिप्रसंग' में मंजू हालदार आदि व्यक्तिवाचक नामों का प्रयोग करते हैं; लेकिन राजकमल द्वारा प्रयुक्त ये नाम वैयक्तिक प्रसंगों तक सीमित रह जाते हैं, किसी वर्ग का व्यापकता में प्रतिनिधित्व नहीं करते। रघुवीर सहाय द्वारा किया गया नामों का प्रयोग एक खास वर्ग को उसकी संपूर्णता में मूर्तिमान करने का सार्थक प्रयास करता है, जो निराला की पहल का अद्यतन विकास है।

रघुवीर सहाय की कविताओं में सम्मूर्तित इस शोषित आम आदमी का यथार्थ साठोत्तरी दौर की कविताओं का मूल कथ्य है। इस शोषित आम आदमी को रघुवीर सहाय ने अपनी कविताओं में यातना के संदर्भों से कभी छूटने की पहल करते, कभी असहाय होते, कभी दहशत और आतंक के बीच मजबूरी में मुस्कराते, कभी यातनामय परिस्थितियों के बीच घिरकर और जीने से इंकार करते हुए दिखलाकर आज के समय के उस भयानक मनुष्य विरोधी यथार्थ का स्वरूप स्पष्ट किया है जिसमें हम सबको जीना पड़ रहा है।

साठोत्तरी दौर में रघुवीर सहाय के दूसरे काव्यसंग्रह 'हंसो हंसो जल्दी हंसो' में यह भयानक मनुष्यविरोधी यथार्थ और भी जटिलता तथा आत्यंतिकता के साथ अभिव्यक्त हुआ है। 'आत्महत्या के विरुद्ध' की अधिकांश कविताओं में बाहरी दुनिया की उपस्थिति ज्यादा है; भीड़ बने हुए मार तमाम लोग विडंबनाओं के शिकार हो रहे हैं। व्यवस्था की विसंगतियों के विरुद्ध कवि का इरादा एक बार जानबूझ कर चीखने का है साथ ही उसे यह विश्वास भी है कि कुछ होगा अगर वह बोलेगा। यथार्थ को समग्रता में प्रस्तुत करते हुए संग्रह की ज्यादातर कविताएं विवरणात्मक शिल्प अख्तियार करती हैं।

'आत्महत्या के विरुद्ध' तक की कविताओं पर लिखते हुए रामस्वरूप चतुर्वेदी को यह चिंता हुई थी कि रघुवीर सहाय की कविताएं "कहीं··· संसद या कि बीस बरस के सामायिक संदर्भों में दूर तक बंध तो नहीं गई है ?" आगे वे स्वयं ही अपने इस प्रश्न पर विचार करते हुए लिखते हैं : "रचनाकार के लिए देश काल में बंधे बिना उसका अतिक्रमण संभव भी नहीं। यह बंधन सहज वर्णन और ब्यौरों के स्तर से परे जितना अनुभूति के सूक्ष्म स्तर पर होगा, अतिक्रमण उतना ही सहज होगा।" (कविता यात्रा···, पृ. 91)

कहने की आवश्यकता नहीं कि 'हंसो हंसो जल्दी हंसो' की कविताओं में

आत्यंतिक अनुभूति की यथार्थ सापेक्ष सर्जनात्मकता इसी 'अतिक्रमण' का परिचायक है। इसीलिए बदलते हुए परिप्रेक्ष्य के साथ पिछली कविताओं से इन कविताओं की प्रक्रिया और स्थापत्य में भी अंतर आया है। 'आत्महत्या के विरुद्ध' संग्रह की अधिकांश कविताओं का अकेलापन आम जनता से सीधा संवाद न हो पाने की स्थिति का अकेलापन है : "लखूखा आदमी दुनिया में रहता है/मेरे उस दर्द से अनजान जो कि हर वक्त/मुझे रहता है हिंदी में दर्द की सैकड़ों/कविताओं के बावजूद/और लाखों आदमियों का दर्द जो मैं जानता हू/उससे अनजान/लखूखा आदमी दुनिया में रहे जाता है।" (आत्महत्या के विरुद्ध, पृ. 31)

वैसे इसमें उस व्यक्ति का भी अकेलापन है जो इस व्यवस्था की विसंगतियों के विरुद्ध खड़ा तो होता है लेकिन सामाजिक सहयोग के अभाव में थोड़ी देर के लिए अकेला पड़ जाता है। लेकिन 'हंसो हंसो जल्दी हंसो' संग्रह का अकेलापन आहिस्ता आहिस्ता फासिस्ट प्रवृत्तियां अख्तियार करते हुए बुर्जुआ लोकतंत्र के भीतर आतंक और दहशत के बल पर टिकी हुई व्यवस्था में एक स्वाधीन मनुष्य के रूप में जीने की स्थितियों के खत्म होते चले जाने का अकेलापन है। इन कविताओं की पृष्ठभूमि में यह अकेलापन इतना महत्वपूर्ण है कि कवि ने 'हंसो हंसो जल्दी हंसो' संग्रह का समर्पण ही इस 'अकेलेपन' को किया है :

अपने उस अकेलेपन को
जो भय और साहस के बीच
कभी कभी
वहां मिला करता है जहां
कोई जीवित मित्र आ नहीं पाता
सिर्फ उनकी याद आ सकती है
जो ठीक उसी जगह मारे गए थे

इस अकेलेपन की पृष्ठभूमि में जो दहशत और आतंक है, 'हंसो हंसो जल्दी हंसो' संग्रह में वह दहशत और आतंक बार बार व्यक्त हुआ है :

हत्यारे पालम से आकर उतरे हैं
पालम पर
बच्चे उनसे काफी दूर बैठे हैं
पालम पर
(हंसो हंसो जल्दी हंसो, पृ. 70)

या

एक दिन
मेरे अपने जीवन में ही खत्म होने वाला

है यह खेल
इस घर की दीवार पर मेरी तसवीर होगी
बच्चे आएंगे पर मेरी कल्पना में नहीं—
अपने समय से आएंगे
और उनकी बोली में उनका तर्क नहीं होगा
जिसको आज सुनता हूं
(वहीं, पृ. 2)

आतंकित कर देनेवाली इन भयावह स्थितियों के बीच रघुवीर सहाय नकारात्मक नैराश्य के शिकार नहीं होते। वे इन स्थितियों को खत्म करने के लिए समान धर्मियों की तलाश करते हैं, 'आने वाला खतरा' शीर्षक अपनी कविता में वे दहशत और आतंक के इस माहौल में इसका वास्तविक विरोध करनेवाले समानधर्मा की खोज के लिए व्यग्र हैं :

इस लज्जित और पराजित युग में
कहीं से ले आओ वह दिमाग
जो खुशामद आदतन नहीं करता

कहीं से ले आओ निर्धनता
जो अपने बदले में कुछ नहीं मांगती
और उसे एक बार आंख से आंख मिलानें दो
जल्दी कर डालो कि फलने फूलने वाले हैं लोग
औरतें पिएंगी आदमी खाएंगे—रमेश
एक दिन इसी तरह आएगा—रमेश
कि किसी की कोई राय न रह जाएगी—रमेश
क्रोध होगा पर विरोध न होगा
अर्जियों के सिवाय—रमेश
खतरा होगा खतरे की घंटी होगी
और उसे बादशाह बजाएगा—रमेश
(हंसो हंसो जल्दी हंसो, पृ. 10)

आपातकाल लागू किए जाने से ठीक पूर्व आनेवाले खतरे के जिस दौर को रघुवीर सहाय महसूस करते हैं, वह दौर अब भारतीय जनता के अनुभव का अविस्मरणीय प्रसंग बन चुका है। इस कविता में रघुवीर सहाय आतंक भरे समाज तथा उसमें उनके दमन के जो तरीके हैं, उसका चित्र प्रस्तुत करते हैं जो शीघ्र ही पूरी तरह अपना अस्तित्व ग्रहण कर लेने वाला है। शोषण के द्वारा निरंतर और भी अधिक

वैभव संग्रह करनेवाला शोषक सत्ताधारी वर्ग अपने को बनाए रखने के लिए भारतीय जनता के सारे अधिकार छीन लेनेवाला है। एक ओर तो यह वर्ग भोग की संस्कृति में पहले से अधिक लिप्त हो जानेवाला है जबकि दूसरी ओर भारतीय जनता को खुद से जुड़ी हुई किसी भी चीज के बारे में निवेदन के अतिरिक्त कुछ भी कहने का अधिकार नहीं रह जानेवाला है।

इन भयावह स्थितियों के बीच भी विडंबना तो यह है कि सत्ताधारी वर्ग के जिन लोगों ने लोकतंत्र के लिए यह खतरा पैदा किया होगा वही संकट को प्रकट करनेवाले संचार तथा अन्य माध्यमों द्वारा यह दुहराते हुए थकेंगे नहीं कि लोकतंत्र तथा देश पर खतरा उत्पन्न हो गया है। आपातकाल के दौरान क्या यही नाटक घटित नहीं हुआ था? गहराते आर्थिक संकट के कारण उत्पन्न हुए बिहार के स्वतःस्फूर्त आंदोलन ने यह स्थिति उत्पन्न कर दी कि पूंजीपति वर्ग को मुनाफे की अर्थव्यवस्था में व्यवधान उपस्थित होने लगा।

यही कारण था कि इस वर्ग की सरकार ने इस पर तत्काल काबू पाने के उद्देश्य से जनता के अधिकारों को तुरंत छीन कर आपातकाल लागू कर दिया, ताकि विरोध के अपने मौलिक अधिकार का उपयोग करते हुए भारतीय जनता पूंजीपति वर्ग की सत्ता और उनकी गैरबराबरी की व्यवस्था को बदलने की दिशा में और आगे न बढ़ सके। आपातकाल के दौरान अपने मौलिक अधिकारों से वंचित जनता न तो विरोध में वक्तव्य दे सकती थी, न सभा कर सकती थी। अखबारों पर सेंसर लागू कर दिया गया था। दूसरी न्यूज एजेंसियों को समाप्त करके सरकारी न्यूज एजेंसी 'समाचार' कायम की गई ताकि सीधा नियंत्रण रहे। तथाकथित आंतरिक सुरक्षा के नाम पर देश के दो लाख से अधिक लोग जेल में बंद कर दिए गए। उन्हें न्यायालय में जाने का अधिकार नहीं था और यह भी जानने का अधिकार नहीं कि उन्हें क्यों गिरफ्तार किया गया है। संबंधियों को भी यह खबर नहीं थी कि वे कहां हैं? प्रधानमंत्री का चुनाव, चाहे उसमें कितना भी खुलकर भ्रष्टाचार क्यों न हुआ हो, अदालत में उसे चुनौती नहीं दी जा सकती थी। क्योंकि सिद्ध यह किया जा रहा था कि यह पद लोकतांत्रित प्रक्रिया से ऊपर है। जनता के प्रतिनिधि वे संसद सदस्य जिन्होंने इसका विरोध किया जेल में बंद कर दिए गए।

सत्ताधारी वर्ग ने स्पष्ट रूप से कहा कि आज भारतीय लोकतंत्र में प्रतिपक्ष अप्रासंगिक हो गया है। संसद की बहस प्रकाशित करने पर रोक लग गई। सैकड़ों लोगों को पुलिस ने मार डाला। पूरा देश जैसे इंदिरा गांधी की हिरासत में बंद कर दिया गया हो। इन भयद स्थितियों के बीच दूसरों के बोलने पर तो पाबंदी थी लेकिन इंदिरा गांधी उन दिनों रोज ही यह उद्घोष कर रही थीं कि लोकतंत्र पर खतरा है, वे लोकतंत्र की रक्षा करना चाहती हैं। रघुवीर सहाय ने इस

कविता के अंत में इन्हीं स्थितियों की तो पूर्व कल्पना की थी—खतरा होगा खतरे की घंटी होगी/और उसे बादशाह बजाएगा—रमेश।

लेकिन इन आतंककारी स्थितियों के बीच रघुवीर सहाय किसी निराशा में नहीं फंसते वे तो इस लज्जित और पराजित दौर में किसी भी कीमत पर अपने को बेचने के लिए तैयार खुशामदी और चाटुकार लोगों से अलग स्वाधीन और निर्भय व्यक्ति की तलाश करते हैं। साथ ही ऐसे अभावग्रस्त लोगों की खोज भी उन्हें है जो इस मानसिकता को पीछे छोड़ आए हों कि वे निर्धन हैं तो उन पर दया की जानी चाहिए। रघुवीर सहाय तो उन निर्धनों की तलाश कर रहे हैं जो इतने वर्गसचेत हों कि अपनी स्थितियों के वास्तविक कारण को पहचानते हुए मुक्ति के लिए अपना साहस प्रकट कर सकते हों।

यह खोज रघुवीर सहाय की कविता को एक नया रचनात्मक स्तर प्रदान करती है, और यह कविता सिर्फ निराशा और दहशत की कविता नहीं रह जाती जैसा कि कुछ आलोचक बताते हैं। दरअसल अपनी कुछ बुनियादी प्रतिबद्धताओं और समाज व्यवस्था की वैज्ञानिक समझ के कारण रघुवीर सहाय दहशत और आतंक के बीच भी रचना में वृथा भावुकता या किसी आत्मघाती पलायन के शिकार नहीं होते। ऐसी कविताओं के बारे में यह कथन प्रासंगिक है कि "हम सब को, जो शक्ति और सत्ता से निरंतर नियंत्रित और आतंकित हैं और अकसर अपनी अकर्मण्यता और साहस के अभाव को एक सुरक्षित बेचारगी में बदल देते हैं, यह कविता सर्वग्रासी शक्तियों के बरबस अपनी बुनियादी मानवीयता बनाए रखने का आश्वासन देती है। इसीलिए 'हंसो हंसो जल्दी हंसो' संग्रह "दहशत का दस्तावेज होने के साथ ही उम्मीद की भी किताब है।" (अशोक वाजपेयी, पूर्वग्रह, नवंबर-दिसंबर 1976)

अतः इस दहशत और आतंक के बीच उत्पन्न अकेलापन रघुवीर सहाय को एक पलायन के साथ आत्महंता अनुषगों में मुक्ति खोजने के लिए नहीं भटकता बल्कि 'एक व्यापक मानवीय करुणा' से जोड़ता है। ओमप्रकाश दीपक लिखते हैं :

> ऐसे भी लेखक और कवि रहे हैं जिन्होंने अपने अकेलेपन को एक व्यापक मानवीय करुणा और ममता में बदला है। अकेलेपन का यह उदात्तीकरण उसे और भी गहन करता है। ऐसे लोगों ने इस दुनिया को स्वीकार किया है और खुद भी उसके लिए जवाबदेह बनना चाहा है। वे अकसर अच्छे लोगों के साथ मिलकर अपनी जवाबदेही को पूरा करने के लिए लड़े भी हैं—यह अलग बात है कि अब तक दुनिया हर बार नृशंस अत्याचारियों को सौंप दी गई है।

रघुवीर सहाय की मानवीय करुणा की प्रक्रिया और उसका स्वरूप इससे मिलता

जुलता है। उनकी कविताओं में यह मानवीय करुणा स्त्रियों और बच्चों की यातनामय जिंदगी की अभिव्यक्ति द्वारा सर्वाधिक व्यक्त हुई है। मानवीय करुणा के संदर्भ में अपनी कविताओं में स्त्रियों और बच्चों के प्राधान्य के बारे में रघुवीर सहाय का कहना है कि "इन कविताओं में औरतें और बच्चे ज्यादा इसलिए आते हैं कि ये मेरे सबसे नजदीक हैं। और इसलिए भी हो सकता है कि जिस तरह के मानसिक आध्यात्मिक जुल्म का दर्द मैं देखता हूं वह सबसे ज्यादा औरतों और बच्चों पर ही होता है: कम से कम उनके जीवन में प्रकट दिखाई देता है।" (लिखने का कारण, पृ. 164)

बाद के दिनों में यथार्थ के संदर्भ में रघुवीर सहाय की कोशिश सिर्फ इतनी नहीं रही है कि उसे अभिव्यक्त भर कर दिया जाए बल्कि ज्यादा कोशिश इस बात की रही है कि संवेदना के स्तर पर उस यथार्थ को तीव्रता से महसूस भी कराया जा सके। स्पष्टतः इस व्यवस्था में स्त्रियां और बच्चे जिस आत्यंतिक शोषण, पाशविकता और परवशता के शिकार हैं, वह स्थिति मानवीय संवेदना को सर्वाधिक उद्वेलित करती है क्योंकि परिवार सभ्यता के अंतर्गत औरतें और बच्चे मानवीय संवेदना के सबसे निकट के अनुषंग हैं।

इस अर्धसामंती अर्धपूंजीवादी समाज में शोषण का सर्वाधिक आखेट स्त्रियों को अपनी कविता में लाते हुए मुक्तिबोध की तरह ही रघुवीर सहाय आत्मदया अथवा वृथा भावुकता में नहीं फंसते बल्कि जिन सामाजिक स्थितियों के बीच यह अत्याचार घटित हो रहा है उन स्थितियों को समझने और बदलने की ओर प्रेरित करते हैं:

> कई कोठरियां थीं कतार में
> उनमें से किसी में एक औरत ले जाई गई
> थोड़ी देर बाद उसका रोना सुनाई दिया
> उसी रोने से हमें जाननी थी एक पूरी कथा
> उसके बचपन से जवानी तक की कथा
> (हंसो हंसो जल्दी हंसो, पृ. 12)

इसी तरह मुक्तिबोध की कविता 'एक भूतपूर्व विद्रोही का आत्मकथन' में भी स्त्री पर अत्याचार और शोषण का एक इससे मिलता जुलता प्रसंग आता है:

> खूबसूरत कमरों में कई बार/हमारी आंखों के सामने/हमारे विद्रोह के बावजूद/बलात्कार किये गए नक्शीदार कक्षों में/भोले निर्व्याज नयन हिरनी से मासूम चाह रे/निर्दोष तन बदन/दैत्यों की बाहों के शिकंजों में/इतने अधिक/इतने अधिक जकड़े गए/कि जकड़े ही जाने के/सिकुड़ते हुए घेरे में

वे तन मन/दबते पिघलते हुए एक भाफ बन जाए : (चांद का मुंह टेढ़ा है, पृ. 62)

हंसो हंसो जल्दी हंसो संग्रह की कविताओं में पुरुषप्रधान अर्धसामंती और अर्ध-पूंजीवादी समाज के अंतर्गत स्त्रियों का अकेलापन (अकेली औरत, पृ. 40) उनकी नगण्यता (किले में औरत, पृ. 22), उनके एकांत भय (उन्होंने कहा यह एक चाल है, पृ. 50; 'भय', पृ. 13) को भी मूर्त करने की पहल की गई है।

बच्चों पर लिखी गई कविताओं में रघुवीर सहाय के कवि की ज्यादातर चिंता बच्चों के यातनामय वर्तमान के साथ ही उनके डरावने भविष्य को लेकर भी है। डरावने भविष्य की यह आशंका व्यवस्था के वर्तमान आतंक से पैदा हुई है। 'बड़ी हो रही लड़की' कविता में रघुवीर सहाय लिखते हैं—"वह बड़ी होगी/डरी और दुबली रहेगी/और मैं न होऊंगा/वे किताबें वे उम्मीदें न होंगी/जो उनके बचपन में थीं/कविता न होगी साहस न होगा/एक और ही युग होगा जिसमें ताकत ही ताकत होगी/और चीख न होगी।" (हंसो हंसो जल्दी हंसो, पृ.23) यह भयद आशंका हमें 'आत्महत्या के विरुद्ध' की कविताओं में भी मिल जाती है :

दोहराने दो मुझको अपनी बच्ची पर बाप का दुलार
वह जो अगली शताब्दी में विचित्र कोई मौत पाने को है"
(आत्महत्या के विरुद्ध, पृ. 43)

लेकिन 'हंसो हंसो जल्दी हंसो' की कविताओं में यह भयद आशंका यथार्थ के और भी जटिल होने के कारण निकट का सत्य बन जाती है :

मैंने देखा भेरे एक बड़ा लड़का था
परदेश में था वह
जिस दिन उसे आना था नहीं आया
फिर सहसा जाना कि वह कभी था ही नहीं।
(हंसो हंसो जल्दी हंसो, पृ. 46)

इसके अलावा वर्तमान व्यवस्था में गरीबी में पलते हुए बच्चों की असुरक्षित जिंदगी (आमार सोनार दिल्ली, पृ. 62), व्यवस्था द्वारा उनके इस्तेमाल (फूल-माला हाथों में, पृ. 70), उनकी निराशाजन्य ऊब (दर्द, पृ. 45), तथा एक बार फिर उनके डरावने भविष्य (जीने का खेल, पृ. 2) से इस संग्रह की कविताओं में साक्षात्कार किया जा सकता है जो एक व्यापक मानवीय करुणा का संसार रचते हैं।

स्त्रियों और बच्चों की शोषित जिंदगी की विडंबनाओं को लेकर लिखी गई ये कविताएं इसलिए महत्वपूर्ण हैं कि ये हमें जिस व्यापक मानवीय करुणा के

संसार में ले जाती हैं वह संसार कवि के, आत्मदया के विरुद्ध होने के कारण भावुकतावाद के दायरे में नहीं फंसता, बल्कि मानवीय करुणा की रचनात्मकता को नए आयाम प्रदान करता है। रघुवीर सहाय का कहना है :

> मैं खुद जानना चाहूंगा कि क्या इन कविताओं को पढ़कर पाठक एक तरह की पीड़ा के विलास में डूब जाते हैं, जिसमें आत्मपीड़न का या परपीड़न का सुख मिलने लगता है यानी यह होता है कि उनमें जो भी चरित्र हैं (वे) उनकी खोज करना चाहते हैं, उनके पास जाना चाहते हैं, उनको छूना समझना देखना चाहते हैं, क्योंकि उनके लिए ये वास्तविक हो जाते हैं। (लिखने का कारण, पृ. 161)

कहने की आवश्यकता नहीं कि अपनी रचना में रघुवीर सहाय जिस प्रतिसंसार का निर्माण करते हैं, उसका उद्देश्य अंततः वास्तविक की पहचान को और भी गहरा करना है। यही कारण है कि ये मानवीय करुणा से संपृक्त कविताएं भावुकतावाद की गिरफ्त में नहीं आतीं।

इन कविताओं से थोड़ा हटकर कुछ भिन्न मिजाज की कविताएं भी इस संग्रह में हैं। व्यंग्य तो अलग अलग कविताओं में है ही; व्यंग्य मिश्रित हास्य की भी कुछ कविताएं इस संग्रह में मिल जाती हैं जैसे तनाव भरे प्रदूषित वातावरण में आप एक सुगंधित फूल उठाकर सूंघ लें। हालांकि इन कविताओं का आग्रह भी यथार्थ की समग्र अभिव्यक्ति ही है :

> चंद्रकांत बावन में प्रेम में डूबा था
> सत्तावन में चुनाव उसको अजूबा था
> बासठ में चिंतित उपदेश से ऊबा था
> सरसठ में लोहिया था और···और क्यूबा था
> फिर जब बहत्तर में वोट पड़ा तो यह मुल्क नहीं था
> हर जगह एक सूबेदार था, हर जगह सूबा था
> अब बचा महबूबा पर महबूबा था कैसे लिखूं
> (हंसो हंसो जल्दी हंसो, पृ. 56)

इसके अलावा 'लुभाना' कविता में भी एक हद तक यही व्यंग्य मिश्रित हास्य है :

> खड़ी किसी को लुभा रही थी
> चालिस के ऊपर की औरत
> घड़ी घड़ी खिलखिला रही थी
> चालिस के ऊपर की औरत

खड़ी अगर होती वह थककर
चालिस के ऊपर की औरत
तो वह मुझको सुंदर लगती
चालिस के ऊपर की औरत
ऐसे दया जगाती थी वह
चालिस के ऊपर की औरत
वैसे काम जगाती शायद
चालिस के ऊपर की औरत
(हंसो हंसो जल्दी हंसो, पृ. 42)

लेकिन यह हास्य भी महज हास्य नहीं है क्योंकि स्त्री की सुंदरता के लिए अपेक्षित जिस थकान की चर्चा कवि करता है, वह कवि की उस दृष्टि का परिचायक है, जो सौंदर्य को निरपेक्ष नहीं मानता बल्कि उसे कर्म के बीच पाने की मांग करता है।

इसी तरह इस संग्रह में कुछ ऐसी भी कविताएं हैं जिनमें सर्वथा नई टेकनीक में कविता संभव करने की कोशिश की गई है। 'तैरते होटल में मस्ती के आठ दिन' (पृ. 59), अगर विज्ञापन शैली में एक सशक्त कविता है तो 'राष्ट्रीय प्रतिज्ञा' (पृ. 57) तथा बाराबंकी (पृ. 38) आदि कविताओं में खोखली घोषणाओं और नारों की भाषा को सर्जनात्मक बनाते हुए कविता संभव की गई है :

> हमने बहुत किया है/हम ही कर सकते हैं/हमने बहुत किया है/पर अभी और करना है/हमने बहुत किया है/पर उतना नहीं हुआ है/हमने बहुत किया है/जितना होगा कम होगा/हमने बहुत किया है/जनता ने नहीं किया है/हमने बहुत किया है/हम फिर से बहुत करेंगे/हमने बहुत किया है/पर अब हम नहीं कहेंगे/कि अब हम क्या और करेंगे/और हमसे लोग अगर कहेंगे कुछ करने को/तो वह तो हम कभी नहीं करेंगे। (वही, पृ. 57)

इसी संग्रह के अंतर्गत सर्वथा भिन्न टेकनीक लिए हुए स्वप्न प्रक्रिया की शैली में भी कुछ कविताएं हैं (काबुल स्वप्न, पृ. 20, गुलाम स्वप्न, पृ. 72), जिसमें उसी दहशत और आतंक के संसार में दमन झेलते आम आदमी की जिंदगी का यातनामय यथार्थ चित्रित है। स्वप्न के भीतर अकसर घटनाओं में कोई तारतम्य नहीं होता और न ही समय की कोई सीमा। स्थितियों के बीच कई ऐसी स्थितियां उत्पन्न हो जाती हैं, जिसमें तत्काल रिश्ते का कोई तर्क नहीं दिखता।

रघुवीर सहाय जब अपनी कविता में इस शिल्प का उपयोग करते हैं तो कविता के भीतर घटनाओं में भले ही ऊपर से कोई तारतम्य और तर्क दिखाई न

पड़े, लेकिन संवेदना के स्तर पर पूरी कविता में एक निश्चित तर्क मौजूद रहता है। बाहर से कविता के स्थापत्य में स्वप्न शैली की विश्रृंखलता, संवेदना के स्तर पर अन्विति को और भी केंद्रित और सघन करती है तथा उसे बिखराव से बचाती है। घटनाबहुल कविताओं में तार्किक ब्यौरे अकसर विवरणात्मकता की ओर ले जाते हैं। 'काबुल स्वप्न', 'गुलाम स्वप्न' आदि कविताओं में रघुवीर सहाय जब ऊपरी तौर पर निश्चित तर्क और तारतम्य से परे एक से दूसरी घटना पर छलांग लगाते हैं तो स्वप्न शैली के बावजूद कविता अमूर्तन का शिकार नहीं होती।

दरअसल एक खास तरह की संवेदना इसी शैली में मूर्त होती है, जो शायद कविता की परंपरित शैलियों द्वारा संभव नहीं थी। लेकिन इन कविताओं में घटनाओं के बीच तर्कों की अनुपस्थिति अतियथार्थवादियों की तरह नहीं है। ध्यान से देखें तो सर्जन की यह प्रक्रिया उद्देश्यगत भिन्नता के कारण रघुवीर सहाय को सहज ही अतियथार्थवादियों के विरुद्ध खड़ा कर देती है। अतियथार्थवादियों का कहना है :

> हमारी असली वास्तविकता वह है, जिसकी ओर हमारे स्वप्न संकेत करते हैं। हम असल में क्या हैं, इसकी जैसी व्याख्या हमारे स्वप्न करते हैं, वैसी व्याख्या तर्क और ज्ञान से संभव नहीं है। अतएव स्वप्न का चित्रण ही हमारे आंतरिक जीवन, हमारी असली वास्तविकता का सही चित्रण है।

ये स्वप्न अतियथार्थवादियों की रचनाओं में ज्यादातर दमित काम तथा छिपे हुए अवचेतन के प्रकटीकरण के उपकरण बनते हैं। अवचेतन से नियंत्रत होकर अतियथार्थवादी नियतिवाद की शरण में चले जाते हैं, जो उनकी रचनाओं को अंततः प्रतिगामिता से जोड़ देता है। रघुवीर सहाय की इन रचनाओं में स्वप्न तो है लेकिन एक कविता में अगर वह अनिश्चय की यातना से घिरे जीवन की विवशता को सामने लाती है (काबुल स्वप्न) तो दूसरी कविता (गुलाम स्वप्न) एक गुलाम का स्वप्न है जो पराधीनता की बेड़ियों से जकड़ा हुआ उन अपराधों के लिए अपने बच्चों के साथ सजा काट रहा है, जो अपराध उसने किए ही नहीं। विचित्र अनिश्चय और दहशत तथा आतंक से भरा हुआ एक गुलाम का स्वप्न संसार इस कविता में चित्रित हुआ है :

मुझे याद नहीं मेरा क्या हुआ
दोनों लड़कियों को जनम कैद मिली
कई बरस बीत गए
बड़ी उसी खंडहर में बैठी थी
वह तब से और बड़ी नहीं हुई थी

पर उसके चेहरे पर उम्र दिख रही थी
छोटी कहां है,
जब मैंने पूछा
तो जाने किसने बताया कि वह अब नहीं है
वह भागी होगी
खिलखिलाती हुई
फिर अंत कहां कैसे हुआ होगा नहीं पता
(हंसो हंसो जल्दी हंसो, पृ. 73)

गुलाम ने हत्या नहीं की है लेकिन इसे हर तरह से सिद्ध करने की कोशिश की जा रही है, और तत्काल कोई निर्णय भी नहीं हो पा रहा है। निर्णय कैसे हो क्योंकि जिस आदमी की हत्या का आरोप इस गुलाम पर है और जिसे उसने अपने कमरे में मरते हुए देखा था वह तो गोलमेज पर उसके ही समक्ष निर्णायकों में बैठा है :

मैंने कहा इतने बरस बाद भी
सत्य यही है
मैंने हत्या नहीं की
वे ऊपर वाले कमरे में चले गए
और वहां बड़ी गोल मेज पर बैठा हुआ
उनके बीच वह भी था जिसको मैंने अपने
कमरे में मरते हुए देखा था।
(वही, पृ. 73)

घटनाक्रम में असंबद्धता तथा तर्क का अभाव तो है लेकिन स्वप्न शैली के बीच की इस पूरी कविता में दहशत, आतंक तथा यातना झेलते हुए आज के मनुष्य की संवेदना का तर्क यहां से वहां तक मौजूद है। इन स्वप्न स्थितियों के बीच भी रघुवीर सहाय सामाजिक यथार्थ के बाहर नहीं हैं, बल्कि वे और भी उसके करीब हैं।

लेकिन स्वप्न स्थितियों के बीच की यातना को रघुवीर सहाय झेलने वाले की नियत नहीं मानते बल्कि उसी दुनिया में इन अत्याचारों से ऊपर उठकर रचना करने की इच्छा रखनेवाली नई पीढ़ी के सर्जकों का भी पता देते हैं। स्वप्न की दुनिया में उन्हें सिर्फ विनाश ही विनाश दिखाई नहीं देता बल्कि वहां उन्हें क्यारियां और हरे अंखुए भी दिखाई दे जाते हैं, जो उनके द्वारा इस विनाश के विरुद्ध कार्रवाई का परिचायक है। 'चेहरा' कविता में स्वप्न प्रसंग इस तरह आता है :

खेत में सजी हुई क्यारियां थीं
उनमें पानी भरा था
मैंने हाथ से उन्हें पटीला
अंखुए झांकते दिखाई दिए
सपना था यह
धीरे से बदल गया···
···जो शरीर सूखे मरे पाए गए
उनमें जाने कितने कलाकारों के थे
उनकी कोई रचना छपी नहीं थी बल्कि
उनकी कोई रचना हुई नहीं थी क्योंकि
अभी उन्हें करनी थी
दो हजार वर्ष के अत्याचार के नीचे से उठकर
उन्हें एक दिन करनी थी रचना
इसके पहले ही वे मारे गए
इस वर्ष पिछले वर्ष की तरह
(वही, पृ. 65-66)

साठोत्तरी दौर की अपनी इन कविताओं में रघुवीर सहाय ने समकालीन सामाजिक यथार्थ के समानांतर एक रचनात्मक प्रतिसंसार का सर्जन किया है, जिससे उन्हें समकालीन सामाजिक यथार्थ को और ज्यादा गहराई से समझाने तथा संवेदना के स्तर पर महसूस कराने में सर्वाधिक सफलता मिली है। एक और विशेषता जो इन कविताओं में हम देखते हैं वह यह कि इन कविताओं में आत्मालोचन के स्वर में कवि ने अपने व्यक्तिगत जीवन के विरोधाभासों को भी अभिव्यक्त किया है :

> मुझे कुछ और करना था/पर मैं कुछ और कर रहा हूं/मुझे कुछ और करना था इस अधूरे संसार में मुझे/कुछ पूरा करना था मकान मालिक के बायदे के अलावा कुछ/और मुझे/करना था इस ठसाठस भरे कमरे में हाथ में तश्तरी लिए/खड़े खड़े खाते रहने के अतिरिक्त—रिक्त तश्तरी के अतिरिक्त—तोड़ना था मुझे/बहुत कुछ इसी वर्ष/पर मैं बना रहा हूं शीशे सामने हजामत। (वही, पृ. 29)

इसके साथ ही उसने आम जनता के जीवन की असंगतियों और अंतर्विरोधों को भी सूक्ष्मता से उद्घाटित किया है, जिसे 'रामदास' कविता में आसानी से रेखांकित किया जा सकता है।

जिन साधारण लोगों की दर्दनाक स्थितियों को रघुवीर सहाय ने अपनी कविताओं में अभिव्यक्त किया है, वे लोग शोषण के आतंक के बीच असंगठित हैं : इसलिए सामाजिक असहायता के भी शिकार हैं। 'सड़क पर रपट' कविता में शोषक समाज की ज्यादती के निरंतर बढ़ते चले जाने तथा शोषित मनुष्य की यंत्रणा के और भी आत्यंतिक और जटिल होते चले जाने की भयद स्थितियां बयान की गई हैं :

इस वर्ष मैंने देखा बल्कि एक दिन देखा
एक दिन अस्पताल एक दिन स्कूल के सामने
खड़ा हुआ एक लंगड़ा बूढ़ा एक दिन नन्हा लड़का पार
जाने को एक एक घंटे इंतजार में
कि कोई कार वाला गाड़ी धीमी करे
....
....
इस वर्ष मैंने और अधिक मोटर मालिक देखे नियम
तोड़ कर
बाएं हाथ से अगली गाड़ी से अगिया जाते हुए
उन लड़कों का जिक्र यहां नहीं किया गया
जो इन्हें देख कर खून का घूंट पी कर रह जाते हैं
क्योंकि उनमें से कोई दुर्घटना में शामिल नहीं हुआ।
(वही, पृ. 31-32)

यथातथ्यता के आग्रह के साथ जिस भाषा में रघुवीर सहाय ने ये कविताएं लिखी हैं, वह प्रतीक अथवा बिंब के बगैर अनुभव और भाषा को एकतान करती हुई, विषयवस्तु को जिस आत्यंतिकता के साथ संवेद्य बनाती हैं उससे भाषा की सर्जनात्मकता के नए आयाम उद्घाटित होते हैं। रघुवीर सहाय के शिल्प की यह सबसे महत्वपूर्ण खासियत है। अशोक वाजपेयी के अनुसार साठोत्तरी दौर में रघुवीर सहाय की "कविता का मुहावरा बिना किसी अलंकरण या लागलपेट के बखान का है और उसके सीधे सादेपन से स्थिति की क्रूरता और सहने का एक अटूट बिरादरीपन दोनों ही प्रकट होते हैं...बिना विशेषणों या बिंबों की सहायता से 'अनुभव के ऐंद्रिक ग्रहण' को भाषा में चरितार्थ कर पाना सीधे सादे बयान द्वारा कठिन काम है। रघुवीर सहाय की कविता हिंदी में अंतर्निहित इस शक्ति का एक बार फिर अहसास कराती है और हमारे समय में कविता की संभावना को आगे बढ़ाती है। शब्द बहुलता, अतिरेक और दुरूहताओं का अतिक्रमण कर वह एक ऐसा शिल्प और मुहावरा अर्जित करती है जो मनुष्य की हालत के बारे में अत्यंत

सघन और मार्मिक बखान करने में समर्थ है। (पूर्वग्रह, नवंबर-दिसंबर 1976, पृ. 11)

विशेषणों और बिंबों के बगैर आवरणहीन और पारदर्शी भाषा में रघुवीर सहाय किस तरह अनुभव के ऐंद्रिक ग्रहण को अपनी रचना में सर्जनात्मक बनाते हैं, इस संदर्भ में उनके शिल्प का अध्ययन काफी दिलचस्प और उपयोगी हो सकता है। रघुवीर सहाय जैसा यथार्थवादी रचनाकार जब रचना में शिल्प को सर्वोपरि मानते हुए यह कहता है कि "अगर शिल्प मेरे भीतर कहीं आग्रह नहीं करता है तो मुझे लिखने की कोई जरूरत नहीं," (लिखने का कारण, पृ. 99) तो यहां वह शिल्प को परंपरित अर्थों में नहीं ले रहा होता है बल्कि उसके लिए शिल्प उसकी विचारधारा से संबद्ध उसकी कविता की रचना प्रक्रिया का हिस्सा होता है :

> मेरे पास एक तरह की एक और—एक अतिरिक्त चेतना है, एक अतिरिक्त व्यथा है, जिससे कि मैं हर चीज को उलटपुलट कर, नए ढंग से सजाकर, नए ढंग से दुरुस्त करके और नया बना देने की इच्छा रखता हूं।...वही तो शिल्प है। (वही)

तात्पर्य यह कि कविता लिखते हुए जिन विभिन्न तथ्यों और अनुभव खंडों का उपयोग रचनाकार करता है उन तथ्यों और अनुभव खंडों को उस कविता में वह किस तरह नियोजित करे कि वे तथ्य और अनुभव खंड संवेदना के स्तर पर सर्जनात्मक हो जाएं; यह नियोजन ही शिल्प है।

कविता रचते हुए जब रचनाकार विभिन्न तथ्यों और अनुभव खंडों को नई तरह से 'सपुंजित' करते हुए 'एक नई अन्विति' देने के लिए प्रयत्नशील होता है तो उसके लिए उन तथ्यों और अनुभव खंडों का गतानुगतक्रम अवध्य नहीं है, वह उसको उलटपुलट सकता है बल्कि तथ्यों के परस्पर संबंध को जानबूझ कर तोड़कर ही साहित्यकार उन्हें नए सिरे से क्रमबद्ध करता है, और इस प्रकार से नए संपूर्ण सत्य की सृष्टि करता है, जो एक नया यथार्थ है—एक संभव यथार्थ है। (वही, पृ. 131) शिल्प के द्वारा अस्तित्व में आया हुआ रचना का यह संभव यथार्थ बाहरी दुनिया के यथार्थ की समझ को जितना ही अधिक पुख्ता करता है तथा उस यथार्थ की विसंगतियों को खत्म करने के संदर्भ में जितना अधिक सार्थक होता है वह रचना उतनी ही महान होती है।

शिल्प इस स्वरूप मे विचारधारा से अपने संबंध के नए स्तर उद्घाटित करता है क्योंकि रचनाकार जब विभिन्न तथ्यों और अनुभव खंडों को रचना में कुछ फेरबदल के साथ नए ढंग से क्रमबद्ध कर रहा होता है तो 'एक नई अन्विति' के लिए किया गया यह नया नियोजन अंततः उसकी विचारधारा से निर्धारित होता है। इस तरह रचनाकार द्वारा किया गया 'संभव यथार्थ' के सृजन में उसके

विचारधारा की सबसे बड़ी भूमिका होती है। रचनाकार की विचारधारा सामाजिक यथार्थ को विकास और परिवर्तन से जोड़कर अगर देखती है तो स्वभावत: यह धारणा उसके शिल्प को प्रभावित करेगी और अपनी रचना में 'नियोजन' के दौरान यह दृष्टि उससे रचना में ऐसे संभव यथार्थ का निर्माण कराएगी जो बाहरी यथार्थ के नए अर्थ उद्घाटित करेगा।

अपनी रचना में रघुवीर सहाय द्वारा सृजित 'संभव यथार्थ' बाहरी यथार्थ के नए अर्थ उद्घाटित करता है। विश्लेषण से पता चलता है कि रघुवीर सहाय की रचना के इस 'संभव यथार्थ' को रचनात्मक बनाने में उनकी रचना की भाषा काफी महत्वपूर्ण भूमिका निभाती है। जिन अनुभव खंडों को रघुवीर सहाय अपनी कविता में जगह देते हैं उसकी भाषा भी वे उन्हीं अनुभव खंडों की दुनिया से लाते हैं। इसीलिए उनकी रचनाओं में आलोचक 'भाषा और अनुभव का अभेद' देखते हैं और उन्हें लगता है कि रघुवीर सहाय के लिए भाषा महज "माध्यम नहीं है बल्कि पूरा का पूरा अनुभव है।" (रामस्वरूप चतुर्वेदी, विवेचना 3, पृ. 278) भाषा और अनुभव की यह एकता बिना किसी अन्य उपकरण के रघुवीर सहाय की भाषा को सर्जनात्मकता प्रदान करती है।

यथार्थ के संदर्भ में रचना की संपूर्णता, विकास और ताजगी के लिए यह जरूरी है कि रचनाकार रचना में अपने अनुभव की दुनिया की भाषा का प्रयोग करे। उसके अनुभव और रचना के बीच भाषा जितनी पारदर्शी होगी, वह उतनी ही सर्जनात्मक होगी। रघुवीर सहाय अपनी कविता में दैनंदिन जीवन की उस भाषा का प्रयोग करते हैं जिससे परिवेश के साथ उनका संवाद होता है। यही कारण है कि रघुवीर सहाय की भाषा पर जब 'अखबारी' भाषा होने का आरोप लगाया जाता है तो आरोपकर्त्ताओं के बारे में शंका होती है' कहीं ये रचना की निरपेक्ष स्वायत्तता के पक्षधर तो नहीं हैं। दूसरे स्वयं ही उनके कथन में आश्चर्यजनक विरोधाभास है। उनके विचार से कविता में अखबार की यह स्थिति उसे 'तहस नहस' करती है, 'खंडित' करती है, 'गद्यमय' करती है। रचना में व्यापक संसार के लिए जिस 'जटिलता की जरूरत' है वह अखबार से 'सरलीकृत' हो जाता है।

इन विसंगतियों के बावजूद उन्हीं के अनुसार रघुवीर सहाय की कविताएं 'वर्तमान की सही पहचान··· सूक्ष्म पर्यवेक्षण और अप्रतीकी अभिव्यक्ति के कारण सार्थक है।'(क ख ग (15) 1968) श्रीराम वर्मा के वक्तव्य के आरंभ में अखबार के उपयोग से जो कविता 'तहस नहस', 'खंडित' तथा 'गद्यमय' हो गई है वही वक्तव्य के अंत में 'वर्तमान की सही पहचान' कायम कर रही है, इसलिए सार्थक हो जाती है। वक्तव्य के इस विरोधाभास को स्पष्ट करते हुए नामवर सिंह लिखते हैं कि यहां :

> सार्थकता का कारण है वर्तमान की सही पहचान, सूक्ष्म पर्यवेक्षण और अप्रतीकी अभिव्यक्ति। क्या इन बातों में परस्पर विरोध नहीं है? यदि पर्यवेक्षण सूक्ष्म है तो फिर व्यापक संसार सरल कैसे हुआ? यदि कविता में वर्तमान की पहचान है तो फिर वह अखबारी कैसे हुई? (कविता के नए प्रतिमान, पृ. 217)

दरअसल परिवेश से सीधी संबद्धता के कारण रघुवीर सहाय दैनिक जीवन की भाषा में कविता लिखते हैं ताकि दैनिक जीवन के यथार्थ को अधिकाधिक संवेद्य बनाया जा सके। भाषा की सृजनशीलता प्रथमतः विषयवस्तु को सीधे संवेद्य बनाने से जुड़ी है। यह भाषा यदि किसी को अखबारी लगती है तो लगे। यहां शायद यह बताने की आवश्यकता नहीं है कि जिन समीक्षकों को इस तथाकथित अखबारी भाषा से एतराज है, वे कविकर्म तथा कविता के भाषा संसार को विकसित होते हुए यथार्थ के साथ विस्तृत नहीं होने देना चाहते। इन कविताओं की सतह पर अखबार की भाषा देखकर असहमत होने वाले आलोचक, इसका विश्लेषण नहीं करते कि आखिर इस भाषा में कहा क्या गया है? क्या ये कविताएं बुर्जुआ अखबारों की तरह सिर्फ किसी घटना या तथ्य को बताकर रह जाती हैं? या सिर्फ बुर्जुआ अखबारों की ही तरह किसी घटना का उतना ही अर्थ बताती हैं जितना उस तंत्र के पक्ष में जाता है, जिसका वह अखबार है? इन कविताओं के विश्लेषण से यह सिद्ध होते देर नहीं लगती कि घटनाओं के वास्तविक अर्थ को ये कविताएं संपूर्णता में व्यक्त करती हैं जिसकी बुर्जुआ अखबारों से कभी उम्मीद ही नहीं की जा सकती।

दरअसल जो इन कविताओं की भाषा को अखबार की भाषा कहते हैं वे गहरे विश्लेषण के बाद पाएंगे कि कविताओं में अखबार के वे कुछ शब्द भर हैं जिन्हें वे भाषा कहते हैं। वैसे आज की कविता यदि इसी भाषा में अपने तत्कालीन परिवेश को संपूर्णता में अभिव्यक्त कर पाती है तो यही भाषा आज की कविता की सार्थक और सर्जनात्मक भाषा है। रामस्वरूप चतुर्वेदी लिखते हैं: "अखबार स्वभावतः बोलचाल और दैनंदिन जीवन से प्रकृत्या जुड़ा हुआ है और कवि वहीं से अपने अनुभव के लिए भाषा उठाता है। यहां जोखिम जितना अधिक है, रचना की जड़ उतनी गहरी है।" (कविता यात्रा...पृ. 86)

यह जोखिम संभवतः कविता के अंतर्गत जटिल यथार्थ के सरलीकृत हो जाने तथा बिंबहीन अप्रतीकी अभिव्यक्ति के कारण उसके कोरा सपाटबयानी में फंस जाने की आशंका से जुड़ा है। लेकिन रघुवीर सहाय की कविताएं अपने शिल्प की संरचना में इतनी नाटकीय' तथा एक हद तक कथात्मक हैं कि इन खतरों की गिरफ्त में नहीं आतीं। नामवर सिंह लिखते हैं:

> राजनीतिक कविता में जिस सरलता और सपाटता से लोग इतना बिदकते हैं, ब्रेख्त ने प्रतीकों और बिंबों की भाषा को छोड़कर सीधे उपदेशात्मकता के गद्य को कविता के लिए इस्तेमाल किया, फिर भी कोई कह नहीं सकता कि यह कविता नहीं है। सवाल यह है कि वह सपाटबयानी कविता कैसे बनी ? स्पष्टत: उस सपाटबयानी का कवित्व उसकी नाटकीयता में होता है जिसका विधान ब्रेख्त की अपनी खास निष्कवच आत्मविडंबना करती है। (आलोचना 6, पृ. 7)

कविता में यह नाटकीयता प्रतीकों और बिंबों का सायास विकल्प नहीं है बल्कि आज का तात्कालिक यथार्थ अपने आप में इतना नाटकीय आवरणहीन और गतिशील है कि कविता में अपने इस नए मिजाज से अलग हटकर वह अपनी संपूर्णता में अभिव्यक्त हो ही नहीं सकता।

रचना में अनुभव खंडों के संरचनात्मक नियोजन के दौरान शिल्प का विचारधारा से निर्धारण तथा अनुभव और भाषा को एकतान करती हुई रघुवीर सहाय की आवरणहीन भाषा की सर्जनात्मकता शिल्प वैशिष्ट्य को उनकी अन्य कविताओं में दिखलाने के विस्तार में न जाकर सिर्फ एक कविता 'रामदास' के 'प्रथम प्रारूप' के अध्ययन द्वारा उसकी सृजन प्रक्रिया का विश्लेषण करके इस संदर्भ में दिलचस्प और उपयोगी निष्कर्ष प्रस्तुत किए जा सकते हैं :

चौड़ी सड़क गली पतली थी
दिन का समय घनी बदली थी
रामदास उस दिन उदास था
अंत समय आ गया पास था
उसे बता यह दिया गया था उसकी हत्या होगी

धीरे धीरे चला अकेले
सोचा साथ किसी को ले ले
फिर रह गया सड़क पर सब थे
सभी मौन थे सभी निहत्थे
सभी जानते थे यह उस दिन उसकी हत्या होगी

खडा हुआ वह बीच सड़क पर
दोनों हाथ पेट पर रख कर
सधे कदम रखकर के आए
लोग सिमट कर आंख गड़ाए
लगे देखने उसको जिसकी तय था हत्या होगी

निकल गली से तब हत्यारा
आया उसने नाम पुकारा
हाथ तौल कर चाकू मारा
छूटा लोहू का फव्वारा
कहा नहीं था उसने आखिर उसकी हत्या होगी

भीड़ ठेल कर लौट गया वह
मरा पड़ा है रामदास यह
देखो देखो बार बार कह
लोग निडर उस जगह खड़े रह
लगे बुलाने उन्हें जिन्हें संशय था हत्या होगी
(हंसो हंसो जल्दी हंसो, पृ. 27-28)

'रामदास' कविता में इस अर्धसामंती अर्धपूंजीवादी व्यवस्था के अंतर्गत सामाजिक असहायता झेलते उस 'रामदास' की भयद विडंबना से भरी हुई कथा कही गई है जो समाज में शोषित और असंगठित है। रामदास को यह मालूम है कि आज उसकी हत्या की जाएगी। लेकिन वह इस संदर्भ में एक तरह से तटस्थ और प्रतिक्रियाविहीन है। वह चुपचाप घर से निकलता है। बीच सड़क पर आकर खड़ा हो जाता है जहां औत्सुक्य में लोग उसे घेरकर खड़े हो जाते हैं। हत्यारा आता है, रामदास को कत्ल करके चला जाता है।

भीड़ के लोग खामोशी से यह सब सिर्फ देखते रहते हैं जैसे यह स्वाभाविक है और वे कुछ नहीं कर सकते; फिर जैसे एक 'चैलेंज' की मुद्रा में अचानक भीड़ के लोग उन लोगों को बुलाने लगते हैं जिन्हें इस बात में संदेह था कि रामदास की हत्या होगी। 'आत्महत्या के विरुद्ध' में भी इससे मिलती जुलती हत्या का एक प्रसंग है जिसमें झूठ और मक्कारी से भरी व्यवस्था के नितांत मनुष्यविरोधी चरित्र का फर्दाफाश किया गया है :

एक दिन आखिरकार दुपहर में छुरे से मारा गया खुशीराम
वह अशुभ दिन था, कोई राजनीति का मसला
देश में उस वक्त पेश नहीं था, खुशीराम बन नहीं
सका कत्ल का मसला, बदचलनी का बना···
(आत्महत्या के विरुद्ध, पृ. 68)

मनुष्यविरोधी चरित्र की कायरता का वह फैलाव इस मनुष्यविरोधी व्यवस्था के अंतर्गत किस तरह हुआ है उसे 'रामदास' कविता में देखा जा सकता है। इस व्यवस्था के द्वारा निजी स्वार्थों के लिए शर्मनाक होड़ पैदा कर देने से बड़े पैमाने पर सामाजिक चेतना भ्रष्ट हुई है। निजी स्वार्थों के प्रति इस आत्यंतिक सचेतपन

ने सामाजिक रिश्तों की मानवीयता को लगातार खत्म करने की कोशिश की है। इस कथ्य के संदर्भ में रघुवीर सहाय अपनी कविता में जिस नाटकीयता, कथात्मकता तथा पारदर्शी भाषा में अपनी रचना के प्रति संसार का निर्माण करते हैं वह बाहर की दुनिया के यथार्थ के नए अर्थों को पूरी तरह उद्‌घाटित करने में सफल होता है।

इस पूरी कविता में शिल्प का नियोजन इस तरह से किया गया है कि कविता को विवेचन की सुविधा के लिए पांच खंडों में बांट लिया जा सकता है। इन पांच खंडों के अंतर्गत पांच दृश्यों में बंटी हुई यह कविता सहज नाटकीय गतिशीलता में एक के बाद दूसरे दृश्य और स्वाभाविक कथात्मक विकास के साथ बढ़ती हुई अंततः पांचवें खंड के दृश्य में एक सार्थक नाटकीय परिणति प्राप्त करती है।

पहली चार पक्तियां सोलह तथा पांचवीं अट्‌ठाईस मात्रा की लय वाली इस कविता के पहले खंड के दृश्य में सर्वप्रथम तो नाटकीय संयोजन की पृष्ठभूमि के रूप में घटनास्थल और मौसम का संक्षिप्त ब्यौरा है—चौड़ी सड़क गली पतली थी/दिन का समय घनी बदली थी। कविता शुरू करते हुए पहले प्रारूप में दूसरी पंक्ति पहले लिखी गई थी, जिसमें 'दिन का समय' के बाद और कुछ लिखा गया था लेकिन बाद में उसे बदलकर 'घनी बदली थी' कवि ने अगर लिखा तो इसका अर्थ यह है कि वह घटना वाले इस दिन को दूसरे दिनों से थोड़ी भिन्नता में रखना चाहता है। क्योंकि घनी बदली वातावरण में थोड़ा भारीपन पैदा कर दे रही है। लेकिन कविता के दूसरे प्रारूप में कवि वातावरण के इस ब्यौरे को दूसरी पंक्ति में रख देता है तथा पहली पंक्ति में सीधे उस घटनास्थल को रेखांकित करता है— 'चौड़ी सड़क गली पतली थी।' इस तरह कविता का आरंभ एक ठोस दृश्य स्थिति से होता है जिसमें औत्सुक्य के अनुतत्व भी शामिल हैं। कविता में नाटकीयता तथा कथात्मकता के सही इस्तेमाल में इस अनुतत्व की महत्ता निर्विवाद है।

ऐसे दृश्य और वातावरण में रामदास नाम का एक आदमी अपनी आज होने वाली मौत को लेकर उदास था क्योकि उसे यह बता दिया गया था कि थोड़ी देर में आज उसकी हत्या होनी है। क्योंकि यह कविता का पहला ही खंड है अतः जिस छंद की लय में यह कविता लिखी जा रही है, वह एक सही आकार ग्रहण करना शुरू कर दे, इसीलिए तीसरी और चौथी पंक्ति के प्रथम प्रारूप में हम थोड़ा फेरबदल देखते हैं। यह परिवर्तन, महज लय से संबद्ध है यानी छंद एक निश्चित स्वरूप ग्रहण कर ले इस कोशिश से जुड़ा है। किंतु इस पहले खंड की अंतिम यानी पांचवीं पंक्ति में किया गया परिवर्तन महत्वपूर्ण है।

प्रथम प्रारूप में कवि ने यह कहना चाहा है कि रामदास की उदासी का कारण यह था कि उसे 'धमकी' दी गई थी कि आज उसकी हत्या होगी। कविता के दूसरे प्रारूप में कवि ने 'धमकी देने' की बात हटा दी है। सिर्फ इतना लिखा है

कि उसे महज बता दिया गया था कि आज उसकी हत्या होगी। 'धमकी' शब्द का इस्तेमाल करने से स्थिति सहज और अनायास नहीं रह जा रही थी। उसमें एक विशिष्टता आ रही थी। हत्यारा रामदास को इतना महत्वपूर्ण नहीं मानता कि उसे 'धमकी' जैसी क्रियाशील स्थितियों से जोड़े। अत: जब दूसरे प्रारूप में पांचवीं पंक्ति अंतिम रूप में यह रखी जाती है कि 'उसे बता यह दिया गया था कि उसकी हत्या होगी'—तो यह यथार्थ स्थिति को संपूर्णता में परिभाषित करने में अत्यंत सक्षम हो जाती है।

रामदास की हत्या के संदर्भ में हत्यारे ने उसे महत्व देकर धमकी देने जैसी स्थिति उत्पन्न नहीं की बल्कि रामदास को सिर्फ 'बता दिया' गया है कि उसकी हत्या होगी। इन पंक्तियों में एकदम साफ साफ यह स्पष्ट नहीं है कि किसने बताया कि उसकी हत्या होगी। हत्यारे ने भी बताया हो सकता है। लेकिन हत्यारे के लिए चूंकि यह नितांत सामान्य घटना है इसलिए ज्यादा सगत यह है कि उसने इच्छा की और लोगों ने आकर रामदास को बतलाया कि आज उसकी हत्या होगी। इस 'बता दिया गया था' के द्वारा कवि ने इस भयावह घटना की सामान्यता के साथ ही लोगों की इस सिलसिले से असंबद्धता भी बताने की कोशिश की है।

कविता के दूसरे खंड के दृश्य में कथात्मक विकास के साथ गतिशीलता आती है। रामदास अकेला घटनास्थल की ओर चल पड़ता है। थोड़ी देर के लिए वह सोचता है कि किसी को साथ ले ले लेकिन नहीं लेता। घटनास्थल पर खामोश और निहत्थे काफी लोग थे जो यह जानते थे कि रामदास की हत्या होने वाली है।

इस खंड को लिखते हुए कवि ने कुछ महत्वपूर्ण परिवर्तन किए हैं जो उसके शिल्प की संरचना को समझने की दृष्टि से काफी महत्वपूर्ण हैं। इस दूसरे खंड की पहली पंक्ति में असंगठित, असहाय रामदास के चल पड़ने की सूचना भर है। दूसरी पंक्ति में 'जैसे' लिखकर काट दिया गया है, फिर लिखा गया है कि उसने सोचा कि किसी को साथ ले ले। अगली पंक्ति में है—लेकिन नहीं लिया। दूसरी पंक्ति में 'जैसे' को काटना बड़ा अर्थ रखता है। 'जैसे' के बाद कवि ने इस दृश्य और अनुभव को उपमा के सहारे स्पष्ट करना चाहा था। लेकिन उपमा का प्रयोग उसने नहीं किया। सुदूर अतीत से लेकर निकट अतीत तक अभिव्यक्ति की स्पष्टता के लिए उपमा के कौशल का कवियों द्वारा सर्वाधिक उपयोग हुआ है। पर समकालीन यथार्थ की जटिलता को स्पष्ट करने के लिए कविता के अंतर्गत आज उपमा की प्रक्रिया अपर्याप्त तो है ही एक हद तक बाधक भी है। जैसे ही हम किसी स्थिति के लिए उपमान ढूंढ़ कर लाते हैं वैसे ही एक दूसरी दुनिया रचना में प्रवेश करती है जो इस कविता के वास्तविक अनुभव और भाषा के बीच की

निकटता में बाधा पहुंचाती है।

यही स्थिति एक हद तक प्रतीक और बिंब के साथ भी है। एक सीमा के बाद ये अनुभव और भाषा के बीच की निकटता को बाधा पहुंचाते हैं, फल यह होता है कि भाषा तो सर्जनात्मक नहीं ही हो पाती; यथार्थ भी अपनी संपूर्णता में अनभिव्यक्त रह जाता है।

अतः शिल्प के ये परंपरित उपकरण आज के जटिल और नाटकीय यथार्थ की अभिव्यक्ति के संदर्भ में एक सीमा के बाद अप्रासंगिक हैं। यथार्थ का स्वरूप तथा रचना का उद्देश्य बदलने के साथ उसकी अभिव्यक्ति की पद्धति भी स्वभावतः बदलनी होगी। अतः रघुवीर सहाय उपमा के प्रयोग से बचते हैं। इसीलिए हम देखते हैं कि उनकी रचना में समकालीन यथार्थ का अनुभव तथा भाषा एक दूसरे से पृथक नहीं है। बल्कि कहना यह चाहिए कि अनुभव स्वयं अपनी भाषा के साथ उपस्थित है।

दूसरे खंड की तीसरी पंक्ति में सोचकर भी किसी को साथ नहीं लेने की घटना रामदास की मानसिक स्थिति को स्पष्ट करती है। रामदास अपनी मौत के लिए खुद चलकर जा रहा है। इस समय थोड़ी देर के लिए उसके मन में किसी को साथ लेने की एक स्वाभाविक इच्छा जागती है। लेकिन वह इस इच्छा को दबा देता है। इसका क्या कारण है? दरअसल आत्यंतिक दमन और शोषण के बीच असंगठित और असहाय रामदास की रुचि 'जीने' में खत्म हो गई है। रोज रोज की यातना, इस एक बार की हत्या से ज्यादा यंत्रणादायी है। 'सड़क पर रपट' कविता में एक कुत्ते का इससे लगभग मिलता जुलता प्रसंग आता है :

> इस वर्ष मैंने और भी देखा
> कुत्ते जगह जगह कुचले
> वे ठिठक गए थे जहां थे बीच रास्ते पर
> उनके न ताकत थी न इच्छा थी कि दौड़ कर बच जाएं
> (हंसो हंसो जल्दी हंसो, पृ. 32)

रामदास की स्थिति यही है। अगर रामदास बचना भी चाहता तो उसके लिए यह संभव नहीं था। हत्यारा इतना ताकतवर है कि वह कहीं से भी उसे ढूंढ़ निकालता। इसी तीसरी पंक्ति के बाद के अंश का दूसरे प्रारूप में परिवर्तन तथा पहले प्रारूप की अगली पूरी की पूरी एक पंक्ति—'झुके हुए थे सब के मत्थे'—के बदले 'सभी मौन थे सभी निहत्थे' पंक्ति का आना इस बात का उदाहरण है कि कैसे एक रचनाकार अपनी सृजन प्रक्रिया के दौरान यथार्थ की अपनी समझ को और पुख्ता करता है तथा विचारधारा से उसका शिल्प नियंत्रित होता है। तीसरी पंक्ति के उत्तरार्ध में लिखा था—'सभी तो खुश थे' तथा चौथी पंक्ति

थी—'झुके हुए थे सबके मत्थे'।

तनाव के इस दृश्य के अंतर्गत यह जानते हुए कि रामदास की आज हत्या होगी, माथे झुकाए ही सही लेकिन सभी खुश थे। रचना में आकार लेता हुआ यह चित्र निजी स्वार्थों में लिप्त लोगों की वास्तविक स्थिति को सही तरह नहीं रख रहा था। उनके प्रति कुछ ज्यादा अनुदार हो जा रहा था। बेशक रघुवीर सहाय का कवि सड़क के लोगों को खुश दिखलाकर रामदास के लिए और भी करुणा अर्जित कर ले सकता था, लेकिन सड़क पर खड़े जो लोग हैं उनके जीवन में भी एक तरह से समान विडंबना है, और वे आज ऐसे भयानक अन्याय के समक्ष अकारण ही तमाशबीन नहीं हो गए हैं।

इसका कारण इस अन्यायपूर्ण सामाजिक ढांचे के बीच, उनके अपने 'जीने' के अंतर्गत विसंगति से भरी हुई स्थितियां हैं, जिनमें उनकी चेतना निरंतर भ्रष्ट और आत्मकेंद्रित होती चली गई है। रघुवीर सहाय ऐसे लोगों के संदर्भ में इस दृश्य विस्तार में न जाकर (क्योंकि इस कविता में उसकी गुंजाइश नहीं थी) उन्हें खुश करने के बदले मौन तथा निहत्था बताते हुए आगे बढ़ गए हैं।

कविता के तीसरे खंड के दृश्य में, चलकर आता हुआ रामदास सड़क पर अपने पेट पर हाथ रखकर खड़ा हो जाता है। बेशक यथार्थ जगत में कहीं कोई 'रामदास' बीच सड़क पर अपनी हत्या के इंतजार में यों ही खड़ा रहा होगा, लेकिन अपनी रचना में 'रामदास' को लेकर कवि ने उसका हाथ पेट पर रखवा दिया है ताकि एक खास अर्थ व्यक्त हो। यथार्थ जगत के रामदास को कवि ने रचना के अंतर्गत विकसित करके जिस विशिष्टता के साथ रखा है, वह यथार्थ और रचनाकार की विचारधारा से निर्धारित उसके शिल्प की निर्मिति है।

इस खंड की पहली पंक्ति—'खड़ा हुआ वह बीच सड़क पर'—के बाद प्रथम प्रारूप की 'घोड़ा दौड़ा एक भड़क कर', 'फिर सब शांत हो गया' / फिर सब शांत / शोर बुझ गया' आदि जो पंक्तियां लिखी गई हैं उनमें यह प्रयास दिखता है कि इसी खंड के अंतर्गत कवि हत्या की वह घटना बयान कर देना चाहता है। लेकिन रचना अपनी कथात्मक और नाटकीय संरचना के कारण यहीं आकर और इस तरीके से खत्म होना नहीं चाहती। दूसरे, रचना के अंतर्गत रामदास के जीवन का यथार्थ रचनाकार पर यह दबाव डालता है कि वह उसे सिर्फ खड़ा हुआ न दिखाए बल्कि पेट पर हाथ रखकर खड़ा हुआ दिखाए। एक यथार्थवादी रचनाकार के शिल्प को निर्धारित करने में यथार्थ और विचारधारा की कितनी बड़ी भूमिका होती है, इस खंड का यह प्रयास उसका उदाहरण है।

इसके बाद की तीन पंक्तियों में रचनाकार ने यह दिखलाने की कोशिश की है कि सड़क पर खड़े ये लोग 'सधे कदमों' से 'सिमटे हुए' आए और आंख गड़ा कर उस 'रामदास' को देखने लगे जिसकी हत्या होने वाली थी। पहले प्रारूप में

'सधे कदम' नहीं 'नपे कदम' है। 'नपे कदम' को 'सधे कदम' शायद इसलिए किया है क्योंकि सधे कदम से सिर्फ सावधानी ही नहीं उनके अनुभव की निपुणता भी झांक रही है। प्रथम प्रारूप के अंतर्गत 'देखने' को 'ताकने' लिखा गया है—'लगे ताकने उसको जिसकी तय था हत्या होगी'। 'ताकने' से शायद अनभ्यस्त लोगों का भौचकपन ज्यादा व्यक्त हो रहा था। किंतु लोगों के जीवन में यह नितांत नई घटना नहीं है कि उसे आत्यंतिक औत्सुक्य से ताकने लगें, जिसमें विस्मय भी शामिल है।

पर स्थिति यह है कि वे तो उसकी हत्या के बारे में इतने निश्चित हैं कि हत्या के बाद अंतिम खंड में वे उन कुछ लोगों को बुलाने लगते हैं जिन्हें रामदास की हत्या होने न होने को लेकर संशय था। इसलिए ऐसी घटनाओं के अभ्यस्त लोगों के मन में रामदास की होने वाली हत्या को लेकर विस्मय या अपरिचय नहीं है। इसीलिए वे औत्सुक्य में 'ताक' नहीं रहे बल्कि सहजता में महज 'देख' रहे हैं। निश्चय ही भाषा में यह परिवर्तन यथार्थ स्थिति की संवेद्यता को और भी पुख्ता कर देता है। यही है 'अनुभव और भाषा का अभेद' यानी भाषा की सर्जनात्मकता, जिसका उपयोग करते हुए रघुवीर सहाय ने यथार्थ को संपूर्णता में व्यक्त करने की लगातार कोशिश की है।

कविता के चौथे खंड में रामदास की हत्या का दृश्य वृत्तांत है। सहज ढंग से हत्यारा गली से निकलता है, रामदास का नाम पुकारता है, फिर उसे चाकू मारता है, जिससे लहू का फव्वारा फूट पड़ता है। दहशत और आंतक पैदा करने वाले इस भयानक दृश्य को देखकर सड़क पर इकट्ठे लोग जरा भी सक्रिय नहीं होते बल्कि इस व्यवस्था में उनकी चेतना यहां तक भ्रष्ट, कुंद और मनुष्य विरोधी हो चुकी है कि इस घटना के बाद वे आपस में उस जानकारी पर विमर्श करने लगते हैं कि उन्हें तो पहले से ही मालूम था कि रामदास की हत्या होगी।

इस खंड की पहली पंक्ति—'निकल गली से तब हत्यारा'—लिखने से पहले कवि ने 'बंदा निकला एक गली से' लिखा था। अगर इसी पंक्ति के साथ इस खंड की शुरुआत करके कविता आगे बढ़ाई जाती तो कविता अपनी पूर्व-नियोजित संरचना से बाहर विस्तृत हो सकती थी। इसके साथ ही कविता में एक अतिरिक्त सजावट भी पैदा हो रही थी। 'बंदा निकला एक गली से' लिखने के बाद कविता को आगे बढ़ाते हुए विवरणात्मकता में भी फंस जाने का खतरा था। अतः कवि हत्यारे को 'बंदा' आदि शब्दों से परिभाषित न करके हत्यारे को सीधा हत्यारा कहता हुआ घटना का बयान शुरू कर देता है।

कविता के पांचवें और अंतिम खंड को लिखते हुए कवि ने अपने कथ्य के अनुसार एक सार्थक शिल्प संरचना के लिए गहरे प्रयास किए हैं। हत्या करने के बाद भीड़ को ठेलते हुए हत्यारा लौट जाता है। असंगठित रामदास की लाश

वहीं पड़ी रहती है। सड़क के लोग एक शर्मनाक कायरता में खड़े हुए 'देखो-देखो' कहते हुए उन्हें बुलाने लगते हैं जिन्हें इस बात में शंका थी कि हत्या होगी ही। यह है सड़क पर उपस्थित लोगों का पूंजीवादी व्यवस्था द्वारा रूपांतरित चरित्र; जिसमें सारे मानवीय रिश्ते खत्म हो रहे हैं। निजी स्वार्थों में लिप्त रहते हुए उनकी चेतना इतनी कायर और भ्रष्ट हो गई है कि वे अपने ही वर्ग के दूसरे लोगों की हत्या का चश्मदीद गवाह होते हुए भी उससे असंबद्ध होकर इस भ्रम में रहते हैं कि वे सुरक्षित हैं और हत्यारे अपनी इच्छा और समय से जिसकी चाहते हैं हत्या कर डालते हैं।

इस खंड की पहली पंक्ति लिखते हुए पहले 'वापस' लिखकर काट दिया गया है। हत्या के बाद हत्यारे के वापस लौट जाने की बात कवि लिखना चाह रहा है लेकिन हत्यारे का सिर्फ वापस चला जाना लिखकर कवि यथार्थ को समग्रता में स्पष्ट नहीं कर पाता। क्योंकि वहां वह भीड़ भी इकट्ठी थी जो हत्या के दौरान पाषाणवत खड़ी थी। अतः इस भीड़ की निष्क्रियता तथा हत्यारे की मनमानी और निर्भयता को एक ही साथ स्पष्ट करने के लिए कवि हत्यारे की वापसी को इस तरह लिखता है कि—'भीड़ ठेल कर लौट गया वह।' भीड़ को ठेलकर हत्यारा लौटता है क्योंकि वह इस भीड़ की निष्क्रियता और कायरता को जानता है।

हत्यारे की इस वापसी को कवि और भी कई तरह से कहना चाह रहा था, जिसे उसने प्रथम प्रारूप के हाशिए पर लिखा है और बाद में खारिज कर दिया है। एक बार उसने लिखा 'घेरे में से ढूंढ़ कर जगह', फिर लिखा—'झपट', उस के बाद उपमा का सहारा लेते हुए लिखा—'निकल गया तीर की तरह'। अंत में उसने लिखा, 'छुरा फेंक कर निकल गया वह।' हत्यारे आज जितने सक्षम हैं उसमें 'जुर्म' के बाद उन्हें 'घेरे में से' जगह ढूंढ़ कर 'झपटते' हुए 'तीर की तरह' निकल जाने की बाध्यता नहीं है, बल्कि 'अपराध' करने के बाद वे इत्मीनान से भीड़ ठेलकर लौट जाने की स्थिति में हैं।

इस खंड की दूसरी पंक्ति में पहले कवि ने अपनी ओर से एक भावात्मक विवरण देने की कोशिश की थी—'कितना है यह दृश्य भयावह।' लेकिन उसे वह दूसरे और अंतिम प्रारूप में बदल देता है। क्योंकि कविता की जैसी संरचना है, उसमें भावुक होकर यह बताने की आवश्यकता नहीं है कि यह दृश्य कितना भयावह है। अगर बताएं भी तो कविता के अंतर्गत अतीत में, भयावह स्थितियों के ऐसे भावात्मक विवरण कवियों द्वारा काफी पेश किए जा चुके हैं, जो कविता को एक आत्मदया के संसार में ले गए हैं। अतः रघुवीर सहाय का कवि 'कितना है यह दृश्य भयावह' के बदले लिखता है—'छुरा पोंछ कर राम नाम कह'। लेकिन इस पंक्ति को भी कवि खारिज कर देता है क्योंकि इस पंक्ति में जो

अतिनाटकीयता है वह कविता के भीतर के ठहरे हुए निश्चेष्ट वातावरण के अनुपयुक्त है। इसलिए कवि अपनी भावात्मकता से आवेष्टित हुए बिना दृश्य को यथातथ्यता में प्रस्तुत कर देता है—'मरा पड़ा है रामदास यह'। क्योंकि एकत्रित लोगों की निष्क्रिय भीड़ के बीच हत्यारे के चले जाने के बाद, रामदास की पड़ी हुई लाश का दृश्य किसी विवरण की अपेक्षा नहीं रखता और न ही रचनाकार के लिए किसी अतिरिक्त व्याख्या की गुंजाइश छोड़ता है। दृश्य अपने आप में घटना की व्याख्या हो जाता है। इसके बाद अंत में, भीड़ के लोगों द्वारा हत्या के संदर्भ में शंकित लोगों को बुलाने के उपक्रम की घटना के बाद रघुवीर सहाय कविता समाप्त कर देते हैं।

लेकिन रघुवीर सहाय के कवि की इच्छा यहां कविता समाप्त करने की नहीं थी, इसीलिए शायद इस कविता के छठे खंड के लिए उन्होंने एक पंक्ति लिखी थी—'लाश तड़पती रही देर तक'। लेकिन बाद में उन्होंने उसे खारिज कर दिया और कविता पूरी हुई मान ली।

हत्या करके हत्यारे के निर्भय लौट जाने के बाद भीड़ के लोगों द्वारा हत्या होने में जिन्हें संशय था, उन्हें बुलाने की घटना तक आते आते कवि समकालीन सामाजिक यथार्थ में अंतर्निहित एक सत्य को पाकर उसे अभिव्यक्त कर चुका था। इसके साथ ही एक मुक्तक कविता के अंतर्गत जितनी कथात्मकता संभव है, उसका उपयोग करते हुए इसे और आगे बढ़ाने की संभावना भी नहीं थी। अगर बढ़ाया जाता तो इस कविता की नाटकीय संरचना एक हद तक बाधित होती। कविता अनावश्यक विवरणात्मकता में फंसती। फल यह होता कि कविता की प्रभावान्विति बिखर जाती। यही कारण है कि कवि ने 'लाश तड़पती रही देर तक' पंक्ति को खारिज कर दिया तथा कविता को समाप्त मान लिया।

इस कविता की सृजन प्रक्रिया का अध्ययन करते हुए हम इस निष्कर्ष पर पहुंचते हैं कि घटनाओं के महज नाटकीय और कथात्मक प्रस्तुतीकरण की सर्जनात्मक यथातथ्यता के द्वारा एक सार्थक कविता संभव करके रघुवीर सहाय ने अपने उस शिल्प की सार्थकता सिद्ध की है, जिसने यथार्थ और विचारधारा से निर्धारित होकर ही साठोत्तरी दौर में सर्वाधिक प्रासंगिकता हासिल की है और सौंदर्यशास्त्र के नए आयाम उद्घाटित किए हैं।

इस कविता में कवि निरंतर इस प्रयास में है कि किस तरह यथार्थ को रचना में प्रस्तुत किया जाए जिससे वह पाठक या श्रोता की संवेदना के स्तर पर सर्जनात्मक हो उठे। प्रश्न उठ सकता है कि कवि ने रामदास की हत्या के जिस वृतांत को कविता में प्रस्तुत किया है—क्या वह उस यथार्थवाद के क्षेत्र में प्रवेश करता है जिसे क्रांतिकारी कहा जाता है?

इस कविता के यथार्थवाद के स्वरूप पर विचार करने से पूर्व हमें इस बात

पर विचार कर लेना चाहिए कि क्या कविता दर कविता समाजवादी यथार्थवाद को संभव करने वाले तत्वों की तलाश उसी तरह की जा सकती है जैसी प्रत्येक उपन्यास और कहानी में ? मैं यह जोर देकर कहना चाहता हूं कि विधा की प्रकृति के कारण कविता में यथार्थवाद के स्वरूप की पहचान हू-ब-हू कथा साहित्य के यथार्थवाद की पहचान जैसी नहीं हो सकती। कथा विधा की भिन्न संरचना के कारण उसमें निहित समाजवादी यथार्थवाद के परिप्रेक्ष्य को बहुत ही स्पष्टता के साथ सतह पर भी देखा जा सकता है लेकिन एक एक कविता में इसकी परख उतना सरल अथवा एकदम पहली ही नजर में दिख जाने वाला नहीं है। कथा-साहित्य में यथार्थ की स्थितियां, चरित्र, उनका धनात्मक विकास एवं उनकी सार्थक परिणति आदि विश्लेषणात्मकता के साथ विस्तार में अभिव्यक्त की जा सकती हैं लेकिन एक कविता जो कथात्मक नहीं है या यदि कथात्मक भी है तो भी उसमें कथा की तरह परत-दर-परत विश्लेषण और विकास की गुंजाइश नहीं रहती। अतः कविताओं में यथार्थवाद के स्वरूप को कुछ गहरे जाकर समझने की आवश्यकता है। किसी काव्य संकलन की सिर्फ एक कविता को आधार बनाकर उस कवि की यथार्थवादी दृष्टि के स्वरूप का विश्लेषण आसानी से संभव नहीं है। देखना यह चाहिए कि उस संकलन की समस्त कविताओं द्वारा कवि यथार्थ को किस रूप में सामने ला रहा है। परख इस बात की होनी चाहिए कि इन कविताओं में जीवन यथार्थ जिस तरह अभिव्यक्त हुआ है, क्या कवि उस यातनामय जीवन यथार्थ को बरकरार रखना चाहता है? उसे नियति मान बैठा है? या उसकी अभिव्यक्ति से यह स्पष्ट हो रहा है कि यथार्थ का जो संसार उसने अपनी रचना में चित्रित किया है उस संसार को वह उसी तरह रहने देना नहीं चाहता बल्कि शोषितों के पक्ष में बदलना चाहता है? अगर कविताएं संपूर्णता में यह दृष्टि देती हैं तो उसे समाजवादी यथार्थवाद के निकट ही मानना होगा।

कई विधाओं में लिखने वाले रचनाकार जानते हैं कि कथ्य का स्वभाव ही उसका विधात्मक स्वरूप निर्धारित करता है। इसी तरह कथ्य की वस्तु यह भी निश्चित कर देती है कि रचना की कलात्मकता बनाए रखते हुए क्रांतिकारी यथार्थवाद को उसमें किस रूप में घटित किया जा सकता है। कहने की आवश्यकता नहीं कि रचना प्रक्रिया की इस विधागत भिन्नता को न समझ पाने के कारण कथा साहित्य में यथार्थवाद के स्वरूप के समानांतर कविता में भी आलोचकों द्वारा वैसी ही मांग की वकालत ने कविता में सरलीकरण और यांत्रिकता का खतरा पैदा किया है।

कविता के अंतर्गत प्रतिरोध में रामदास द्वारा हत्यारे पर प्रत्याक्रमण करा देना या दर्शक समूह द्वारा हत्यारे को खत्म करा देना कवि के लिए बहुत आसान था। ऐसा करके कवि आसानी से शोषितों का संघर्ष दिखाने के साथ ही तत्काल

एक 'क्रांतिकारी' समाधान भी प्रस्तुत कर दे सकता था। लेकिन अगर ऐसा उसने नहीं किया तो इसलिए कि जिस वर्ग के एक खास आत्मनिर्वासित समुदाय का वह चित्रण कर रहा था उसके जीवन का तात्कालिक यथार्थ यही है। ऐसी रचनाओं के यथार्थवाद की क्रांतिकारिता को पाठक या श्रोता की चेतना पर पड़ने वाले प्रभावों से पहचाना जा सकता है। भौचक और निश्चेष्ट खड़े लोगों के समक्ष असंगठित असहाय रामदास की हत्या के वृतांत में कविता के भीतर निश्चय ही हत्यारे के अलावा कोई सक्रिय नहीं है लेकिन कविता समाप्त करते ही पाठक रामदास या निश्चेष्ट दर्शकों की मानसिकता में नहीं रहता बल्कि जिस समाज में रामदास की हत्या इतनी सहजता से कर दी जाती है उस समाज को समझते हुए उसे बदल देना चाहता है। भीड़ ठेल कर लौट गए हत्यारे को वह अपने समाज में खोजना चाहता है। अत: आज की स्थिति में यथार्थ का जो स्वरूप है यह कविता पाठक को उससे गहरे एकतान कर देती है और कविता समाप्त करने के बाद घने अहसास के साथ वह सीधा दमन से भरे समाज में प्रवेश कर जाता है जहां उसे शोषक वर्ग के प्रति घृणा और क्रोध से भरी उसकी चेतना उसे सक्रिय होने के लिए निर्धारित करती है।

पिछले पचास वर्षों से कुछ लोगों द्वारा यह बहस चलाई जा रही है कि गोदान का होरी इतना सहता क्यों है ? समझौते क्यों करता है ? वह शोषकों के विरुद्ध हथियार क्यों नहीं उठा लेता ? प्रेमचन्द अंततः कथा ही लिख रहे थे और उनके कथाकार के लिए यह बिल्कुल आसान था कि होरी के हाथ में वे हथियार पकड़ा देते। ऐसा करके एक क्रांतिकारी समाधान दे देना उनके लिए मुश्किल नहीं था, लेकिन ऐसा अगर उन्होंने नहीं किया तो सिर्फ इसलिए कि ऐसा करके वे होरी और उसके वर्ग की समस्या तथा उससे मुक्ति की जटिलता को इतनी गहराई से नहीं उभार पाते।

दरअसल प्रेमचन्द होरी के हाथ में हथियार देकर इसकी मांग करने वालों को हथियार उठाने के दायित्व से छुटकारा नहीं देना चाहते थे। प्रेमचन्द यह जानते थे कि होरी के हाथ में हथियार की मांग करके वे सारा संघर्ष उपन्यास के पन्नों में ही कर डालना चाहते हैं। जबकि प्रेमचन्द के लिए तो होरी एक माध्यम भर था। उसके वृतांत के सहारे पाठक समूह को वे एक धक्का देना चाहते थे यह बताकर कि होरी और उसके वर्ग की मुक्ति के लिए उन्हें सीधे संघर्ष के लिए तैयार करना कितना आवश्यक है। होरी की मृत्यु के साथ जहां उपन्यास समाप्त होता है, वहीं हम इस इच्छा के साथ सीधे उस शोषण पर आधारित समाज में प्रवेश करते हैं जिसे अब उसी तरह नहीं रहने देना है। हथियार उठाने की स्थिति बनाकर इस वर्ग दुश्मन से मुक्ति पानी है। कहने की आवश्यकता नहीं कि उपन्यास के पन्नों में परिकल्पित संघर्ष की तस्वीर पेश करके समस्या की जटिलता को सरल कर लेना

प्रेमचन्द के लिए आसान था, लेकिन कठिन था वह करना जो उन्होंने किया। गोदान की समाप्ति के साथ पाठकों में उन्होंने यह चेतना उत्पन्न करनी चाही कि होरी की मुक्ति के लिए होरी सहित उन्हें भी हथियार उठाने की आवश्यकता है।

यथार्थवाद की क्रांतिकारिता के पैमाने को प्रत्येक देश की राजसत्ता के स्वरूप तथा शोषित वर्ग की स्थिति के बीच रखकर गढ़ने की आवश्यकता है। साथ ही इसे भी स्पष्ट करने की आवश्यकता है कि सामाजिक संघर्ष के तीव्रतर होने के साथ यथार्थवादी रचनाकारों की रचनाएं समाजवादी यथार्थवाद के आदर्श के निकटतर होती चली जाएंगी।

अपनी मुक्ति के लिए अंततः होरी या रामदास को हथियार उठाना ही होगा लेकिन रचना में हथियार वह उठा ले इससे पूर्व यह हमारा दायित्व है कि समाज में उसके लिए वैसी मजबूत स्थिति उत्पन्न करने में उससे एक हो जाएं। हिंदुस्तान के अलग-अलग हिस्सों में होरी या रामदास की मुक्ति के लिए पिछले दशकों में अवश्य ही कुछ ईमानदार प्रयास हुए हैं लेकिन वास्तविक स्थिति तो यह है कि 1936 में होरी की मृत्यु से लेकर 1974 में रामदास की हत्या तक के लगभग पचास वर्षों के इतिहास को देखें तो यह आसानी से दिख जाएगा कि शोषण मुक्ति के संदर्भ में हिंदुस्तान में जनसंघर्ष आज भी गतिरोध के दौर में है लेकिन राजसत्ता की स्थिति क्या है ? 1936 में पराधीन भारत के होरी की मृत्यु का जिम्मेदार शोषक वर्ग नेपथ्य में है जबकि 1974 में 'स्वाधीन' भारत के रामदास को शोषक वर्ग के संरक्षित ने सूचना देकर, चौराहे पर खुलेआम हत्या की है। राजसत्ता के फासीवादी चरित्र को रामदास के वृतांत के इस स्वरूप के द्वारा ही इतनी गहराई से महसूस कराया जा सकता था।

यह लग सकता है कि रघुवीर सहाय अपनी इधर की रचनाओं में दहशत और निराशा को अतिरिक्त महत्व प्रदान करते हैं जिससे वे अपने प्रभाव में कई बार पराजय की मानसिकता के करीब चली जाती हैं। लेकिन इस मानसिकता को रघुवीर सहाय का कवि अपनी नियति नहीं मान बैठता बल्कि इससे मुक्ति के लिए वह शोषक राजसत्ता का विरोध करता है और इस विरोध के संघर्ष को अपनी कविता में पुनःसृजित करता है। जिस विशदता के साथ रघुवीर सहाय अपने इस विरोध को रचनाशीलता से जोड़ते हैं उससे यह प्रकट होता है कि वह मानसिकता इसीलिए कविता में पाई गई थी ताकि प्रतिरोध की पृष्ठभूमि को भी आत्मगत किया जा सके। कविता में दिखनेवाला प्रतिरोध का फैलाव शोषण और दमन के जितने स्तर उद्घाटित करता है उससे फासीवाद की ओर बढ़ते वर्तमान राजसत्ता का बुनियादी चरित्र स्पृश्य नग्नता में हमारे सामने उपस्थित हो जाता है।

रचना में यथार्थवाद की परख करते हुए उसके विभिन्न स्तरों का ख़याल

करना बहुत जरूरी है। अर्द्धसामंती और अर्द्धपूंजीवादी राजसत्ता वाले हिंदुस्तान में छिटपुट रूप से निर्णायक जन प्रतिरोध अवश्य चल रहे हैं लेकिन अधिकांश प्रतिरोधों की स्थिति में बिखराव है। दिल्ली जैसे महानगर में रहते हुए रघुवीर सहाय के कवि की चेतना इस बिखराव से निर्धारित होती है। यही कारण है कि रघुवीर सहाय के कवि से जिस संघर्ष की मांग की जाती है उसके बदले उसकी कविताओं में सामाजिक संघर्ष का वैयक्तिक संदर्भ अधिक व्यापकता में सामने आया है। वैसे विभिन्न मोर्चों और स्तरों पर चलने वाले संघर्ष को संपूर्णता में व्यक्त करके ही कोई रचनाकार अपने समय के यथार्थ का संपूर्णता में प्रतिनिधित्व करता है। रघुवीर सहाय की रचनाओं में शोषित जनों का वह संघर्ष ज्यादातर चित्रित हुआ है, जो वे मौजूदा शोषक व्यवस्था में 'जीते रह सकने' के लिए कर रहे हैं। उदाहरण के लिए 'हंसो हंसो जल्दी हंसो' संग्रह की 'सेब बेचना' कविता ली जा सकती है :

मैंने कहा डपट कर
ये सेव दागी हैं
नहीं नहीं साहब जी
उसने कहा होता
आप निश्चिंत रहें
तभी उसे खांसी का दौरा पड़ गया
उसका सीना थामे खांसी यही कहने लगी।
(हंसो हंसो जल्दी हंसो, पृ. 14)

इस कविता के यथार्थ पर बहस करते हुए प्रथमतः इस बात को देखने की आवश्यकता है कि बाहर के यथार्थ को कवि ने जिस तरह अपनी रचना में पुनःसृजित किया है, उससे वह स्थापित क्या करना चाहता है ? उसकी संबद्धता किससे है ? क्या वह 'डपटने' वाले व्यक्ति के व्यवहार को सही ठहरा रहा है ? या वह उस डपटने वाले के अत्याचार के संदर्भ में उस शोषित आदमी के जीने के संघर्ष को इस छोटी सी कविता में उपस्थित करना चाह रहा है ? यह 'डपटने' वाला वर्ग पूंजीपति वर्ग ही नहीं, कई बार हमारा मध्यवर्ग भी हो सकता है, जो उस 'रक्तपायी' वर्ग से 'नाभिनालबद्ध' है। अतः यह कविता अगर हमें अपने जीवन की ऐसी कसी घटना से जोड़ देती है, जिसमें अपने वर्गीय संस्कारों के तहत हमने अनायास ऐसी ज्यादती की थी तो इस अहसास को पैदा करने के साथ यह कविता अपना एक उद्देश्य पूरा कर लेती है। दूसरी ओर, सेब बेचने वाले के जीने मरने से सीधे जुड़ी हुई, अपने द्वारा सेब के बचाव की करुणाजन्य कोशिश है, जो उसकी शारीरिक असमर्थता के कारण असफल होती लगती है। यह शारीरिक असमर्थता

निरंतर शोषण का शिकार होने का कुफल है। इसीलिए सेब बेचनेवाले से डपटते हुए रोब में जब यह कहा जाता है कि 'ये सेब दागी हैं' (भले ही वे दागी न हों) तो इसके बचाव में जो कुछ वह कहना चाहता है, वह भाषा में कह नहीं पाता क्योंकि 'नहीं नहीं साहब जी' कहने के साथ उसके दुर्बल शरीर में खांसी शुरू हो जाती है। कविता में घटना सिर्फ इतनी है। लेकिन इसके बाद की पंक्तियों के द्वारा कवि इस घटना के पीछे छिपी हुई यंत्रणा की आत्यंतिक स्थितियों की पूरी अंतर्कथा सामने रख देता है।—'नहीं नहीं साहब जी' कहने के बाद सेब बेचने वाले को खांसी का लंबा दौरा पड़ गया। इस दौरे के बीच कवि ने बगैर उसके बोले ही सुन लिया कि 'नहीं नहीं साहब जी' के बाद वह कहना चाहता है कि आप निश्चित रहें, लेकिन वह कह नहीं पाया। खांसी के दौरे के बीच कवि ने अपनी ओर से सुन लिया कि सेब बेचने वाले ने उसे निश्चित रहने के लिए कहा है। यह आवाज कवि ने इसलिए सुनी है क्योंकि वह उस वर्ग के साथ है। इस तरह इस वर्ग विभाजित समाज में शोषण से जुड़े हुए वर्ग द्वारा अनायास ही किया गया अत्याचार किस तरह एक शोषित और असमर्थ आदमी के लिए बचाव के संदर्भ में आज जीने मरने के सवाल से जुड़ा हुआ है, यह कविता यथार्थ के इस जटिल आयाम को भी उदघाटित करती है। यह भी संघर्ष की एक स्थिति है, जिसकी समझ इस स्थिति के 'कारण' को खत्म करने वाले संघर्ष में विस्तार और तीव्रता पैदा करती है।

सेब बेचने वाला जीते रह सकने के लिए जो आत्यंतिक संघर्ष कर रहा है, यह उसकी नियति नहीं है। समय बदलने वाला है, जिसमें वह शोषण मुक्त होने के बाद मानवीय जीवन जी सकेगा। मुक्ति के अभियान में हिन्दुस्तान का यह वर्ग संगठित हो रहा है। दूसरी ओर इनके संगठित होने से जो शक्ति उत्पन्न हो रही है उससे अपने ही अंतर्विरोधों का शिकार शोषक वर्ग कहीं न कहीं भयत्रस्त है और शोषण पर आधारित अपनी राजसत्ता किसी भी तरह कायम रखने के लिए प्रयत्नशील है। इस दौर के यथार्थ का यह एक महत्वपूर्ण चेहरा है जिसे रघुवीर सहाय ने 'हैं' कविता में विस्तार से सामने रखा है। इस कविता में एक नाटकीय दृश्य की कल्पना की गई है जिसमें जनता की शक्ति से डरे हुए राजा तथा उसके संस्कृति मंत्री की बातचीत वर्णित है :

संस्कृति मंत्री से कहा राजा ने देखो देखो मंत्री जी
हर एक विधा के भीतर कितने ही प्राचीन कला रूप—
क्या तुम्हें यह उपयोगी नहीं दिखाई देता
क्यों नहीं तुम सैकड़ों कलाकार इसी काम पर लगा देते
कि वे उनमें से पुराने रूप लेकर नई रचनाएं करें ?

क्या तुम नहीं समझ पाते कि यह उनको
एक अनिश्चित आगामी कल रचने से रोक रखने का सरलतम ढंग है
यह समाज मर रहा है इसका मरना पहचानो मंत्री
देश ही सब कुछ है धरती का क्षेत्रफल सब कुछ है
सिकुड़ कर सिंहासन भर रह जाए तो भी वह सब कुछ है
राजा ने मन में कहा जो राजा प्रजा की दुर्बलता नहीं पहचानता
वह अपने देश को नहीं बचा सकता प्रजा के हाथों से
यह समाज मर रहा है, नकल अपनी ही नकल करता जा रहा है।
(हंसो हंसो जल्दी हंसो, पृ. 75)

बढ़ते हुए जन प्रतिरोध के बीच डरा हुआ राजा किसी तरह सत्ता में अपने को बरकरार रखने के लिए जनता की कमजोरियों को और भी विस्तार देना चाहता है ताकि जनता के हाथों अपनी सत्ता की किसी तरह वह रक्षा कर सके। जनता कमजोर ही बनी रहे इसके लिए वह अपने संस्कृति मंत्री से मंत्रणा करते हुए कहता हैं कि कलाकारों को पुराने कलारूपों को लेकर नई रचना करने के लिए कहो ताकि वे भटक जाएं और वास्तविक रचनात्मकता वे कभी पैदा ही न कर सकें। वह जानता है कि कलाकार का सबसे बड़ा औजार है उसकी रचनात्मकता। इस रचनात्मकता को अगर खंडित नहीं किया तो वे अपनी रचनाओं द्वारा ऐसा आगामी कल रच देंगे जो इस समाज को बदल देगा। राजा इसलिए इस समाज में नकल की संस्कृति को प्रश्रय देना चाहता है क्योंकि सामाजिक रचनात्मकता से उत्पन्न जन संस्कृति को खंडित करने का यही एक मात्र रास्ता है कि नकल को बढ़ावा दिया जाए। भारतीय समाज में जनविरोधी नकल की संस्कृति के पक्षधरों के लिए, जन संस्कृति के पक्षधर 'अपनी आग' से रचने वाले कलाकार दुश्मन हैं। राजा को इस बात से खुशी है कि जनता का एक नकलची समुदाय वास्तविक कलाकारों को अपना शत्रु मानता है। इसलिए जनता के बीच के इस आपसी विरोध को वह और भी तीव्र करना चाहता है तथा नकलचियों के साथ जन संस्कृति के पक्षधर कलाकार को अपना शत्रु घोषित करता है। जनता की कमजोरियों को पहचानकर राजा चाहता है कि इसे और भी विस्तार मिले ताकि और अधिक दिनों तक निरापद ढंग से शासन किया जा सके। इसी बीच राजा अपने 'शत्रु' प्रजा के विभिन्न समुदायों का विश्लेषण करके अपने वास्तविक दुश्मन की पहचान तो मंत्री को बता देता है लेकिन मंत्री जब उसकी इसी बात को सौगुनी ताकत से दुहराता है तो इस दुहराहट के बीच भाषा में रघुवीर सहाय एक ऐसा चमत्कार उत्पन्न करते हैं, जिससे राजा के 'शत्रु'—अपनी आग से रचने वाले कलाकार के अस्तित्व का अस्वीकार नहीं बल्कि उससे स्पष्ट स्वीकार व्यंजित हो जाता है :

इसलिए नौजवानों को पहले रोटी के बारे में सोचना चाहिए
और बाद में कुछ और जिसके लिए वक्त बहुत बड़ा है बुढ़ापे में
इतना प्रकट कहकर राजा स्वगत बोला जैसा वह अब भी
कभी-कभी करता था…
जो बूढ़े हो चुके वे हो चुके खत्म
जो बूढ़े हो रहे हैं वे अभी जिंदा हैं
जो जवान हैं और नतीजों पर पहुंच चुके हैं
वे भी खत्म हो चुके
जो जवान हैं और हर बार गलतियां करके
जानते जा रहे हैं कि गलतियां क्या हैं
वे अभी जिंदा हैं
जो अधमरे आदमी के चारों ओर पिटने वाले की भीड़ देख
मन में हिसाब बैठाते हैं कि वह अब बचेगा या नहीं
और बचता न दिखे तो एलान करते हैं कि एक नया आदमी
पैदा करना है साथियों
वे खत्म हो चुके
जो अधमरा आदमी है वह जिंदा है
वही देश के दुश्मन हैं—जोर से बोला
जो लोग कम होते जा रहे हैं शत्रु हैं संस्कृति मंत्री ने कहा
जो लोग जो लोग जो लोग
कम होते कम होते कम होते
जा रहे जा रहे जा रहे
अंत में उसने कहा हैं हैं हैं
(वही, पृ. 76-77)

अपनी आग से रचने वाले कलाकार जो कम होते जा रहे हैं, राजा द्वारा उनके अस्तित्व के अस्वीकार को दुहराते हुए मंत्री ने जब यह कहा कि 'हैं हैं हैं' और उससे स्वीकार की व्यंजना प्रकट हो गई तो उसने सोचा होगा कि यह मैंने क्या कह दिया !!

कविता के अंत में एक नाटकीय भाषाचमत्कार के कौशल से मरनासन्न अर्द्धसामंती अर्द्धपूंजीवादी समाज में रचनात्मक शक्तियों के मौजूद होने की निश्चिति को कवि ने जिस कलात्मकता के साथ उपस्थित किया है वह उसके शिल्पगत सक्षमता का सूचक है।

पतनशील संस्कृति के पोषक शोषकों के समाज के बीच इसके विरोध में खड़ी

होने वाली रचनात्मक जनशक्ति का दमन जिस तरह होता है उसे 'लोग भूल गए हैं' शीर्षक लंबी कविता में कवि ने और भी स्पष्ट रूप से व्यक्त किया है :

दुनिया ऐसे दौर से गुजर रही है जिसमें
हर नया शासक पुराने के आदर्शों को नया मानता
और जन, वंचित जन जो कुछ भी करते हैं काम धाम
राग रंग, वह ऐसे शासक के विरुद्ध ही होता है
यह सस्कृति उसको पोसती है जो सत्य से विरक्त है
देह से सशक्त दानशील धीर हैं
भड़ककर एक बार जो उग्र हो उसे तुरंत मार देती है
(लोग भूल गए हैं)

इस आतंककारी व्यवस्था में 'भड़ककर उग्र होने वाले' लोग ही नहीं बल्कि ऐसे लोग भी जो उस स्तर पर सक्रिय नहीं हैं, अक्सर मारे जाते हैं :

बूढ़े सुकुल का जब अंत समय आया
गिरते गिरते उसके शव ने मुंह बाया
सठियाया अपाहिज कुछ समझ नहीं पाया
सुना था जहां पर है कन्या कुमारी
दूर उसी दक्षिण से जब पहली बारी
गया आया हिन्दू तो गोली क्यों मारी
आंखें फाड़े सुकुल यह रहस्य देखता
उत्तर दक्षिण के ३६ भए देवता
केंद्रीय रिजर्व पुलिस भारत की एकता !
(हंसो हंसो···पृ. 31)

यह कविता सर्वप्रथम 'एकता' शीर्षक से प्रतिपक्ष के 1 दिसंबर 1974 के अंक में छपी थी। बिहार आंदोलन के दौरान 7 अप्रैल 1974 को गया में भ्रष्टाचार, कुशासन तथा लोकतांत्रिक मांगों को लेकर शांतिपूर्ण तरीके से धरना देने वाले छात्रों पर पुलिस ने बर्बरता के साथ गोली चलाई, जिसमें 50 लोग मारे गए। 12 अप्रैल को उसने फिर गोली चलाई जिसमें 12 से भी कम उम्र के आठ लड़के मारे गए। इन लड़कों के साथ मरने वालों में साठ वर्षीय बूढ़ा सुकुल भी हो सकता है। संभव है सड़क के किनारे चुपचाप खड़ा वह आंदोलनकारियों को देख रहा हो। तभी उसे अचानक पुलिस (उसे केंद्रीय रिजर्व पुलिस होना चाहिए क्योंकि 10 10 मार्च 1974 को आंदोलन शुरू होने के साथ उसके दमन के लिए बिहार के स्थानीय अधिकारियों के सहायतार्थ भारत सरकार द्वारा सीमा रक्षा बल की 18 तथा केंद्रीय रिजर्व पुलिस की 9 कंपनियां भेजी गई थीं) की गोली आ लगी।

गोली लगने के बाद जीवन की अंतिम घड़ियां गिनते हुए बूढ़े सुकुल के मन में कुछ प्रश्न आ-जा रहे हैं। इन प्रश्नों से ही कविता का सृजन हुआ है। दमन की बर्बरता के कार्यान्वयन के लिए सरकार देश के एक हिस्से के निवासी पुलिस को बिल्कुल दूसरे हिस्से में भेजती है। वह जानती है कि दक्षिण की पुलिस उत्तर की भाषा नहीं जानती। अतः उत्तर का जब दमन करना हो तो दक्षिण को बुलाओ। क्योंकि एक दूसरे की भाषा न समझने के कारण तुरंत वे एक नहीं हो सकते। यद्यपि उनकी समस्याएं और वर्ग एक ही हैं। अगर उत्तर की पुलिस को अपने ही लोगों पर अत्याचार करने के लिए कहा जाए तो वह इनकार कर सकती है। उन्हीं दिनों उसने ऐसा किया भी था। कहा जाता है कि बिहार आंदोलन के दौरान 18 मार्च 1974 को जब प्रदर्शनकारियों पर बिहार पुलिस ने बर्बरता के साथ गोली चलाने से इनकार कर दिया तो केंद्रीय रिजर्व पुलिस के गैरहिंदीभाषी जवान गोली चालन के लिए बुलाए गए। इन लोगों का इस्तेमाल गया में भी किया गया था, जिसमें किसी 60 वर्षीय सुकुल को गोली लगने की 'घटना' कविता में वर्णित है। कविता में सुकुल प्रश्न की भाषा में सोच रहा है—कि दक्षिण में कन्या कुमारी की यह हिंदूपुलिस गया जैसे तीर्थस्थल पर आकर पहले गोली ही क्यों चला दी! मृत्युन्मुख घायल सुकुल विस्मित आंखों से यह सब देखता हुआ इस रहस्य को समझ नहीं रहा था। उत्तर और दक्षिण के अलगाव तथा उसे पैदा करने वाले और उसके इस्तेमाल करने वालों का चरित्र उसकी समझ से बाहर था! कविता की अंतिम पंक्ति जैसे कवि की ओर से टिप्पणी है: दरअसल यह कितना विडंबनापूर्ण है कि उत्तर और दक्षिण भारत एक है इस रिश्ते को, अत्याचार के लिए केंद्रीय रिजर्व पुलिस का आवागमन ही परिभाषित करता है!! कविता का केंद्रीय कथ्य यह है कि वर्तमान राजसत्ता अन्याय के विरुद्ध लड़ने वाली भारतीय जनता की एकता को तोड़ना चाहती है। यह एकता जनता की राजनैतिक एकता है। बिहार आंदोलन के दौरान जनता की यह राजनैतिक एकता पैदा हुई थी। राजसत्ता के द्वारा किए जाने वाले ऐसे दमन से उसे एक लाभ यह होता है कि उससे सांस्कृतिक एकता भी टूटती है, जो मरते हुए सुकुल के प्रश्नों से लग रहा है।

दमन और आतंक से भरे वर्तमान समाज में मुक्ति के अहसास की सबसे सहज और मानवीय अभिव्यक्ति 'हंसी' आज विचित्र विडंबनाओं का शिकार हुई है। 'हंसी' के इस नए रूप को रघुवीर सहाय ने अक्सर अपनी कविता में पहचानने की कोशिश की है। लोठार लुत्से से बातचीत के दौरान उन्होंने कहा भी है कि "हंसी को मैंने आदमी की बदलती हुई हालत का सूचक जैसा मान लिया है और जहां भाषा से—उसकी भाषा से—उसको समझना उतना आसान नहीं होता है वहां आप अक्सर देखते हैं कि आदमी की हंसी से आप उसको समझ लेते हैं।"

(लिखने का कारण, पृ. 97) क्योंकि "मैंने कई बार लोगों को हंसते देखा—तरह तरह से हंसते देखा और यह पाया कि हंसकर ये लोग बहुत कुछ छिपाना चाह रहे हैं, लेकिन उनकी हंसी बहुत कुछ कह देती है और इस हालत में पड़े हुए लोगों की असहायता और अवशता ने मुझे बहुत बेचैन किया।" (वही, पृ. 101) "कवि की यह बेचैनी मानवीय संवेदना के सबसे निकट की अनुभूति की स्वाभाविक अभिव्यक्ति के निरंतर भ्रष्ट होते चले जाने से उत्पन्न हुई है। जीवन यात्रा के आरंभिक दिनों से ही हंसी, जो मुक्ति के अहसास की पहली संवेदनात्मक मानवीय अभिव्यक्ति है, वर्तमान दौर में एक तरह से उस पर पाबंदी लग गई है। आज के मनुष्य का अपनी संवेदना के साथ स्वयं किए जाने वाले भ्रष्टाचार को देखकर रघुवीर सहाय कहते हैं कि एक बहुत बड़े समाज की तस्वीर मेरे दिमाग में आती है कि जहां लोग कमजोर, कायर और साथ में चालाक हैं और वे ऐसी कोई हंसी बरदाश्त नहीं करेंगे जो कि एक स्वतंत्र आदमी की हंसी हो—" (वही, पृ. 98) क्यों? इसलिए कि एक स्वतंत्र आदमी जो गुलाम बनने से इनकार करता है वह कभी भी संस्थान के लिए खतरा बन सकता है। यह हंसी सिर्फ हंसी नहीं है बल्कि वह ऐसी हंसी हंसने वाले के अस्तित्व का उद्घोष है कि वह है और अपनी एक स्पष्ट राय के साथ है। लेकिन वर्तमान दौर में ऐसी हंसी खत्म होती जा रही है और एक दिखावटी हंसी का इस्तेमाल आत्मरक्षार्थ किया जा रहा है। 'हंसो हंसो जल्दी हंसो' कविता इस विडंबनापूर्ण हंसी से साक्षात्कार का अन्यतम उदाहरण है :

हंसो तुम पर निगाह रखी जा रही है
हंसो अपने पर न हंसना क्योंकि उसकी कड़वाहट
पकड़ ली जाएगी और तुम मारे जाओगे
ऐसे हंसो कि बहुत खुश न मालूम हो
वरना शक होगा कि यह शख्स शर्म में शामिल नहीं
और मारे जाओगे
हंसते हंसते किसी को जानने मत दो कि किस पर हंसते हो
सबको मानने दो कि तुम परास्त होकर
एक अपनापे की हंसी हंसते हो
जैसे सब हंसते हैं बोलने के बजाय
... ...
बेहतर है कि जब कोई बात करो तब हंसो
ताकि किसी बात का कोई मतलब न रहे।
(हंसो हंसो जल्दी हंसो, पृ. 25)

कविता में शोषित जनों की जो विवशता बयान की गई है वह वर्तमान दौर में

चेतना के धरातल पर जनता की आत्यंतिक यंत्रणा का परिचायक है। इस कविता में वह व्यक्ति जो सलाह दे रहा है उसके सोच की केंद्रीय चिंता यह है कि वर्तमान दौर में किस तरह समाज के दमनकारी वर्ग से तात्कालिक रूप से अपने को बचा लिया जाए। कविता में हर सलाह के अंदर गहरे व्यंग्य के साथ ही एक भयानक पीड़ा भी छिपी हुई है क्योंकि अगर ध्यान से देखें तो कविता में जिसे सलाह दी जा रही है उसके साथ ही वह शुभ चिंतक सलाहकार भी व्यवस्था के विरुद्ध है, क्योंकि उसकी सारी सलाहों से ध्वनि यह निकलती है कि समाज में आज जिस भयावहता के साथ दमन हो रहा है उस दमन की ट्रेजडी को समझ कर उस पर व्यंग्य करो। दरअसल शोषक वर्ग के विरुद्ध जो लोग लड़ सकते हैं उनमें से अधिकांश ने जिस पतन और नीचता को स्वीकार लिया है उस मानसिकता वाले समूह से विरोध की फिलहाल क्या उम्मीद की जा सकती है ? कविता के उत्तरार्द्ध में हितचिंतक की यह सलाह ध्यातव्य है जब वह कहता है कि "और ऐसे मौकों पर हंसो/जो कि अनिवार्य हों/जैसे गरीब पर ताकतवर की मार/जहां कोई कुछ कर नहीं सकता/उस गरीब के सिवाय/और वह भी अक्सर हंसता है।" (हंसो हंसो··· पृ. 26)

कविता में जिस शोषित गरीब आदमी पर अनिवार्य रूप से मार पड़ रही है, वह आदमी वर्ग सचेत तो नहीं ही है साथ ही वह प्रतिरोध करने की स्थिति में न आ सके इसलिए 'ताकतवर लोगों' द्वारा उसकी चेतना भी भ्रष्ट कर दी गई है। यही कारण है कि वह खुद पर मार पड़ने का विरोध करने के बदले हंस कर टालता है ताकि और ज्यादा मार न पड़े। विडंबना की यह इंतहा है। 'गरीब आदमी' की इस यातनामय जिंदगी में निर्णायक परिवर्तन तो तभी हो सकता है जब वह स्वयं अपने वर्ग के साथ ताकतवरों के विरुद्ध प्रतिरोध में खड़ा हो, लेकिन भारतीय संदर्भ में इस वर्ग की मुश्किल यह है कि वह राष्ट्रीय पैमाने पर वर्ग सचेत और संगठित नहीं है। मार्क्सवादी क्रांतिकारियों को राष्ट्रीय स्तर पर एकजुट होकर दमन के विरुद्ध निर्णायक प्रतिरोध की स्थिति उत्पन्न करनी चाहिए। असंख्य हिस्सों में बंट कर जन संघर्ष को वे कितनी दूर ले गए हैं, इसका पुनर्मूल्यांकन करें तो स्थिति स्पष्ट हो जाएगी। पिछले अनुभव बताते हैं कि सिर्फ विचारधारा के व्याकरण पर बहस करके कभी एकता स्थापित नहीं होगी। यह एकता होगी सामान्य कार्यक्रमों को लेकर चलाए जाने वाले एकजुट संघर्ष के बीच और वही स्थायी भी होगी, वरना गरीब पर ताकतवर की मार पड़ती रहेगी और वह उसे हंसकर झेलने को अभिशाप्त होगा।

कविता की अंतिम पंक्तियां है :

> हंसो हंसो जल्दी हंसो
> इसके पहले कि वह चले जाएं

उनसे हाथ मिलाते हुए
नजरें नीची किए
उनको याद दिलाते हुए हंसो
कि कल भी तुम हंसे थे
(हंसो हंसो···पृ. 26)

इन पंक्तियों में हितचिंतक की सलाह से यह व्यंग्य स्पष्ट रूप से प्रकट होता है कि समाज में उपर्युक्त स्थितियों की हद तक दयनीय बनो तभी तुम ताकतवरों के समाज में जीवित रह सकते हो ! उन पराधीन स्थितियों पर यह आत्यंतिक व्यंग्य है जिसमें हमें आज जीना पड़ रहा है।

रघुवीर सहाय की कविताओं में सिर्फ शोषित जनों की विडंबनापूर्ण हंसी ही नहीं शोषक वर्ग के प्रतिनिधियों की अश्लील और भयावह हंसी भी सुनाई पड़ती है :

निर्धन जनता का शोषण है
कह कर आप हंसे
लोकतंत्र का अंतिम क्षण है
कहकर आप हंसे
सबके सब हैं भ्रष्टाचारी
कहकर आप हंसे
चारों ओर बड़ी लाचारी
कहकर आप हंसे
कितने आप सुरक्षित होंगे
मैं सोचने लगा
सहसा मुझे अकेला पा कर
फिर से आप हंसे (वही, पृ. 16)

यहां यह याद दिलाने की आवश्यकता नहीं है कि पिछले 18 सितंबर 1981 को कांग्रेस (इ) के संसदीय दल की बैठक को संबोधित करते हुए (प्रतिपक्ष के द्वारा अंतुले प्रसंग के बाद सरकार पर लगाए गए भ्रष्टाचार के आरोपों के जवाब में) प्रधानमंत्री ने कहा था कि "भ्रष्टाचार विश्वव्यापी बीमारी है और भारत भी इससे अछूता नहीं रह सका है।" (दैनिक हिंदुस्तान, 19 सितंबर 1981, पृ. 1) संकट-ग्रस्त पूंजीवाद जो अनिवार्यतः भ्रष्टाचार की स्थितियां उत्पन्न करता है, उसकी प्रवक्ता भारत की प्रधानमंत्री इंदिरा गांधी का यह तर्क आगामी भविष्य के नक्शे भी खींच रहा है, जिसे समझ लेने की आवश्यकता है। वैसे ऐसी हंसी को थोड़ी भिन्नता के साथ रघुवीर सहाय ने 'आत्महत्या के विरुद्ध' की कुछ कविताओं में भी सुनी थी :

तब गजब का सफेद कुरता पहने हुए
बोला उपप्रधानमंत्री लेखक सभा में
हम में हर एक कपड़ों के नीचे नंगा है
फिर मुस्कराया मशीन पर
(आत्महत्या के विरुद्ध, पृ. 67)

बीस बड़े अखबारों के प्रतिनिधि पूछें पच्चीस बार
क्या हुआ समाजवाद
कहे महासंघपति पच्चीस बार हम करेंगे विचार
आंख मार कर पच्चीस बार हंसे वह
पच्चीस बार हंसे बीस अखबार
एक नई तरह की हंसी यह है।
(आत्महत्या के विरुद्ध, पृ. 12)

यह नई हंसी समाज की बदलती हुई हालत के समानांतर अस्तित्व में आई है। 'आत्महत्या के विरुद्ध' की इस हंसी से 'हंसो हंसो जल्दी हंसो' के दौर की हंसी ज्यादा भयावह और जटिल है। लेकिन 'हंसो हंसो जल्दी हंसो' के बाद के दौर की कविताओं में रघुवीर सहाय की कविताओं में सुनाई पड़ने वाली हंसी भयावहता और जटिलता में सर्वाधिक संश्लिष्ट और मारक है। कहने की आवश्यकता नहीं कि 'आत्महत्या के विरुद्ध' (सातवां दशक) तथा 'हंसो हंसो जल्दी हंसो' (आठवें दशक का पूर्वार्द्ध) के बाद के दौर में शोषित मनुष्य और भी अधिक दमन का शिकार हुआ है तथा उसकी हालत बिगड़ी है। 'तुम्हारी हंसी' कविता में इसे आसानी से पहचाना जा सकता है :

तुम हंसते हो : कभी बिना जाने हुए कि
क्यों हंसते हो
कभी मुसकुराते दीखते हो
पर वह मुसकुराहट नहीं है
वह एक दुःख भरी जिंदगी के तनाव में
एक क्षण के लिए किसी के खुलने से
अभी आई हुई एक ढील है
अक्सर याद करके देखो, वह किसी का दुःख देख कर आती है
(साप्ताहिक हिंदुस्तान 19-25 अगस्त 1979)

यह कविता क्लांत और विषाद युक्त दो जीवन के एक क्षण का चित्र है। निरंतर दमन से त्रस्त अपने चेहरे पर तनाव लिए जब हम अपने ही समान किसी और

के दु:ख को देखते हैं तो अचानक ही हमारे चेहरे की रेखाओं में एक परिवर्तन आता है, यह परिवर्तन स्वाभाविक ही है क्योंकि दूसरों को दु:ख में देखकर अचानक हम इस अहसास से भर उठते हैं कि यह हमारे ही दु:ख का विस्तार है। इस अनुभव के दौरान हमारे चेहरे की रेखाएं कुछ ढीली पड़ती हैं, अपना तनाव शिथिल होता लगता है जो मुस्कुराहट जैसा दिखता है, जबकि वह मुस्कुराहट है नहीं, वह तो किसी के द्वारा दु:ख प्रकट करने की स्थिति में अनुभव करने के दौरान एक क्षण के लिए आई हुई तनावरहितता है जिसे हम किसी और शब्द के अभाव में मुस्कुराहट समझ रहे हैं। लेकिन सच तो यह है कि दूसरे के दु:ख को जान लेने के बाद जब वह उससे वास्तविक सहानुभूति का रिश्ता बनाएगा तब शायद चेहरे का पिछला तनाव और भी नुकीलेपन के साथ चेहरे पर रेखांकित हो जाएगा !

रघुवीर सहाय ने अपनी ऐसी रचनाओं द्वारा कविता में अनुभव की जटिलता के समकालीन संसार को इधर की कविताओं में निरंतर ही पुन: सृजित किया है। यह पुन: सृजन हिंदी कविता को अनुभव और संवेदना की ऐसी दुनिया में ले जाता है जो अब तक कविता से बाहर था। यह नई संवेदना उनकी और भी बहुत सी कविताओं में देखी जा सकती है। रघुवीर सहाय के कविकर्म की यह दिशा कविता के विषय क्षेत्र का विस्तार करती है और गतिशील सामाजिक यथार्थ के स्वरूप के अनुसार अपनी कविता की नई प्रासंगिक दुनिया बनाती है। आचार्य शुक्ल ने बहुत पहले आने वाले समय में कविकर्म के कठिन होने की आशंका व्यक्त की थी। वर्तमान दौर में इस कठिनाई को नए अनुभव और नई संवेदनाओं के पुन: सृजन से रघुवीर सहाय के कवि ने अपने लिए सरल बनाया है। हंसी के विभिन्न प्रसंगों के सहारे रघुवीर सहाय ने जिन अछूते अनुभवों और संवेदनाओं की नई दुनिया की सृष्टि की है वह वर्तमान समाज की हमारी समझ को व्यापकतर बनाती है। यह कितनी विडंबनापूर्ण स्थिति है कि एक ओर मानवीय अनुभूति की श्रेष्ठतम संवेदनात्मक अभिव्यक्ति हंसी अगर शोषित जनों के समाज से गायब हो रही है और महज तनावरहितता को हंसी समझा जा रहा है वहीं शोषक वर्ग के नुमाइंदों की हंसी और भी क्रूर और अश्लील होती जा रही है :

> मुसकाकर प्राध्यापक परिषद में मुझे आंख मारी
> गृहमंत्री ने
> कहते तुम ठीक हो चुप रहो
> और मेरे साथ बेइमानी में शरीक हो जाओ।
> (आत्महत्या के विरुद्ध, पृ. 85)

रघुवीर सहाय इस बेइमानी में शरीक होने से इनकार करते हुए अपने रचनाकार

के वास्तविक कर्म को परिभाषित करते हैं। 'यदि मैं चित्रकार होता' कविता में उन्होंने अपने कर्म की पहचान निश्चित करने के साथ ही उन दबावों का सूक्ष्म विश्लेषण किया है जो कला में आज उपभोक्ता संस्कृति के पक्षधरों द्वारा उत्पन्न की गई है। उपभोक्ता संस्कृति के पक्षधर कला को अपने मुनाफे की एक वस्तु बनाकर उसे भ्रष्ट कर रहे हैं और कलाकारों को अपनी बेइमानी में शरीक कर रहे हैं।

आज जीवन के प्रत्येक क्षेत्र को समाज की उपभोक्ता संस्कृति ने अपनी गिरफ्त में ले लिया है। शोषण का यह नया प्रकार है जिसे पतनशील पूंजीवाद ने विकसित किया है। वह हर चीज को अपने पक्ष में इस्तेमाल करने का गहरा कुचक्र रच रहा है। यहां तक कि 'अकाल' जैसे मानवीय शोक के प्रसंग की तस्वीरों को रंग कर वह अपनी व्यावसायिक पत्रिकाओं के मुख पृष्ठ पर छापता है। दरअसल वह एक सनसनी पैदा करना चाहता है जिससे अधिक संख्या में अपनी पत्रिका बेच सके :

रंग एक दमदार चीज है
इसीलिए वह सबसे ज्यादा कब्जा करने के काबिल भी है
शब्दों से भी ज्यादा : शब्दों को तो यों ही कह देते
है ब्रह्म : शब्द के अर्थ निकल सकते हैं दो, रंगों के नहीं
इसलिए रंग बनाने और बेचने वाले अपने
चित्रकार ले कर आते हैं तस्वीरें रंगीन बनाने को अकाल की
..   ..
देखो जिनको मारा है उनके चेहरों को देखो
उन पर कोई रंग नहीं है
पर सौदागर जरा देर में
उनमें कोई रंग डालकर
उसको कपड़े पहना देंगे
चिकनाए आवरण पृष्ठ पर
(कंक, जनवादी कविता विशेषांक 1981, पृ. 91)

रघुवीर सहाय का रचनाकार कला के इस भ्रष्ट अनुकूलन के विरुद्ध है। वह ऐसी अनुकूलित तस्वीर आंकने का विरोध करता है :

सबसे ताजी शैली तो यह है कि
ढेर से मरे हुओं की लाशों का
संपुंजन—एक संतुलित संपुंजन

करें और उससे तटस्थ हो
कहें कि यह आकार-सृष्टि है
कसम ले लो मैं नहीं बनाता।
(वही, पृ. 90)

कविता से स्पष्ट है कि कवि यथार्थ के महज तटस्थ चित्रण के भी विरुद्ध है। वह तो जैसे आह्वान के लहजे में कला प्रक्रिया की इस तटस्थता वाली भूमिका का विरोध करते हुए कलाकारों से शोषितों का पक्ष चुनने के लिए आग्रह करता है :

यदि तुम रंगों का यह हमला
रोक सको तो रोको वरना
मत आंको तस्वीरें
कम से कम विरोध में
और अगर चेहरे गढ़ने हों तो
अत्याचारी के चेहरे खोजो
अत्याचार के नहीं
इसको हम जानते बहुत हैं
वह अब भी छिपता फिरता है।
(वही, पृ. 91)

अत्याचार का चेहरा गढ़ने के बदले इसे संभव करने वाले अत्याचारियों के चेहरे की तलाश यह बताती है कि कवि वर्तमान समाज के सिर्फ अत्याचार नहीं बल्कि जिनके द्वारा ये अत्याचार होते हैं उन अत्याचारियों को और भी स्पष्टता से सामने लाना चाहता है। तात्पर्य यह कि सिर्फ यथार्थ चित्रण ही नहीं बल्कि इस भयावह यथार्थ के उत्पन्न होने के कारणों को खोजकर रचनाकार द्वारा उस पर प्रहार भी आवश्यक है।

हिंदुस्तान में घट रहे वर्तमान आत्यंतिक अत्याचारों के पीछे पूंजीवाद और सामंतवाद का सम्मिलित अश्लील चेहरा है। रघुवीर सहाय अपने कविकर्म से इस चेहरे पर प्रहार करते हैं।

दरअसल भारतीय पूंजीवाद, जिसने सामंतवाद से समझौता कर रखा है, किसी न किसी तरह अपने को बनाए रखना चाहता है। लेकिन यह कतई संभव नहीं है, क्योंकि इतिहास की गति को वह उलट नहीं सकता। उसका विनाश निश्चित है। इसलिए अंतिम दौर में वह रक्षात्मक लड़ाई लड़ रहा है। स्वतंत्रता, समानता तथा बंधुत्व के अपने पुराने नारे के साथ वह अब भी लोकतंत्र का ढोंग करता है लेकिन जब भी जनता बड़े पैमाने पर अपने अधिकारों के लिए जागरूक

होती है, यह बुर्जुआ लोकतंत्र अपना नकली मुखौटा उतार कर फासी प्रवृत्तियों के साथ जन अधिकारों के दमन के लिए प्रस्तुत हो जाता है। पिछले आपातकाल के प्रसंग को यहां दुहराने की आवश्यकता नहीं है।

रघुवीर सहाय की कविताएं इस संकटग्रस्त पूंजीवाद को अंतिम रूप से दफन कर देने के लिए विरोध में उठे हुए हाथ की तरह हैं। कवि के लिए यह आवश्यक है कि मुक्ति के लिए प्रयत्नशील भारतीय जनता के सामूहिक संघर्षों के और भी मोर्चों को अपनी कविता की दुनिया में लाकर उसे विस्तृत करने की प्रक्रिया में तीव्रता लाए। पूंजीवाद जो आज धरती पर 'मानवता के विरुद्ध अपराधी' घोषित होकर शब्दकोश का सबसे घृणास्पद शब्द बन गया है, इसे शोषित लोग अपनी दुनिया और अपने शब्दकोश से निकाल बाहर करना चाहते हैं। इन शोषित संघर्षकारी जनों के लिए रघुवीर सहाय का कविकर्म संघर्ष यात्रा का अमूल्य पाथेय है।

परिशिष्ट

एक

'रचना विनाश के विरुद्ध कार्रवाई है'

(रघुवीर सहाय से साक्षात्कार)

[यह भेंटवार्ता दिल्ली में रघुवीर सहाय के पुराने घर (361/4, रामकृष्ण पुरम) पर ही की गई थी; प्रेस इन्क्लेव स्थित नए मकान सी 3 में नहीं। वह रविवार का दिन था। सुबह के बाद और दुपहर के पहले का समय। रघुवीर सहाय अंदर के आंगन में मिले। लेकिन वहां धूप इतनी काफी नहीं थी कि दिल्ली की कनकन ठंड झेली जा सके। फिर यह पूरी वार्ता कमरे में आकर टेप की गई थी।

चारों ओर से किताबों और पत्रिकाओं से भरे इस कमरे में रघुवीर सहाय के व्यस्त पत्रकार जीवन के विपरीत एक सादगी, स्थिरता और शांति थी जिसके मूल में उनकी पत्नी श्रीमती विमलेश्वरी सहाय की सुरुचि का योगदान अधिक दिखता था। दीवार पर उनके बच्चों द्वारा बचपन में की गई चित्रकारी के अलावा सहाय जी के पिता की पुरानी तस्वीर भी लगी थी, 'पिता की छवि'। फूलदान में सफेद ताजे फूल। बिल्लियां—भूरी या मुनमुन (मुनमुन, सहाय जी की एक कहानी 'चालीस के बाद प्रेम' की प्रमुख पात्र भी है) कभी कभी हीटर के पास आकर बैठती थीं और थोड़ी देर में दूसरे दरवाजे से निकल जाती थीं। रघुवीर सहाय को बिल्लियां प्रिय हैं, कुत्ते नहीं। इसका कारण वे यह बतलाते हैं कि बिल्लियों में एक स्वाभिमान होता है जबकि कुत्ते बेहद खुशामद करते हैं।

अगर सहाय जी के पास लंबा वक्त हो तो निरंतर ताजगी और जीवंतता के साथ उनसे राजनीति, कला, साहित्य तथा मौसम पर घंटों बातचीत की जा सकती है और उन्हें याद रखा जा सकता है या चुपचाप रिकार्डित संगीत सुना जा सकता है (भीमसेन जोशी उनके प्रिय गायक हैं)। बाहर से जाने वाले लोगों को इस कमरे में एक सहज पारिवारिक आत्मीयता का अहसास स्वाभाविक ही है।

रघुवीर सहाय से ये प्रश्न भेंटवार्ता के समय ही पूछे गए। पहले से प्रश्नावली लेने से उन्होंने इनकार किया था क्योंकि 'यदि इनके उत्तर मेरे व्यक्तित्व से स्फूर्त हैं तो उन्हें पहले से उकसाने की जरूरत नहीं।']

सुरेश शर्मा : सहाय जी, आपने लिखा है कि जब आपने लिखना शुरू किया, उन्हीं दिनों देश को आजादी मिली थी, उस आजादी ने आपको एक नए स्वप्न और निर्माण के दायित्व से जोड़ा था—लेकिन क्या आपके लेखन प्रारंभ की परिस्थिति सिर्फ इतने से परिभाषित हो जाती है ? या और भी ऐसी स्थितियां और कारण थे जिनसे आपके लिखने का उद्देश्य निर्धारित हो रहा था ?

रघुवीर सहाय : आपने दो प्रश्न एक में मिला दिए हैं। एक तो यह कि जब मैंने लिखना शुरू किया था तब उन्हीं दिनों देश को आजादी मिली थी और एक तरह की आशा और स्वप्न से मैं जुड़ा था, दूसरे यह कि क्या मैं उस समय अपने लिखने के उद्देश्य को जानता था ? या कि और भी कुछ कारण थे जिससे मेरा उद्देश्य निश्चित होता था ? एक बहुत बड़ा क्षितिज हो सकता है, जिसमें वह उद्देश्य फैला हुआ हो, केवल सुंदर स्वर, छंद, शब्द को पहचानना, उन्हीं को फिर से सृजित करना, यह भी एक उद्देश्य का हिस्सा था। कुछ ऐसी बातें हैं जो न्यायोचित और सत्य लगती हैं, उनको कहना भी उद्देश्य था। इस प्रकार उद्देश्य की पूरी एक परिधि हो सकती है। मैं यह नहीं कहूंगा कि उस समय उसे मैं अच्छी तरह पहचानता था, लेकिन वह रहा जरूर होगा।

जब मैंने यह कहा कि एक स्वप्न और एक आशा से अनुप्राणित हम लोग थे उस समय तो मेरा मतलब यह नहीं था कि एक राजनैतिक विचारधारा से हम लोग अनुप्राणित थे। उसका मतलब सिर्फ यह है कि हमें एक ऐतिहासिक सत्य की प्रतीति हुई कि अब हमारे बहुत से जो सत्ता और शक्ति के अधिकार हैं वे भारत के लोगों के ही हाथ में आ गए हैं। इससे आगे के लिए एक तरह की उम्मीद तथा बहुत सी सामाजिक इच्छाओं को पूर्ति करने की आशा बंधती थी; इसलिए मैं आपका उत्तर यही दूंगा कि मेरे मन में उस समय लिखने का कोई उद्देश्य पूरी तरह स्पष्ट नहीं था लेकिन इस आशा के अलावा लिखने के दूसरें जो प्रेरक तत्व थे उसमें एक बहुत बड़ा तत्व था भाषा का आकर्षण। जो कुछ उससे पहले लिखा-पढ़ा था उसी के आधार पर एक नई चीज, सुंदर चीज बनाने का मोह या लोभ, यही लिखने के दूसरे प्रेरक तत्वों में थे, और यद्यपि उस समय सामाजिक चेतना के स्तर पर या राजनैतिक समझ के स्तर पर या यहां तक कि साहित्यिक समझ के स्तर पर मेरा दिमाग बहुत विकसित नहीं था, लेकिन कुछ मौलिक बातों के बारे में, जो सामाजिक मूल्य कहे जा सकते हैं, उनके बारे में, दृष्टि जरूर यथेष्ठ स्पष्ट थी। इस प्रकार भाषा तथा एक सामाजिक सत्य के लिए आग्रह और फिर वह आशा जो चारों तरफ व्याप्त थी—ये तीन चीजें, आप कह सकते हैं कि लिखने के लिए प्रेरित करती थीं।

सुरेश शर्मा : लेकिन क्या यह आशा और स्वप्न का प्रसंग इतना महत्पूर्ण था कि

आजादी के बाद विभाजन, दंगा तथा गांधी की हत्या के संदर्भ, नए रचनाकारों के सोच को प्रभावित नहीं कर सके और निरंतर एक रोमानियत उनकी उस समय कविताओं में दिखलाई पड़ती रही। उदाहरण के लिए 'दूसरा सप्तक' की अधिकांश कविताएं ली जा सकती हैं।

रघुवीर सहाय : आप तमाम दूसरे साहित्यकारों की बात पूछ रहे हैं या सिर्फ मेरी ही बात पूछ रहे हैं ?

सुरेश शर्मा : नहीं, मैं उस पूरे दौर की बात कर रहा हूं जिसके बारे में कहा जाता है कि आजादी के बाद का यह आरंभिक दौर एक नए रोमान का दौर है। आपकी इससे कहां तक सहमति-असहमति है ?

रघुवीर सहाय : हां, लगता है कि यह बात सही है। पर जिन लोगों ने इस रोमान को अपनी एक रचनात्मक उपलब्धि के रूप में पाया और उसी तरह से उसे सजाया-संवारा और सिरजा, उसको संभाल कर रखा, उसको महत्व दिया, उन लोगों के संस्कार में, प्रशिक्षण में, जीवन में जिससे उन्होंने जो सीखा समझा था, जिससे वे बने थे उसी में यह निहित था कि वे सामाजिक रिश्तों के बारे में बहुत सचेत नहीं हैं और अगर हैं भी तो यथास्थितिवादी हैं। यहां तक कि जितने ऐसे तथ्य वे समाज में पाते हैं जो प्रकट रूप से असत्य, अन्याय और अत्याचार को दिखाते हैं उनके प्रति भी वे बहुत निर्मम हैं। वे इस हद तक यथास्थितिवादी हैं कि उनसे वे विचलित नहीं होते। तभी एक खास तरह की मनःस्थिति में हर चीज में उनको एक आशा ही आशा दिखती है, एक आकांक्षा ही आकांक्षा दिखती है, स्वप्न ही स्वप्न दिखता है और वे रोमानियत के तत्व को निरंतर स्थापित करते चल सकते हैं।

यह तो लोगों की एक कोटि हुई और आलोचकों ने जिस रोमानवाद का उल्लेख किया है उसके दायरे में इस कोटि के कवि आएंगे। ऐसे कवि जिनमें सामाजिक चेतना या तो है नहीं या है तो यथास्थितिवादी है, उस रोमानवाद के सृष्टा हैं। क्योंकि सामाजिक चेतना का न होना और यथास्थितिवादी चेतना का होना दोनों एक जगह जाकर एक ही नतीजे पैदा करते हैं। पर हमारे जैसे ऐसे बहुत से और लोगों के लिए जिन्होंने उस समय लिखना शुरू किया था, वह सामाजिक चेतना की शिक्षा का भी प्रारंभिक काल था। अगर आप यह सब कुछ मानकर चल रहे हों कि कवि जब लिखता है तो एक बिलकुल परिपक्व और पुष्ट ढंग से तैयार हो चुका होता है तो शायद ऐसा है नहीं। उसका जो साहित्यिक अभ्यास या प्रयोग या कर्म या जो चेष्टा है वह उसके बौद्धिक विकास के साथ एक दूसरे पर असर डालती हुई चलती है।

इस तरह आजादी के बाद कवियों की एक कोटि ऐसी थी जो मूलतः रोमानवाद को ही अपना परम प्राप्य मानती थी लेकिन हमारे जैसे लोग जो इस धारा में नहीं थे उन्होंने बहुत जल्दी ही पाया कि यह जिस तरह की आशावादिता उनके मन में उत्पन्न होती है उसको वे लगातार रोमानी शब्दों में प्रतिबिंबित करने में असमर्थ हैं, क्योंकि तुरंत उस कविता का खोखलापन दिखाई देने लगा था। और उसमें से वे उभरे, उसमें से निकले और उन्होंने नई चीजें खोजीं। पर यह बात कि उन्होंने उस रोमानी तत्व का इस्तेमाल इसलिए किया क्योंकि उनके पास जो परंपरा से दिया हुआ भंडार था वह उसका एक हिस्सा था। इसलिए उसी का इस्तेमाल करके उन्हें नई चीजें खोजनी थीं सिवाय इसके उसका और कोई वैचारिक या राजनैतिक या सामाजिक अर्थ नहीं निकलना चाहिए।

सुरेश शर्मा : आपने जब लिखना शुरू किया तो एक तरह से नए काव्य का समारंभ हो चुका था। मोटे तौर पर एक समुदाय ऐसा था जो 'प्रयोग' का आग्रही था, दूसरा 'प्रगति' का। दोनों अपनी अपनी तरह कविता में जीवन संभव कर रहे थे। इन दोनों प्रवृत्तियों से आपकी कहां सहमति-असहमति थी ? बाद में कुछ लोगों ने कहा कि एक हद तक इन दोनों प्रवृत्तियों का एक सीमित सामंजस्य 'नई कविता' का संस्कार बना। इस 'नई कविता' के 'आंदोलन' को आप किस रूप में देखते हैं ? किस हद तक अपना लगाव या अलगाव महसूस करते हैं ? क्या इसे थोड़े में स्पष्ट करना चाहेंगे ?

रघुवीर सहाय : पहले तो अंतिम सिरे से ही चलें। 'नई कविता' के आंदोलन से मेरा कोई मतलब कभी नहीं रहा और किसी तरह से मेरा उससे कोई लगाव नहीं है। क्योंकि 'नई कविता' का जो आंदोलन कहा जाता है उसमें कवि लोग जो कर रहे थे, उस सबसे अलग मैं कुछ कर रहा था। और आंदोलन की हैसियत से तो मैं किसी तरह के कविता संबंधी आंदोलन में शामिल नहीं हुआ। मुझे पता नहीं आज शामिल हूं या नहीं हूं, या आलोचक किस तरह किसी का उसमें शामिल होना या न होना स्थिर करते हैं, उसको मैं ठीक ठीक नहीं कह सकता। अपनी ओर से सचेत भाव से मैं किसी आंदोलन में शामिल नहीं हुआ हूं। अगर 'नई कविता' के संचालकों ने अपने प्रकाशनों में मुझे शामिल किया है तो इसलिए नहीं कि मुझे उसकी जरूरत थी बल्कि इसलिए कि वे मेरा उपयोग करना चाहते थे और ऐसा करते हुए मुझे अंतरंग मंडल में तो माना ही नहीं उलटे मेरे काव्य के बारे में प्रचार किया कि यह सहज कविता है।

मुझे बराबर यह लगा है कि ये जितने भी आंदोलन हुए हैं अर्थात जितने नाम दिए गए हैं, उनके पीछे संगठन किया गया है, प्रचार किया गया है, सैद्धांतिक विश्लेषण किया गया है, सब बहुत दकियानूसी हैं। वास्तव में वे न तो रचनात्मक

हैं और न आधुनिक हैं। बहुत करके वे कुछ सीमित स्वार्थों के कारण आपस में प्रति-स्पर्धा के कारण चलाए गए हैं और उनके वैचारिक आधार बहुलांश में बनावटी हैं। ऐसे आंदोलनों के सदस्यों के अंदर सामाजिक चेतना की जो आग होती भी है वह आंदोलन स्वयं दबा देता है। अगर इन कविताओं में कोई सच्चाई थी भी तो उस आंदोलन को उचित ठहराने वाले सिद्धातों और तर्कों-वितर्कों में वह दब गई है। यह बात मैंने आम तौर से आंदोलनों के बारे में कही। अगर आप उस समय की 'नई कविता' के आंदोलन का विश्लेषण करें और उसके निर्धारक तत्वों को देखें तो आप नहीं पाएंगे कि मैं उस आंदोलन से जुड़ा था। आपने कहा है कि 'नई कविता' से पूर्व 'प्रयोग' और 'प्रगति' की दो धाराएं थीं। मेरा कहना यह है कि यह 'प्रगति' और 'प्रयोग' नाम भी साहित्य में 'आंदोलन' की उसी प्रवृति के कारण आए हैं जिसका ऊपर मैंने जिक्र किया।

आंदोलन की दृष्टि से साहित्य के इतिहास को या साहित्य की प्रवृति को जांचने की हमारे आलोचकों की जो दृष्टि है वह अकसर गैरसाहित्यिक दृष्टि रही है या मिलीजुली दृष्टि रही ही है। मूलत: वे साहित्यिक धाराओं के विकास को नहीं बल्कि शुद्ध संगठनात्मक आधार पर कुछ गुटों, दलों या व्यक्तियों को उछालने की दृष्टि से उसे देखते रहे हैं। आलोचकों ने इसमें इसी ढंग से हिस्सा लिया है। उन्होंने भी उसके नाम रखे हैं तो उनकी साहित्यिक समझ की उसमें मुझे कोई झलक नहीं मिलती बल्कि हमारे समाज में जो एक गलत प्रवृति चली आ रही है—एक बंटे हुए समाज की जिसमें कि छोटी-छोटी जातियां उपजातियां, गुट आदि बनाकर कुछ लोग सुरक्षा अनुभव करते हैं, उस सामंती या कि दकिया-नूसी प्रवृत्ति से चालित होकर हमारे आलोचकों ने अपनी-अपनी जातियां या अपनी-अपनी उपजातियां बनाने के लिए इन आंदोलनों को नाम दिया है।

जो वास्तविक धाराएं साहित्य में चली हैं उनके लिए तो कुछ और ही तरह के वर्गीकरण तथा और ही तरह के नाम देने की आवश्यकता होगी। 'प्रगतिवाद' के अंतर्गत बहुत से ऐसे कवि जो कि बिलकुल कवि ही नहीं थे, जिनमें कवि होने का कोई लक्षण नहीं था, कवि हो गए। इसी तरह से बहुत से ऐसे लोग, जिनको केवल एक नई चीज की नकल कर लेना संभव था—इसके अतिरिक्त उनके अंदर प्रतिभा या साहित्यिक इच्छा नहीं थी, वे सब प्रयोगवादी हो गए।

ये दो खेमे राजनैतिक आधार पर मूलत: यह कहकर बनाए गए कि जो मार्क्सवादी हैं उनकी राजनैतिक विचारधारा का विरोध करनेवाले प्रयोगवादी होंगे और इसी तरह से इसके उलट कि जो प्रयोगवादी हैं उनकी जो भी विचार-धारा हो (उनकी कोई विचारधारा थी भी या नहीं, मुझे नहीं मालूम) उसके विरोध में जो भी होंगे वे प्रगतिवादी होंगे। उस समय की एक ही प्रकार के ऐतिहासिक दाय को लेकर एक ही प्रकार की भाषा के संस्कार के अधीन एक ही

सामाजिक वर्ग के कवि काम कर रहे थे--इन कवियों में से बहुत कम में अपनी जमीन पाने और अलग अलग दिशा में जाने की कोशिशें दिखाई देती थीं।

प्रयोगवाद और प्रगतिवाद नाम देने वाले महंतों ने इन कोशिशों के परिपक्व होने अर्थात साहित्य में कोई ध्रुवीकरण प्रकट होने के पहले ही अपने खेमे बना लिये और उनमें कवि भरती होने लगे। न तो ज्यादातर प्रयोगवादी कवि बहुत बड़े प्रयोग कर रहे थे और न ज्यादातर प्रगतिवादी कवि सामाजिक संघर्ष की कविता लिख रहे थे। उनमें से ज्यादातर पिटी-पिटाई चीजों को दुहरा रहे थे और बहुत ही लचर कविता लिख रहे थे, जिसमें कोई जान नहीं थी। दोनों खेमों के महंतों ने बिना कविता की जांच किए अपनी अपनी दलशक्ति बढ़ाने के लिए कवियों को इधर उधर कर लिया। जो अपने को एक विचारधारा के माननेवाले बताते थे उनकी, अपनी अपनी गोष्ठियों या दलों में तारीफ की जाती थी और इसी तरह से उनका झंडा ऊंचा होता था। इसी तरह से प्रयोगवादी कवियों को सिर्फ इसलिए कि वे प्रगतिवादियों के विरुद्ध हैं उछाला जा रहा था और उनकी कविता के लिए एक तरह की हवा बनाई जाती थी कि यह आधुनिक कविता है। लेकिन उसमें बहुत कुछ दूसरों की शुद्ध नकल थी। उस युग में कविता की संपूर्ण स्थिति को कोई जानने की कोशिश नहीं कर रहा था।

सुरेश शर्मा : 'सीढ़ियों पर धूप में', जीवन की स्वाभाविकता के सौंदर्य को पकड़ने की कोशिश थी। उसमें आत्मसाक्षात्कार भी था—'यही मैं हूं।' इसके साथ ही इस संग्रह की ज्यादातर कविताओं में संवेदना के उन स्तरों को आप फिर से कायम करना चाहते हैं, जो इस पूंजीवादी व्यवस्था के दुष्परिणामों के कारण खत्म होती जा रही हैं। आदमी और आदमी के बीच के सहज संबंध मरते जा रहे हैं। अनिवार्यतः वह 'अलगाव' का प्रभाव झेल रहा है। उसकी अपनी अकेली स्थिति यह है कि उसका अपने जीवन से ही रचनात्मक रिश्ता नहीं रह गया है। अगर इन स्थितियों के सामाजिक आधार विस्तार पा रहे हों तो ऐसे में कविता द्वारा उसकी कब तक रक्षा की जा सकती है ?

रघुवीर सहाय : आपका प्रश्न यह है कि कविता के द्वारा किसी तरह के विनाश के विरुद्ध कार्रवाई करना कहां तक संभव है—मैं कहूंगा कि प्रत्येक ऐसी चीज जिसको आप कविता कहते हैं या कोई भी रचनात्मक प्रयत्न, मूलतः अपने आपमें उसी विनाश के विरुद्ध कार्रवाई है। नहीं होता तो आप कुछ करते ही नहीं। क्यों रचते हैं आप ? रचने का शब्द ही, उसका अभिप्राय ही बताता है कि वह विनाश के विरुद्ध है। रचना का जो मार्मिक और आत्यंतिक अर्थ है वह किसी चीज को इस तरह बनाना है कि वह एक नई दुनिया की प्रतिनिधि हो, पूरे एक नए संसार की प्रतिनिधि हो। रचना के और जीवन के, कर्म के और आनंद के आधारों के

विरुद्ध जो कार्रवाई समाज में होती है, कविता मूलतः उसका विरोध करने के लिए ही लिखी जातीं है।

ज्यादा गहराई में जाकर देखें तो कविता का और कोई कारण नहीं है। इस लिए यह बात मैं तय मानता हूं कि कविता के द्वारा आप रक्षा भी करते हैं और रक्षा करके आप कोई चीज बचा रखते हैं। बचा रखते हैं इस तरह से कि आप उसको नए सिरे से नया बना देते हैं तभी वह बचा रह सकता है। लेकिन एक बात या विचार को महज बार बार दोहराते रहने से बचाया नहीं जा सकता। एक कविता जब किसी चीज को बचा रखती है तो तभी बचा पाती है जब उसको हर बार वह एक नए संसार के अंदर जो कि अनेक प्रकार के दूसरे सामाजिक राजनैतिक माध्यमों द्वारा प्राप्त किया जाएगा, शामिल करे और फिर से उसको रचे। इसलिए रचना करना बचा रखना है लेकिन एक नई दुनिया में ले जाकर बचा रखना है। बार बार उसी पुरानी दुनिया में उसको दुहराते रहना किसी भी तरह से रचना नहीं है। कविता किसी चीज को कहां तक बचा सकती है, इसकी कोई सीमा नहीं है।

अगर आपका प्रश्न केवल इतना रहा हो कि क्या कविता का माध्यम राजनैतिक माध्यमों के बराबर सशक्त माना जाए या दोनों में क्या रिश्ता है तो बात और है। वह बहस एक दूसरे आयाम में चली जाती है।

सुरेश शर्मा : क्या आप ऐसा नहीं मानते कि अस्तित्ववाद से 'नई कविता' प्रभावित रही है ? क्योंकि लगातार यह बात बहस में है कि अस्तित्ववाद से 'नई कविता' सीधे जुड़ी हुई है। अपनी ही एक कविता 'दुनिया एक पपड़ियाई हुई सी चीज हो गई है' लिखते हुए अस्तित्ववाद कहीं से भी आपके अध्ययन, आपके सोच या अनुभव में नहीं था उस समय ?

रघुवीर सहाय : नहीं, मैं इसको नहीं मानता था और अगर आप इजाजत दें तो मैं यह कहूंगा कि ज्यादातर कवियों ने अस्तित्ववाद के दर्शन को समझकर और उससे अनुप्राणित होकर कुछ नहीं लिखा है। हमारी अपनी परंपरा से, जीवन की हमें जो समझ मिली है उसमें तमाम ऐसे तत्व हैं जिनका अस्तित्ववाद उपयोग करता है। यूरोप में एक विशेष सामाजिक परिस्थिति में उत्पन्न हुआ यह विचार अपने उपकरणों में ऐसी तमाम चीजें शामिल किए हुए है जो हमारे यहां मिलती हैं। यहां अनेक प्रकार के यथास्थितिवादी या पलायनवादी या कि भोगवादी दृष्टि की एक लंबी शृंखला है।

इस तरह के तमाम रुझानों, प्रवृत्तियों में वही उपकरण इस्तेमाल होते हैं जो अस्तित्ववाद इस्तेमाल करता है। हमारे आलोचकों को एक यह भी मोह होता है (और लेखकों को भी होता है) कि थोड़ा सा, पश्चिम की किसी विचारधारा

का वे नाम लें या उसका स्पर्श करके कुछ लिखें, या उस पर टिप्पणी करें तो ज्यादा प्रामाणिक जान पड़ेंगे या ज्यादा वजनदार बात मालूम होगी। इसी तरह से 'नई कविता' के संदर्भ में अस्तित्ववाद के प्रभाव की बात कहने वाले लोगों को चाहिए कि वे इन तत्वों को अपनी ही परंपरा में ढूंढने की कोशिश करें और वहां वे मिल जाएंगे।

सुरेश शर्मा : साठोत्तरी कविता के दौर में (सातवें दशक के पूर्वार्ध में) अधिकांश नए कवियों की कविता एक अराजकता के दौर से गुजरती हुई दिखाई पड़ती है। साथ ही मोहभंग के सिलसिले में 'अकविता' आदि में 'अस्वीकृति' और 'विद्रोह' का जो स्वरूप है वह अंततः दिशाहीन और प्रतिगामी है। आप इसी दौर में 'आत्म-हत्या के विरुद्ध' की कविताएं लिख रहे थे जो 'अराजकता' के इस दौर में कुछ अन्य कवियों के साथ उन कविताओं की परंपरा बना रही थीं जिनका यथार्थ बीमार और ध्वंसात्मक नहीं बल्कि स्वस्थ और सर्जनात्मक है। यथार्थ की इस सृजन-शीलता को संभव करने के पीछे जो वैचारिक आधार थे उसे क्या आप स्पष्ट करेंगे?

रघुवीर सहाय : ये वैचारिक आधार कविता लिखने के बाद उसका विश्लेषण करके ही मैं जान सकता हूं। कोई विचार मेरे पास संपूर्ण रूप में था और उनके आधार पर मैंने कविता बनाई, ऐसा मैं नहीं मानता हूं। क्योंकि कविता ने भी ये वैचारिक आधार बनाए। एक स्तर पर तो यह अवश्य होता है कि पढ़ने, लोगों के संपर्क में आने या समाज को अपनी आंखों से देखने और सोचने से हम एक वैचारिक आधार पाते हैं, पर वह वैचारिक आधार कविता के लिए काफी नहीं है या कि सब कुछ वही नहीं है।

जब हम कवि की हैसियत से एक कविता की रचना में लगे हुए होते हैं तब उस रचना की प्रक्रिया के अंदर ही हमको अपने वैचारिक आधार की सत्यता या उसकी प्रामाणिकता एक नए सिरे से अनुभव होती है और यह अनुभव भी एक वैचारिक आधार बनाता है। हमारे भीतर जो कुछ समझ के स्तर पर कच्चा माल है उसको काव्य की प्रक्रिया में डालना उसके सही वैचारिक तत्व को प्रकट करता है जो कविता में निहित हो जाता है। कविता के पढ़ने के बाद जितना यह किसी आलोचक के लिए संभव है उतना ही उन कविताओं को दुबारा जांचते हुए मेरे लिए संभव है कि मैं उनके वैचारिक आधार बता सकूं। कवि के पास एक वैचारिक आधार था और उसके ऊपर उसने कविता बनाई, सोचने का यह तरीका ही ग़लत है। सही यह है कि कवि ने कविता बनाई और इस तरह से अपने वैचारिक आधारों को प्रमाणित किया या पाया।

सुरेश शर्मा : आपके लेखन पर लोहिया के चिंतन और विचारधारा का प्रभाव बताया जाता है। इस संदर्भ में आपकी क्या राय है ?

रघुवीर सहाय : लेखन पर प्रभाव जैसी शब्दावली कृतिकार के लिए मुझे उपयुक्त नहीं जान पड़ती। चिंतन पर चिंतन का प्रभाव अवश्य होता है। चिंतन को प्रेरणा भी मिलती है, पर चिंतन प्रभाव से मुक्त हो जाता है तभी लेखन संभव होता है—यानी सच्चा सर्जनात्मक लेखन। और वह अक्सर प्रभाव की दुनिया से ज्यादा बड़ी एक दुनिया बनाता है। लोहिया ने भारतीय समाज में झूठ, धोखाधड़ी, पाखंड, मक्कारी, बनावट जैसे विचारविरोधी संभ्रांत वर्गीय दुर्गों को ध्वस्त किया। यही मेरे लिए अपनी समझ को विस्तृत करने का वहुत बड़ा माध्यम बना। उनकी कोई विचारधारा नहीं थी जो मुझे बांध देती। पर वह भारतीय जनता के यथार्थ को किसी भी तत्कालीन कवि, विचारक, चिंतक आदि से कहीं अधिक सच्चाई और सफलता के साथ प्रकाशित कर रहे थे। लोहिया का प्रभाव मेरे लेखन पर नहीं, समझने के यंत्र पर पड़ा। मैं अपने को ऐतिहासिक दृष्टि से लाभान्वित पाता हूं कि मैंने उनके सन 1963 से सन 1967 तक के विचार और कार्य को नजदीक से बिना मुग्ध हुए देखा, जबकि मेरे बहुत से समकालीन उनके लिखे को बिना पढ़े ही उनके दल की बढ़ती हुई राजनैतिक शक्ति के कारण उनकी अभ्यर्थना में लगे थे।

मैंने कहा है कि अपनी सामाजिक समझ को बढ़ाने का पहला अवसर मुझे मार्क्सवादी मित्रों और विचारकों के संपर्क से मिला। उस प्रारंभिक अभिज्ञान ने एक मौलिक मानवीय शक्ति दी है, जो आज तक मेरे काम आ रही है। लेकिन जिस दौर की मैं बात कर रहा हूं उसमें केवल इस मानवीय लगाव से सामाजिक समझ साफ नहीं हो सकती थी खास तौर से इसलिए कि यथास्थितिवादी विचार और प्रचार भाषा को भ्रम फैलाने का माध्यम बनाने के अपने कर्म में बड़ी तेजी ले आये थे। समाज के मार्क्सवादी व्याख्याता एक बनाए खाने से दूसरे बने-बनाए खाने में ले जाकर मुझे कोई नया जीवन नहीं दे सकते थे। समाज व्यवस्था और उसके अवयवों की पहचान करने में लोहिया जिस तरह एक खोजी की तरह लगे हुए थे वही मेरे लिए बौद्धिक और रागात्मक चेतना का सहारा बनी, क्योंकि वह न तो बुद्धि को दास बनाती थी और न भाषा को पारिभाषिक शब्दावली। मार्क्सवाद का अनुभव यदि मैंने प्रारंभ में न पाया होता तो शायद लोहिया भी मेरे लिए मेरे अन्य समकालीन साहित्यिकों की भांति सिर्फ एक विचारहीन पूजा की वस्तु बन जाते।

सुरेश शर्मा : अकविता के बनावटी विद्रोह का राजनैतिक कारण क्या था ?

रघुवीर सहाय : काफी वक्त से एक बड़ी महत्वपूर्ण राजनैतिक घटना घटित हो रही थी। आजादी के बाद सत्ता के तमाम साधनों को जिनमें शिक्षा और उत्पादन

के अधिकार शामिल हैं, परंपरा से चले आ रहे सत्ता केंद्रों में, जो जाति, विद्या या जमीन के अधिकार के द्वारा बने हुए केंद्र हैं उन्हें यथावत बनाए रखने की नीतियां अपनाई गईं। एक लंबे दौर में यह होता रहा कि सत्ता के जो परंपरागत केंद्र थे बने रहने के अतिरिक्त सुदृढ़ होते रहे, इस स्थिति को बदलने की जो चेष्टाएं थीं, वह बिखर रही थीं और विफल हो रही थीं, परंतु इसी के साथ साथ एक और चीज हो रही थी। इन परंपरागत शक्ति केंद्रों में खोखलापन बढ़ रहा था। अपने ही द्वारा अपना ही उपयोग करते-करते ये अंदर से खोखले होते चले जा रहे थे। यह होना था। ये सत्ता के केंद्र समाज में मानवीय स्तर से लेकर बौद्धिक स्तर तक कुछ भी नया पैदा करने में असमर्थ थे क्योंकि ये बहुत थोड़े लोगों को लेकर चलना चाहते थे। यह एक अजीब स्थिति थी कि कुछ मुट्ठी भर लोग हिंदुस्तान में विद्या और शक्ति के अधिकारी हैं और वही लोग लिखते-पढ़ते हैं। वे लोग आविष्कार नहीं करते हैं, विश्व के शक्ति केंद्रों का अनुकरण करते हैं और राज करते हैं उनमें रचना की जो शक्ति होती भी है वह बार बार दुहराई जाती रहने से धीरे धीरे पिष्टपेषित और खोखली हो जाती है। और फिर आपस में बची हुई शक्ति के बंटवारे के लिए वे संघर्ष करते हैं। इससे उनका क्षय भी होता है।

एक ओर तो ये अपने आपको पुष्ट करना चाह रहे थे और दूसरी ओर इनका आंतरिक क्षय हो रहा था। यह प्रक्रिया साथ साथ चली और एक जगह जाकर बहुत तीव्र हुई। अपने ही द्वारा किए गए अनेक प्रकार के कामों के चलते यह तीव्र हुई थी। लगभग 1960 के बाद इसका तीव्र होना शुरू हुआ और शासक वर्ग के अंदर नैतिक पतन, राजनैतिक बिखराब, रचनात्मकता का अभाव, दिशाहीनता, अनुकरणप्रियता तथा तरह तरह की अलोकतंत्रीय अमानवीय परंपराओं का 'पुनर्जागरण' शुरू हुआ। 1960 के बाद के वर्षों में सत्ता के इस बिखराव के कारण जो शून्य उत्पन्न हुआ उसको भरने के लिए नियोजित ढंग से कोई राजनैतिक शक्ति नहीं आ पाई। इस सत्ता के जो प्राकृतिक उत्तराधिकारी थे, वही लोग अपनी अपनी तरह से आए। प्राकृतिक उत्तराधिकारी वे लोग थे जो सत्ता के दूसरे नंबर के केंद्र में थे।

उदाहरण के लिए उद्योग और विद्या में जो लोग परंपरा से चले आ रहे थे। उनके बाद उनका नंबर आता था जो लोग जमीन के अधिकार के कारण सत्ता में रहते हैं। 'श्रेष्ठ' लोगों के आंतरिक बिखराव के कारण उत्पन्न शून्य भरने के लिए ये दूसरे दर्जे के लोग, जो अभी तक समाज में पिछड़े या वंचित रहे थे, आगे आए। इसका राजनैतिक असर दिखलाई देने लगा। कांग्रेस पार्टी में भयंकर किस्म की अनैतिकता के साथ साथ सिद्धांतों की कोई मान्यता नहीं रह गई। केवल सत्ता को बचाए रखने के लिए तरह तरह से संविधान को तोड़ना-मरोड़ना तथा उसका इस्तेमाल करना मनमाने ढंग से जारी था। सत्ता पर लोगों की पकड़ ढीली हो रही

थी और बड़े किसान उनकी जगह लेने को उत्सुक थे।

यदि हम जानें कि हमारे रचनाकार किस वर्ग के लोग हैं तो ज्यादातर वे उसी शासक वर्ग के मिलेंगे जिनके अंदर भीतरी खोखलापन, नैतिक पतन तथा सैद्धांतिक दिशाहीनता चरम स्थिति में पहुंच रही थी। इतना देखने के बाद यह समझने में बिलकुल देर नहीं लगनी चाहिए कि 'अकविता' में जो आक्रोश है वह इस वर्ग का अपने हाथ से सत्ता छिनने के भय से उत्पन्न आक्रोश है। वह समाज में वंचित शोषित या उपेक्षित लोगों का आक्रोश नहीं है। वह आक्रोश इस बात का है कि सत्ता के स्तर पर जो परिवर्तन होता दिख रहा है यह परिवर्तन तो हमारा सब कुछ नष्ट कर देगा और हमारा सारा जीवन ही व्यर्थ हो जाएगा।

इसलिए अकविता में एक तरह के विनाश की चेतावनी है तथा जीवन को निस्सार घोषित कर देने की इच्छा है। यह इच्छा किसी दार्शनिक विचार के रूप में नहीं है बल्कि इसका रूप एक राजनैतिक चाल से निकला है। अकविता की चिंता का सत्य यह है कि अकवियों के जीवन का जो संकीर्ण दायरा है उसके सारे उपभोग और सुख जो दूसरों का शोषण करके उन्होंने जमा किए हैं अब उनके हाथ से छिनने को हैं इसलिए वे यह एक रुख अपनाते हैं कि सारा जीवन ही निस्सार है ताकि वे दूसरों को धोखा दे सकें, उनको बता सकें कि तुम्हारे लिए भी तुम्हारा जीवन निस्सार है। जब कि उनके जीवन में तो इस सत्ता परिवर्तन की आशा से थोड़ा बहुत सार प्रकट हुआ है। तब वे उनको यह दर्शन सिखाते हैं और प्रकारांतर से यह दर्शन उस सर्वहारा वर्ग को भी देते हैं जिसके विद्रोह से आगे जाकर वे चिंतित हो सकते हैं।

यह एक राजनैतिक चाल थी और 'अकविता' के पूरे पैमाने में या तो इस तरह का आक्रोश है कि सब टूट रहा है, लुट रहा है, आसमान जल रहा है, धरती जल रही है और यह दुनिया एक लाश हो गई है, वगैरह-वगैरह या यह है कि अब किसी चीज के कोई माने नहीं रह गए हैं या फिर कहीं-कहीं इसमें ऐसी मुद्रा भी है जो कि पहले वाली इन दोनों बातों से ज्यादा खतरनाक राजनैतिक चाल थी। उसने बनावटी विद्रोह की एक ऐसी मुद्रा अपनाई थी, जिसमें उपेक्षित लोगों के विद्रोह की नकल तो की गई थी लेकिन जिनके प्रहार का लक्ष्य उपेक्षित लोग ही थे।

स्त्री पर इस कविता ने जितना आक्रमण किया है वह दिखाता है कि असलियत क्या है? यद्यपि वे विद्रोह की, समाज को बदल देने की मुद्रा अपना रहे हैं लेकिन ये आक्रमण कर रहे हैं स्त्री पर, जो कि उपेक्षितों का प्रतीक है। अकविता का आक्रोश और निराशामूलक तथा निराशाजनक रुझान एक वर्ग की राजनैतिक चीत्कार है, जिसके हाथ से सत्ता छिन रही थी। सन 1967 के चुनाव के पहले सत्ता के जो बने बनाए केंद्र थे, सवर्ण केंद्र थे। चुनाव में उनको हटाकर जगह जगह

किसान लोग सत्ता में आ गए थे, क्योंकि दूसरे नंबर पर सत्ता के अधिकारी वही थे। कहीं कोई भूमिहीन लोग नहीं आए, मजदूर लोग नहीं आए क्योंकि उनकी शक्ति संगठित नहीं थी। जो परिवर्तन हो रहा था उसमें सत्ता में नए आनेवाले लोग पहले के लोगों के मुकाबले एक प्रगतिशील तत्व तो निश्चित रूप से थे। उनके आने से सत्ता का जो बना हुआ केंद्र है वह टूटता था और एक नए संघर्ष की गुंजाइश शुरू होती थी क्योंकि सत्ता का पहले का केंद्र था उसने संघर्ष की सारी गुंजाइश को धीरे धीरे खत्म कर दिया था। उसने सत्याग्रह, आंदोलन और मांगों को वायदों और तरह तरह के तरीकों से विफल करने की लंबी परंपरा बना ली थी।

स्थिति वहां तक पहुंच गई थी जहां किसी बातचीत या विचार से कोई मसला हल नहीं हो पाता है। ऐसी दशा में सत्ता से उनका हट जाना और नए लोगों का आ जाना एक ऐसी राजनैतिक परिस्थिति बनाता था, जिसमें संघर्ष के नए तरीके ढूंढ़े जा सकते हैं, और एक हद तक वे ढूंढ़े गए लेकिन वे भी विफल हुए तो इसीलिए कि सचमुच जो उपेक्षित और शक्तिहीन लोग हैं उनकी राजनैतिक शक्ति यथेष्ठ रूप से संगठित नहीं थी। अकविता के लोग पहली सत्ता केंद्र के प्रतिनिधि हैं। वे इतने होशियार प्रतिनिधि हैं कि यदि केवल उनकी चिंता यह होती कि हमारी जगह दूसरे नंबर के लोग चले आएंगे, सवर्ण लोगों की जगह छोटी जातियों के लोग चले आएंगे तो वे आपस में उसका कोई निबटारा कर लेते और इतनी परेशानी उनको न होती, लेकिन वे बहुत दूर तक देखने वाले लोग थे और उन्होंने पाया कि इन छोटी जातियों के लोगों की आजादी से इनसे भी छोटी जातियों के आने का रास्ता खुल जाएगा। यह वास्तव में उनके लिए खतरे की बात थी क्योंकि वे देख रहे थे कि सवर्ण शोषण की राजनीति आगे आराम से नहीं चल पाएगी।

इस समझ के कारण अकविता के लेखक वर्ग की मानसिक चिंता बहुत दूर तक असर करने वाली चिंता साबित हुई। यह ऐसी चिंता थी जिससे उनकी जड़ें ही बिलकुल हिल गई थीं। अकविता को मैं हमेशा इस दृष्टि से देखता हूं क्योंकि अगर उसमें यह माना जाए जैसा कि कुछ लोगों ने माना है कि वह समाज परिवर्तन की आकांक्षा करने वालों की कविता थी तो उसमें स्त्री के ऊपर ऐसा आक्रमण नहीं होता। मैंने बराबर इस आक्रमण का विरोध किया है। 'आत्महत्या के विरुद्ध' की कुछ कविताओं में आपको इस विरोध की झलक भी मिलेगी—
"तुमने किस औरत पर उतारा क्रोध। नक्कू क्रोध। कातर क्रोध—"।

सुरेश शर्मा : 'हंसो हंसो जल्दी हंसो' शीर्षक संग्रह की कविताओं का मिजाज 'आत्महत्या के विरुद्ध' की कविताओं से भिन्न है। इस संग्रह में 'एक बार जानबूझ कर चाखना होगा' जैसे इरादों की स्थिति बिलकुल नहीं है बल्कि दमन और शोषण

की विडंबना से निर्धारित ऐसे काव्यानुभव हैं जो दहशत और करुणा की दुनिया में ले जाते हैं। कुछ लोग कहते हैं कि उन्हें ऐसी महत्वपूर्ण कविताओं में इस मनुष्य-विरोधी स्थितियों को बदल डालने के संदर्भ का संकेत चाहिए ताकि यथार्थ की यह संवेदनासंबद्ध नई सृजनशीलता अपना अधिकतम प्रदान कर सके। आपकी क्या राय है ?

रघुवीर सहाय : हो सकता है कि ये लोग अच्छी नीयत से ही ऐसा कह रहे हों लेकिन अगर आप इस मांग को साहित्यिक आलोचना के संदर्भ में देखें और यह बात एक आलोचक के द्वारा कही जाए तो हमें जांचना पड़ेगा कि उस आलोचक की सामाजिक यथार्थ की अपनी समझ क्या है ? क्योंकि जिस आलोचक को कविता में उस 'अतिरिक्त' की जरूरत महसूस होती है जिसके होने पर ही वह उस कविता को महत्व दे पाएगा तो उसके बारे में यह सोचना पड़ेगा कि कविता की उसकी पकड़ या समझ क्या इतनी उथली है ?

सुरेश शर्मा : साठ के बाद की अपनी कविताओं में आपने उपमा, बिंब और प्रतीक आदि से अधिक से अधिक बचने की कोशिश की है। इसके क्या कारण हैं ? साथ ही, आपकी कविता की भाषा पर बात करते हुए आलोचक उसकी सर्जनात्मकता की चर्चा करते हैं। आप काव्य भाषा के संदर्भ में उसकी सर्जनात्मकता को किस रूप में ग्रहण करते हैं ?

रघुवीर सहाय : मैं काव्य भाषा को न तो भाषाशास्त्री की तरह से देख सकता हूं और न आलोचक की तरह से। यह तो नहीं कहूंगा कि सब कुछ मैं सहज भाव से कर देता हूं और मुझे पता नहीं चलता। ऐसा तो नहीं है। मैं जानता हूं कि मैं क्या करने की कोशिश कर रहा हूं। बल्कि जैसा कि मैंने आपसे एक और प्रश्न के उत्तर में कहा था कि अपने वैचारिक आधार को मैं जानता हूं तो कविता करने के कारण जानता हूं यानी कविता करते हुए मैं अपने वैचारिक आधार को पहचानता चलता हूं, जबकि यह भी सच है कि एक वैचारिक आधार पहले से रहता है। उसी तरह से यहां भी आवाजों की शक्ल में, बिंबों की शक्ल में, शब्दों के अर्थों की शक्ल में शिल्प का एक नमूना—कुल मिलाकर पूरी रचना के रख-रखाव, तौर-तरीके, रुझान, तथा शक्ल, सबके संदर्भ में एक हलका सा कभी कभी स्पष्ट और कभी अस्पष्ट नमूना—रचना करने से पहले रहता है। उदाहरण के लिए, 'रामदास' कविता जब मैं लिख रहा था तब एक छंद मेरे मन में था। इसने लय को निर्धारित कर दिया था—

सुरेश शर्मा : जो दिखता है…

रघुवीर सहाय : हां, जो बाद में दिखा होगा आपको। क्योंकि आपने उसका पहला

प्रारूप भी देखा है। आप देखेंगे कि पहले प्रारूप में परिवर्तन वहां वहां किया गया है जहां पर कि वह लय टूट रही थी या ढीली पड़ रही थी। अतः वहां उसको बदला है। यह एक संयोग ही नहीं है बल्कि एक अनिवार्यता है कि जहां जहां मैं अपने पूर्व परिकल्पित शिल्प की जरूरतों के अनुसार कविता में नया परिवर्तन करूं वहां वहां के परिवर्तन वैचारिक परिवर्तन भी हों। अंततः शिल्प और विचार एक साथ हो जाते हैं, यह अनिवार्यता है; बशर्ते आप एक तो उपकरण के जानकार हों, दूसरे अपनी वैचारिकताओं के भी अच्छे जानकार हों।

अगर आप दोनों चीजों के प्रति सचेत हैं तो पहले आप शिल्प की एक शक्ल दिमाग में लेकर चलेंगे। कविता लिखने के पहले ही आपके दिमाग में एक नक्शा होगा—एक ऐसा नक्शा जिसे आप एक संपूर्ण वस्तु का अंश कह सकते हैं। जैसे यह छंद था कि 'रामदास उस दिन उदास था।' छंदों को तोड़कर या पुराने छंद को दुहराकर मैंने बहुत सी और कविताएं भी लिखी हैं, लेकिन सृजन से पूर्व यही छंद मेरे मन में आकार ले रहा था अर्थात इस भावना के लिए, इस पीड़ा के लिए, इस संदेश के लिए, इस संघर्ष के लिए यानी जो कुछ भी उस कविता में निहित है सबके लिए यही एक छंद मन में आ रहा था। उसके बाद जब मैंने उसे लिखना शुरू किया तो फिर लगा कि अब मेरी उस दुनिया का यह एक पूरा संसार रचित हो रहा है जिसमें रामदास के प्रति वह विरक्ति और पतनशीलता चित्रित होगी जो चारों तरफ समाज में है। जब वह चित्रित होगी तो उस चित्रण को समझने के बाद लोगों के मन में एक चेतना आएगी। अगर पाठक गहरे स्तर पर उस पीड़ा को अनुभव करते हैं जो कि इस पतनशीलता के कारण उनके मन में उत्पन्न हो रही है तो फिर उसी गहरे स्तर पर जाकर पाठक उस पीड़ा का निदान भी बताएंगे। जितने हल्के स्तर पर पाठक पीड़ा का अनुभव करेंगे उतने ही हल्के स्तर पर वे उसका निदान बताएंगे। जब हम शिल्प का एक अनुभावन पहले करके चलते हैं तो लिखते समय हमें जांचते रहना चाहिए कि हम जो बना रहे हैं वह क्या वही बन रहा है जैसा हमने सोचा था? साथ ही साथ दूसरे सिरे से भी यह प्रक्रिया चलती है कि जो हम बनाते जाते हैं वह आपको बताता जाता है कि देखो, यह भी हो सकता है, या यह भी होना चाहिए। एक ओर तो हम सोचकर चलते हैं कि हम ऐसा बनाएंगे, दूसरी ओर जब हम उसको बनाते हैं तो उससे हमको विचार मिलता है कि कुछ और भी हो सकता है। यह शिल्प के साथ रचनाकार का सार्थक रिश्ता है।

सुरेश शर्मा : लेकिन क्या शिल्प ऐसे में रचनाकार को निर्धारित नहीं कर देगा?

रघुबीर सहाय : कर सकता है, अपनी तरफ से हमको सचेत रहना चाहिए कि हम शिल्प के बहकावे में तो नहीं आ रहे हैं? प्रधानता इसी की है कि हम क्या चाहते

हैं ? जब हम सचेत रहते हैं तो हम पाते हैं कि बहुत सी चीजों को बिलकुल छोड़ दे रहे हैं जैसे 'उपमा' को। आपने पूछा कि मैंने 'उपमा' को क्यों छोड़ दिया ? इसीलिए छोड़ दिया कि वह मुझे बहकावे में डालती थी। जो चीजें अभी मेरे काम की नहीं हैं, और शायद कभी मेरे काम की नहीं होंगी, उनमें से 'उपमा' एक है। 'उपमा' के संदर्भ में एक और बात जानने की है कि 'उपमा' हमेशा सामाजिक चेतना के दो स्तरों को एक दूसरे से तुल्य कर देती है, इसलिए वह बहुत खतरनाक चीज है और बहुत भटका सकती है। जिन दो चीजों की आप तुलना कर रहे हैं, हो सकता है कि वे दो बिलकुल अलग-अलग दुनिया की चीजें हों। अगर उन दोनों में एक साम्य कहीं आपको दिखता है तो हो सकता है कि वह साम्य दिशाहीन हो। अतः वह आपको विपरीत दिशा में भी ले जा सकता है।

सुरेश शर्मा : 1967 के आसपास कविता में घटित यथार्थ संबद्ध नया बदल लगभग एक दशक पुराना हुआ। इस दौर में लिखी गई जन संबद्ध कविताओं की उपलब्धि आपकी दृष्टि में क्या है ? क्या आप हिंदी कविता की वर्तमान स्थिति और उसकी जन संबद्ध दिशा के बारे में अपनी प्रतिक्रिया व्यक्त करेंगे ? किस रूप में इसे देखते हैं आप ?

रघुवीर सहाय : उत्तर आपको बहुत सरलीकृत लगेगा, लेकिन शायद इरादा सरलीकृत करने का नहीं है। मैं कोई शास्त्रीय विद्वान तो हूं नहीं। मैं तो कवि की तरह से हर चीज को देखता हूं। जन संबद्ध कविताओं की जो स्थिति है वह हिंदी के लेखकों की जन संबद्धता का ही प्रतिबिंब है। तब भी थी और आज भी है। हमारे हिंदी लेखकों के दिमाग के दायरे में गुणात्मक रूप से कोई बड़ा परिवर्तन नहीं हुआ है। इस परिवर्तन की प्रक्रिया को जड़ तो नहीं कहेंगे लेकिन यह कहेंगे कि प्रगति बहुत धीमी है। और धीमी ही नहीं है बल्कि उसमें शिथिलता के लक्षण ज्यादा दिखाई देते हैं। दूसरे शब्दों में कहें कि उसका वेग धीमे की ओर जाता हुआ दिखाई देता है।

बात यह है कि जिस वर्ग के हमारे लेखक हैं उनके लिए एक व्यापक समाज के संदर्भ में जीवित रहना कुछ समय तक के लिए ही संभव होता है। उसके बाद जैसे जैसे यथार्थ का टकराव तीव्र होता है और परिवर्तन के सामाजिक, राजनैतिक प्रयत्नों का संघर्ष सामने आता है अर्थात परिवर्तन जैसे जैसे संभव से संभवतर दिखाई देने लगता है, वैसे वैसे इस वर्ग के लेखकों की जनचेतना धीमी होने लगती है या भटकने लगती है। यह प्रक्रिया उनकी नियति है, ऐसा मैं नहीं मानता। केवल यह एक निरपेक्ष सत्य है। वस्तुस्थिति है। ऐसा होता है। इसको रोका भी जा सकता है। इसका ठीक उलटा भी किया जा सकता है—बशर्ते दूसरी वस्तु-स्थितियां अर्थात दूसरी तरह के साधन, सामाजिक राजनैतिक परिवर्तन के और

साधन भी ज्यादा सक्रिय हों। जब उनकी सक्रियता एक निर्णायक स्थिति से कम रहती है तभी साहित्य में इस तरह का पतन संभव होने लगता है।

जैसे जैसे मध्यवर्गीय लेखक सामाजिक यथार्थ के टकराव को अधिक अनुभव करते हैं, वे अकसर कतराने लगते हैं या घबराने लगते हैं। यह घबराहट जिन लोगों में कम होगी अर्थात जो सचमुच सामाजिक परिवर्तन के पक्षधर ही नहीं बल्कि उसके अधिकारी भी होंगे वे अगर उस वक्त साहित्य में बड़ी संख्या में प्रवेश करते हैं तो स्थिति भिन्न हो सकती है और यह पलायनवादी और विघटनवादी स्थिति दूर हो सकती है। अभी तो मुझे यही लगता है कि जो गिने चुने लोग जन संबद्ध कविता के या आप उसे जो भी नाम दें—रचयिता हैं या कोशिश कर रहे हैं—कोई कम कोई ज्यादा—उनकी सबसे बड़ी विडंबना यह है कि वे समाज को जितना ज्यादा परिवर्तन की ओर जाता हुआ देखेंगे उतना ही उनकी रचना में उलझाव, बिखराव आने का खतरा बढ़ेगा। उनको इस प्रवृत्ति से अपने भीतर संघर्ष करना है। उन्हें अपने को बदलना है या अपने को ज्यादा बड़ा दायरा देना है या परिवर्तन में ज्यादा अच्छी तरह से अपने को शामिल करना है। मुझे लगता है कि हम मध्यवर्गीय लोग इस खतरे के सामने अच्छी तरह ठहर नहीं पाए हैं, पिछले दिनों।

पिछले दिनों हम लोगों में सामाजिक यथार्थ को समझने और परिवर्तन की प्रक्रियाओं में ज्यादा अच्छी तरह लगने की इच्छा, बजाय बढ़ने के कम हुई है। आज जो यह घोषित करते हैं कि हम में जन संबद्धता की इच्छा है उनकी सदाशयता पर मुझे कोई संदेह नहीं है। लेकिन प्रमाण तो इसका तब मिलेगा जब उनकी रचनाएं वैसा प्रस्तुत करेंगी।

जनवादी कविता के रूप में जो तमाम कविताएं लिखी जा रही हैं उनमें से बहुत सी ऐसी हैं (सब नहीं) जो काफी दुरूह हैं, यद्यपि देखने में बहुत सरल हैं। दुरूह वे इस मानी में हैं कि समझ में नहीं आता कि वे क्या कहना चाह रही हैं। आज की कविता के निकट पूर्व के कुछ कवियों ने अपने अंदर कुछ खोजते हुए और समाज की नई शक्ल को पहचानते हुए भाषा में जो परिवर्तन किए, उसने भाषा को बहुत सरल बना दिया। नए जनवादी कवियों ने, भाषा को सरल बनाने की प्रक्रिया में जो रचनात्मकता निहित है, उसके बिना उस बनी-बनाई सरल भाषा को ले लिया। इसलिए उस सरल भाषा में लिखी हुई उनकी कविता दुरूह है।

बहुधा लगता है कि उनकी कविता प्रतीकात्मक है या लगता है कि इसमें एक ऐसी मानसिक स्थिति का वर्णन है जिसे आप एक सीमित अहम्‌वादी दृष्टि से देखें तभी इसमें कोई अर्थ निकल पाएगा। यह भंयकर विपर्यय है कि वह अहम्‌वादी नहीं होना चाहते हैं लेकिन उनकी कविता में अहम्‌वाद भरा हुआ है। क्योंकि वे जब भी बोलते हैं तो अपने बारे में बोल रहे होते हैं। पूरे समाज की तस्वीर उनकी

कविता में झलकती नहीं। इसी तरह से जब वे सरल भाषा लिखते हैं तो वहां विपर्यय यह होता है कि भाषा तो उन्होंने सरल ले ली क्योंकि उनको मिली; बनी-बनाई, जो कि हमने बनाई थी, लेकिन उस सरल भाषा में जो वे कहते हैं उसके अंदर वे तमाम शक्ति के स्रोत नहीं होते जिनसे सरलता उत्पन्न होती है।

सुरेश शर्मा : आपने लिखा है कि "किसी भी आदमी को कविता की जांच के लिए कविता में दी गई शर्तों के अलावा किन्हीं और शर्तों की इजाजत नहीं दी जा सकती।" आलोचना के इस प्रतिमान की थोड़ी व्याख्या करेंगे ?

रघुवीर सहाय : जब मैंने कहा था कि कविता के भीतर जो कुछ है उसके आधार पर आप कविता का मूल्यांकन करें तो उसका मतलब यही था कि कवि अपने अनुभवों को शब्दों के द्वारा जिस संसार में ले गया है एक अच्छी रचना में वह संसार अपने आपमें एक संपूर्ण संसार होना चाहिए। 'आत्महत्या के विरुद्ध' कविता में कुल मिलाकर कई संसार हैं लेकिन अंत में एक संपूर्ण संसार है। अगर वह संसार संपूर्ण है तो उसके भीतर ही आपको उस कवि की सामाजिक मान्यताएं, मानवीय मूल्यों की समझ और मनुष्य के प्रति उसके सामाजिक, राजनैतिक और रचनात्मक विचार मिलेंगे। अगर वह रचना संपूर्ण है तो वह किसी एक दूसरी संपूर्ण दुनिया को प्रतिबिंबित करेगी जो कि कवि के बाहर समाज में रहती है। बाहरी दुनिया का कोई न कोई प्रतिबिंब इस संपूर्ण रचना में आएगा क्योंकि प्रत्येक रचना वास्तव में एक दुनिया को एक बार फिर बनाने से संभव होती है।

हर अच्छी रचना तभी संपूर्ण होती है जब कि एक संपूर्ण संसार को अपने अंदर रच देती है। एक अच्छा आलोचक उस संपूर्ण को देख पाता है। फिर वह उस संसार में निहित नैतिक, राजनैतिक, सामाजिक मान्यताओं को भी देख पाता है। उसे बाहर से राजनैतिक और सामाजिक तथा नैतिक मान्यताओं को लाकर कविता पर आरोपित करने की आवश्यकता नहीं होनी चाहिए। आप मेरी किसी रचना में जब देख लें कि यह एक दुनिया है, तो उस दुनिया में देखिए कि मेरी क्या मान्यताएं हैं ? कौन से आधारों पर टिका हूं जिससे कि मेरा वह व्यक्तित्व बना, जो उस कविता में झलकता है। उस दुनिया में समाज की मेरी क्या समझ है ? उस दुनिया में मेरे रिश्ते लोगों से क्या हैं ? मैं किस वर्ग में हूं ? किस वर्ग के पास हूं ? किससे दूर हूं ? कौनसी चिंताएं हैं ? कौनसे मेरे उद्देश्य हैं ? यह सब एक संपूर्ण रचना में आपको कहीं न कहीं झलकेंगे।

जिस हद तक वे आपको झलकेंगे उसी हद तक आप उनको देखिए। उससे अधिक आप पाने की इच्छा नहीं कर सकते। क्योंकि उससे अधिक नहीं है उसमें। इसीलिए मैंने यह बात कही थी। उसका यह मतलब नहीं था कि कवि कुछ नई शर्तें पैदा कर देता है हर कविता को जांचने की। दरअसल शर्तें वह इस अर्थ

में पैदा करता है कि वह एक संसार की सृष्टि करता है और यह बात मैं बार बार कहूंगा कि एक अच्छी रचना पर ही यह बात लागू होती है। जो रचनाएं अपूर्ण हैं अधूरी हैं, खराब हैं, वह अगर दावा करें कि आप उनकी ही दी हुई शर्तों पर उन्हें जांचिए तो पहले तो आपको यही जांचना पड़ेगा कि इनसे जांचने योग्य कुछ है भी या नहीं ? अगर इस बात से और दूसरा अर्थ निकलता हो तो मैं स्वयं समझने की कोशिश करूंगा, लेकिन मेरे दिमाग में इसके अलावा उसका कोई अर्थ नहीं है।

दो

कामना

क्षुब्ध जगती के निराशित प्रेमिकों का स्नेह लेकर
विश्व भर की वेदना की ज्वाल से वह जल रही है
ज्योति जिस पर टूटते हैं लुब्ध होकर क्षुद्र प्राणी
टूटते हैं झुलस जाने के लिए अगणित पतंगे

दीप की लौ ढांक ले जो शलभ ऐसा चाहता हूं
मैं तुम्हारी शक्ति का आभास पाना चाहता हूं

दूर पर हैं टिमटिमाती दीप की अंतिम किरण जो
किसी मरणासन्न की संगिनि बनी अंतिम क्षणों में
उस किरण की ज्योति से खोया हुआ पथ क्या मिलेगा
प्राण मेरे हैं भटकते शून्य की चिर कालिमा में

मैं गगन की नीलिमा में तड़ित-नर्तन चाहता हूं
मैं तुम्हारी शक्ति का आभास पाना चाहता हूं

चल पड़ा निर्माण पथ पर युग युगों का मैं बटोही
विश्व की शुभ कामना में विश्व से होकर निमोही
छोड़ आया हूं सभी कुछ भोग रोग विषाद माया
भूल यह कि हृदय अपना भी कहीं मैं छोड़ आया

लौट पड़ने का प्रलोभन विजय करना चाहता हूं
मैं तुम्हारी शक्ति का आभास पाना चाहता हूं।

(रघुवीर सहाय की पहली कविता,
रचना तिथि : 17.10.46 ई.,
अप्रकाशित)

आदिम संगीत

भावना के लोक में मैं था अपरिचित
किंतु परिचय के लिए कर सब समर्पित
मिल गए तेरे नयन से नयन जब से
हो रहा हर ओर स्वागत गीत मुखरित

रूप के वरदान की आकाशवाणी सुन रहा हूं
प्रकृति के प्रारंभ की कोई कहानी सुन रहा हूं।

बीन पर उच्छ्वास ने मृदु हाथ फेरा
पुनः कंपित है ललित स्वर आज तेरा
सुप्त जीवन में प्रथम जब राग जागा
प्यार के पहले चरण का गीत छेड़ा

गीत के पहले चरण की सजल वाणी सुन रहा हूं
प्रकृति के प्रारंभ की कोई कहानी सुन रहा हूं।

सर्वदा अति अधिक जल से बांध टूटा
है उमड़ते स्रोत का कलकल अनूठा
पीर के तीखे शरों से तिलमिलाकर
ही, प्रथम जग में निरक्षर कंठ फूटा

आदि कवि की वही कविता वही वाणी सुन रहा हूं
ृकृति के प्रारंभ की कोई कहानी सुन रहा हूं।

(पहली प्रकाशित कविता,
रचना तिथि : 15.7.47 ई.,
'आजकल' के अगस्त 1947 अंक में
प्रकाशित)

नया वर्ष

आज सुबह की, तपे हुए सोने की पहली-पहली रेखा
ने जब मेरी अलसाई आंखों को खोला, मैंने देखा
नया वर्ष है
स्वर्ण अक्षरों से लिखा था भुवन भाल पर
नए वर्ष का नया वर्ष फल
नए वर्ष के नव जीवन में आनेवाली नूतन हलचल
उधर निशा का सिमट रहा था गीला-अंचल
तन उघड़ा जाता था दिन का
जैसे स्वप्न हट गया मन का
और आ गया सत्य सामने
आज धरा ने एक बार सूरज का फेरा लगा लिया है
आज शेष हो गया वर्ष भर समय कि जिसमें
धरा और सुंदर बन सकती थी पल-पल में
कितनी मधु अभिलाषाएं
कितने संशय कितने निश्चय
कितनी मुस्कानें कितनी आशाओं का क्षय
अनगिनती सुख के मिलन
अनगिनत छिन्न-भिन्न अभिसार
जग ने देखे
श्रम की बूंदें, आंसू की बूंदें, लोहू की
बूंदें, विजयोन्नत ग्रीवाएं
पैरों के नीचे कुचले अधिकार बहुत
जग ने देखे
आज विश्व के लघु जीवन से एक वर्ष है और घट गया
धरती पर गीली मिट्टी पर स्वर्ग बनाने के संयोजक
मानव। तेरे अनथक तप की

दीर्घ अवधि में एक वर्ष अब और बढ़ गय
कितने फूल खिले धरती पर कितने नभ में तारे टूटे
कितनी शपथें सच-सच उतरीं, कितने सपने निकले झूठे
कई बार तुझसे हारा शैतान
कई बार तुझने जीता भगवान
इसलिए बोल कि तूने कितने कदम बढ़ाए जब से चलना सीखा
कितनी दूर आज तुम से आकाश-कुसुम है ?
बोल कि तू कितना मानव बन पाया अब तक
प्रवासी सौर जगत का ?
लौट रहा घर, हारा-मांदा थका
आज शुरू होगी फिर उसकी नई यात्रा
यही समय है, यह अवसर है
आज सुबह की नई-नई नवजीवनदायिनी
सुरभि समीरण को अपनी उखड़ी-उखड़ी सांसों वाली
छाती में भर लें।
ताकि वर्ष भर फिर न कभी भी पड़े हांफना
नव आशा की स्फूर्ति चरण में
नव निश्चय की नई शक्ति, नव रक्त रगों में
दुहरा लें जी तोड़ परिश्रम की फिर शपथें
कमर खोल कर सेज सजाता तुझे
सिपाही, नहीं सुहाता
और उठा कर नीची गरदन
नई दौड़ में जाने वाले
कह दे सुर-असुरों से नभ के
आज युगों के अजर-अमर मेरे प्राणों में
नई शक्ति है
नया रक्त है
मैं मनुष्य हूं—मुझे हर्ष है
नया वर्ष है।

(कवि की पहली मुक्त छंद की कविता, रचना तिथि : 1. 1. 48 ई., कान्य-कुब्ज कालेज पत्रिका—1948 ई. में प्रकाशित)

तीन

रघुवीर सहाय : क्रमश: जीवन

कविताई और पत्रकारिता

1929

(9 दिसंबर) : लखनऊ (माडल हाउस मुहल्ला) में साहित्य के अध्यापक श्री हरदेव सहाय के घर जन्म। शहर में नौकरी करने वाला विश्वविद्यालय शिक्षित परिवार जिसकी बैसवाड़े में छोटी-मोटी जमींदारी थी। पितामह श्री लक्ष्मी-सहाय, पुलिस की नौकरी से सेवानिवृत होकर शेष जीवन आर्यसमाज के विचारों को फैलाने के साथ ही नि:शुल्क चिकित्सा सेवा का कार्य भी करते रहे।

1931

यक्ष्मा से मां श्रीमती तारादेवी का देहांत। मां सीतापुर के तरीनपुर महल के रईस व जमींदार ठाकुर रामेश्वरबख्शसिंह की ज्येष्ठ पुत्री थीं।

1936

पहले दर्जे में दाखिला—'लखनऊ प्रीपरेटरी स्कूल' में।

1938

'डबल प्रोमोशन' से चौथे में दाखिला—'बाय एंग्लो बंगाली स्कूल' में, जहां पिता अध्यापक थे। इसी वर्ष पिता का दूसरा विवाह।

1939

पितामह की मृत्यु, जिनका कवि शिशु पर अत्यधिक स्नेह था। इसी वर्ष एक छोटे भाई का जन्म, परिवार में अकेले लड़के से दुकेले हुए।

1944

मैट्रिक की परीक्षा पास की।

1946

पहली कविता लिखी—'कामना'। इसी वर्ष इंटर किया। प्रसारण के माध्यम में शिल्पगत रुचि का आरंभ जो विविध रूपों में आज तक जारी है।

1947

पहली बार कविता छपी—'आदिम संगीत', 'आजकल' के अगस्त अंक में। इलाहाबाद की 'विश्ववाणी' और 'संगम' में भी कविताएं छपीं।

1948

पहली मुक्त छंद की कविता लिखी—'नया वर्ष' जो इसी वर्ष 'कान्यकुब्ज कालेज' पत्रिका में छपी। अज्ञेय द्वारा संपादित द्वैमासिक प्रतीक (पावस अंक) में पहली बार लंबी कविता छपी—'सायंकाल'। प्रतीक के दो अंकों में और भी कविताएं आईं। इसी वर्ष बी. ए. किया।

1949

लखनऊ विश्वविद्यालय के तत्कालीन उपकुलपति आचार्य नरेंद्रदेव ने कक्षा में उपस्थिति पूरी न होने के कारण अंग्रेजी एम. ए. प्रथम वर्ष की परीक्षा में बैठने की अनुमति नहीं दी। शमशेर जी और श्रीकृष्णदास के पास इलाहाबाद में आकर कुछ दिन रहे। 'दूसरा सप्तक' के लिए अज्ञेय ने कविताएं मांगी और इसी वर्ष उन्हें दे दी गईं।

1950

लखनऊ लेखक संघ और नाट्य संघ के गठन में कृष्णनारायण कक्कड़ तथा नरेश मेहता के साथ शामिल हुए। यशपाल के नाटक 'नशे-नशे की बात' में यशपाल, कक्कड़ आदि के साथ अभिनय किया।

1951

लखनऊ विश्वविद्यालय से अंग्रेजी साहित्य में एम. ए. करते ही मई 1951 से 'प्रतीक' में सहायक संपादक होकर दिल्ली आ गए। इसी वर्ष 'दूसरा सप्तक' में कविताएं प्रकाशित हुईं।

1952

अगस्त में 'प्रतीक' बंद हो गया। 'प्रतीक' बंद होने के बाद अगले साल अप्रेल तक दिल्ली में ही मुक्त लेखन करते रहे।

1953

मई 1953 में आकाशवाणी के समाचार विभाग में उपसंपादक बने।

1955

प्रो. महादेवप्रसाद श्रीवास्तव (अध्यक्ष, अंग्रेजी विभाग, बी. एस. एस. डी. कालेज कानपुर) की ज्येष्ठ पुत्री विमलेश्वरी जी से विवाह (कानपुर)।

1957

मार्च 1957 में आकाशवाणी से त्यागपत्र दे दिया। सितंबर तक मुक्त लेखन करते रहे। मुक्त लेखन करते हुए लखनऊ से निकलने वाली पत्रिका 'युगचेतना' के दिल्ली प्रतिनिधि रहे। 'युगचेतना' के जून-जुलाई अंक में 'हमारी हिंदी' कविता छपी। इस कविता को लेकर लखनऊ के सरकारी हिंदी सलाहकारों में बावेला मचा। विद्यानिवास मिश्र उन दिनों सूचना विभाग में उपनिदेशक थे। उन्होंने पत्रिका की सरकारी खरीद की 400 प्रतियां खरीदने से बंद करा दी। शिवसिंह सरोज ('स्वतंत्र भारत') ने इस पत्रिका की प्रतियां जलाने की धमकी दी। 'सरस्वती' संपादक श्रीनारायण चतुर्वेदी ने कवि और कविता के विरुद्ध लेख लिखा। "कविता में हिंदी अगर दुहाजू की बीवी है तो यह दुहाजू कौन है ?"—विरोधियों के द्वारा यह प्रश्न पूछा जाने लगा। इस पूरे प्रसंग में यशपाल ने कवि का समर्थन किया। इसी वर्ष बद्रीविशाल पित्ती के निमंत्रण पर अक्तूबर में 'कल्पना' के संपादक मंडल के सदस्य होकर हैदराबाद चले गए। मार्च में कानपुर में पहली संतान मंजरी का जन्म।

1958

श्रीमती कमलादेवी चट्टोपाध्याय और कपिला वात्स्यायन ने फरवरी 1958 में सद्यःस्थापित एशिया थियेटर इंस्टीट्यूट (नेशनल स्कूल आफ ड्रामा) में रिसर्च आफिसर के रूप में विदेशी नाट्य विशेषज्ञों और देशी छात्रों के साथ काम करने के लिए दिल्ली बुला लिया। जून तक दिल्ली से ही 'कल्पना' का काम देखते रहे। पिता (52) की मृत्यु के कारण परिवार का दायित्व संभालने लखनऊ चले गए और अगले वर्ष मार्च तक वहीं रहे। दिसंबर में वहीं दूसरी संतान हेमा का जन्म।

1959

मार्च से दो अंकों में, अज्ञेय द्वारा संपादित अंग्रेजी त्रैमासिक वाक् में सहायक संपादक। अगस्त से आकाशवाणी में संवाददाता के रूप में पहले एक साल का और तीन साल का अनुबंध मिला।

1960

पहला संग्रह छपा—'सीढ़ियों पर धूप में'—जिसमें कविताएं, कहानियां, निबंध

आदि शामिल हैं। मार्च में तीसरी संतान गौरी का जन्म, दिल्ली में। सुंदरलाल के नाम से 1960 से 1963 तक दिल्ली की डायरी नाम से 'धर्मयुग' में एक पाक्षिक स्तंभ लिखते रहे। इसी वर्ष प्रायोगिक दूरदर्शन का उद्घाटन होने पर दूरदर्शन पर नियमित व्याख्यात्मक वार्ताओं का आरंभ करने के लिए चुने गए।

1961

मार्च में पुत्र वसंत का जन्म (दिल्ली में)।

1963

अगस्त में आकाशवाणी से अलग हुए तथा दैनिक 'नवभारत टाइम्स' में विशेष संवाददाता बने।

1965

भारत-पाक-युद्ध के बाद भारत अधिकृत पाकिस्तानी गांवों की यात्रा। बाद में 'सीमा के पार का आदमी' शीर्षक कहानी ('रास्ता इधर से है', 1972) में इस यात्रा के अनुभवों का पुनः सृजन हुआ।

1967

सितंबर में 'आत्महत्या के विरुद्ध' का प्रकाशन। अक्तूबर में सिक्किम में नाथुला सीमांत की यात्रा। इसी वर्ष कृषि पर्यवेक्षण के संदर्भ में आंध्र, उड़ीसा तथा मध्य प्रदेश की यात्रा की। यात्रा में नागार्जुनसागर पर ही 'अकाल' शीर्षक कविता लिखी ('आत्महत्या के विरुद्ध' में संकलित)।

1968

'नवभारत टाइम्स' से स्थानांतरित होकर मार्च 1968 में समाचार संपादक के रूप में 'दिनमान' में नियुक्त हुए। तत्कालीन संपादक सच्चिदानन्द वात्स्यायन के विदेश चले जाने के कारण दिसंबर 1968 में इस पत्र में स्थानापन्न संपादक हुए। दूरदर्शन में पहली बार अंतर्राष्ट्रीय घटनाओं पर व्याख्या के साप्ताहिक कार्यक्रम की परिकल्पना दी और एक वर्ष तक उसकी प्रस्तुति की।

1969

सच्चिदानन्द वात्स्यायन के सितंबर 1969 में विदेश से लौटकर त्यागपत्र देने पर 'दिनमान' के कार्यकारी संपादक हो गए।

1970

'दिनमान' के संपादक हुए। फरवरी में 'सोवियत लेखक संघ' के निमंत्रण पर सोवियत संघ गए और एक महीना रहे। एव्तुशेंको और वोज्नेसेंस्की से परिचय हुआ और अलेक्सांद्र सेंकेविच जैसे युवा समीक्षकों से निकटता हुई। इसी वर्ष जर्मनी और इंग्लैंड की भी यात्रा की जहां क्रमशः उपन्यासकार ऊवे जानसन तथा कवि एलेन जान ब्राउन से परिचय हुआ।

1971

बांग्लादेश में चल रहे संघर्ष के संदर्भ में अध्ययन के लिए त्रिपुरा में मुक्तिवाहिनी के प्रशिक्षण केंद्रों की यात्रा की। अगरतला में मुक्तिवाहिनी के सैनिकों से और मुजीबुर्रहमान के विश्वासपात्रों से संबंध बना। दिसंबर में मुक्ति के दस दिन बाद बांग्लादेश की यात्रा। कवि जसीमुद्दीन, शमशुर्रहमान तथा अन्य लेखकों-बुद्धिजीवियों से निकट का परिचय हुआ।

1972

पहला स्वतंत्र कहानी संग्रह 'रास्ता इधर से है' प्रकाशित। मार्च में पुनः बांग्लादेश की यात्रा। पहली यात्रा की तुलना में इस बार वहां एक बिखराव नजर आया।

1974

'विश्व आर्थिक संबंध' नामक गोष्ठी में भारतीय पत्रकारों के प्रतिनिधि के रूप में तोक्यो और बैंकाक की यात्रा।

1975

मई में 'हंसो हंसो जल्दी हंसो' काव्यसंग्रह का प्रकाशन। फासिज्म की पराजय की तीसवीं वर्षगांठ पर सोवियत संघ के सूचना विभाग द्वारा निमंत्रित होने पर दूसरी बार सोवियत संघ की यात्रा। इसी वर्ष नवंबर में पूर्व जर्मनी और हंगरी की यात्रा। पूर्व जर्मनी के प्रसिद्ध कवियों-लेखकों से परिचय।

1976

'दिल्ली मेरा परदेस' शीर्षक से 1960 से 1963 के बीच धर्मयुग में 'दिल्ली की डायरी' के अंतर्गत लिखी गई रचनात्मक टिप्पणियों का संग्रह प्रकाशित।

1978

निबंधों का संग्रह 'लिखने का कारण' प्रकाशित। तुर्की सरकार के निमंत्रण पर 10 दिन की तुर्की यात्रा। इस्तांबूल और अंकारा में प्रवास।

1979

शेक्सपियर के नाटक 'मैकबेथ' का 'बरनमवन' शीर्षक से पद्यानुवाद किया जो ब. व. कारंत के निर्देशन में राष्ट्रीय नाट्य विद्यालय के रंगमंडल द्वारा खेला गया। इसी वर्ष यह अनुवाद प्रकाशित हुआ।

1980

शेक्सपियर के 'ट्वेल्व्थ नाइट' का हिंदी पद्य में तथा लोर्का का 'हाउस आफ वर्नांडा एल्बा' का उर्दू गद्य में अनुवाद किया। यह नाटक इसी वर्ष स्टुडियों वन् द्वारा अमाल अल्लाना के निर्देशन में 'बिरजीस कदर का कुनबा' के नाम से खेला गया।

चार
कृतियां

1. दूसरा सप्तक : (संकलित सात कवियों में से एक), संपादक-अज्ञेय, भारतीय ज्ञानपीठ प्रकाशन, प्रथम संस्करण, 1951 ई.।

2. सीढ़ियों पर धूप में : (कहानियां, कविताएं, टिप्पणियां तथा लेख) भारतीय ज्ञानपीठ, काशी, प्रथम संस्करण, 1960 ई.।

3. आत्महत्या के विरुद्ध : (कविता संग्रह) राजकमल प्रकाशन, दिल्ली, प्रथम संस्करण, 1967 ई., दूसरा संस्करण, 1976 ई.।

4. रास्ता इधर से है : (कहानी संग्रह) राधाकृष्ण प्रकाशन, दिल्ली, प्रथम संस्करण, 1972 ई.।

5. हंसो हंसो जल्दी हंसो : (कविता संग्रह) नेशनल पब्लिशिंग हाउस, दिल्ली, प्रथम संस्करण, 1975 ई.।

6. दिल्ली मेरा परदेस : (रचनात्मक टिप्पणियां) दि मैकमिलन कंपनी आफ इंडिया लिमिटेड, नई दिल्ली, प्रथम संस्करण, 1976 ई.।

7. लिखने का कारण : (आलोचनात्मक निबंध संग्रह) राजपाल एंड संज, दिल्ली, प्रथम संस्करण, 1978 ई.।

इसके अलावा 'बारह हंगरी कहानियां', विवेकानंद (रोमां रोला), 'ज़ेको' (युगोस्लावी उपन्यास, ले. इवो आंद्रिच), 'राख और हीरे' (पोलिश उपन्यास, ले. येर्ज़ी आन्द्रज़ेयेव्स्की) तथा 'वरनम वन' (मैकबेथ, शेक्सपियर) शीर्षक से हिंदी भाषांतर भी समय समय पर प्रकाशित हुए हैं।

अनुक्रमणी